PUBLICATIONS

DE LA

SOCIÉTÉ DE L'ORIENT LATIN

SÉRIE GÉOGRAPHIQUE

III

ITINÉRAIRES FRANÇAIS

XIe-XIIIe siècles

ITINÉRAIRES

À

JÉRUSALEM

ET

DESCRIPTIONS DE LA TERRE SAINTE

rédigés en français

AUX XIᵉ, XIIᵉ & XIIIᵉ SIÈCLES

publiés par

HENRI MICHELANT & GASTON RAYNAUD

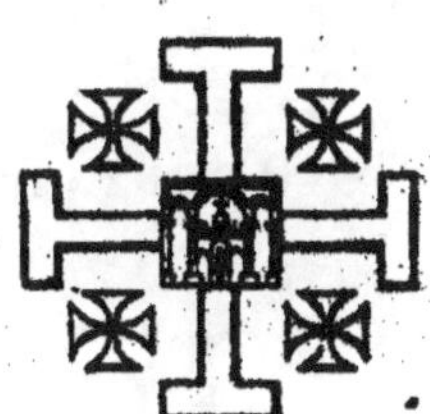

GENÈVE

Imprimerie Jules-Guillaume Fick

1882

Tiré à 500 exemplaires numérotés, dont :
50 fur grand papier,
50 fur papier vélin,
400 fur papier ordinaire.

N° xlviij

LA BIBLIOTHÈQUE NATIONALE DE PARIS

TABLE

—

PRÉFACE

E premier volume des textes français, que la Société de l'Orient Latin publie aujourd'hui, était peut-être, de toute la série géographique, celui dont la préparation offrait le plus de difficultés. Ces difficultés portaient sur deux points principaux : le classement chronologique & la détermination de l'originalité des documents.

J'ai déjà exposé dans mon Rapport de 1877 [1], combien il était embarrassant, dans la plupart des cas, de fixer une date à peu près exacte à la rédaction de textes anonymes, reproduisant presque toujours dans le même ordre la description de lieux dont l'aspect extérieur, aussi bien que les traditions, ont toujours revêtu depuis le Moyen-Age jusqu'à nos jours, ce caractère immuable, propre aux choses & aux usages de l'Orient. Des synchronismes archéologiques douteux sont alors le seul guide qui permette au critique d'assigner au texte qu'il a sous les yeux, la place chronologique qu'il croit devoir lui marquer; mais que d'hésitations & que de réserves à faire !

Résoudre, pour chaque document, la question de savoir s'il est original ou traduit du latin, est plus facile : car ici la philologie peut, en certains cas, venir au secours de la critique. Cependant le nombre des descriptions françaises anonymes des lieux saints est considérable, & pour affirmer que l'une quelconque d'entre elles est originale, il faut d'abord la comparer à une centaine d'autres descriptions écrites en latin, en grande partie encore inédites, & ne différant les unes des autres que par des détails insignifiants ; travail de collation aussi long & ingrat qu'incertain dans ses résultats.

Je n'ai donc point la prétention d'avoir triomphé complètement de ces deux séries de difficultés.

1 Pp. 17-18.

En ce qui concerne le classement chronologique, je suis arrivé, souvent avec beaucoup de peine, presque toujours sans grande certitude, à assigner à chaque texte une date approximative de rédaction : je chercherai à justifier cette date dans chacun des articles qui vont suivre.

Pour la question d'originalité, qui devait déterminer l'admission des textes dans le présent volume, j'espère ne point m'être trompé & n'avoir donné que des documents originaux, c'est-à-dire rédigés en français & sans recours littéral à des textes grecs ou latins antérieurs. J'affirmerai, en tout cas, que, si les documents réunis ici n'ont pas été écrits directement en français, l'original latin ne nous en est point parvenu ; je ne ferai d'exception que pour le n° II & j'expliquerai tout à l'heure les raisons de cette exception.

Il serait aisé d'écrire sur les textes de ce volume un commentaire géographique & critique de cinq cents pages. Le règlement qui préside à nos publications s'y oppose, & je m'en félicite. Les érudits qui se livrent à l'étude des questions spéciales à la Terre-Sainte sont assurés désormais d'avoir entre les mains une reproduction fidèle des manuscrits ; je me flatte de l'espoir qu'elle leur sera utile & qu'ils la mettront à profit; je serai heureux même qu'ils apportent à l'orthographe de quelques-uns des noms de lieu, donnés par les manuscrits, des corrections dont nous avons dû être très avares, & qu'ils viennent éclairer de discussions étendues, plus d'un passage obscur des documents que nous publions. Je me contenterai, quant à moi, de grouper dans les paragraphes qui vont suivre, quelques remarques, destinées surtout à justifier les solutions que j'ai cru devoir donner, pour chaque texte, aux deux questions que je viens d'exposer.

Le présent volume est dû à la collaboration de celui qui signe la préface, & qui s'est chargé de la préparation & du classement des textes, & de MM. Henri Michelant & Gaston Raynaud qui ont travaillé à leur établissement. M. Gaston Raynaud a rédigé de plus les remarques philologiques qui suivent chacun des paragraphes de la préface : c'est également lui qui a dressé la table générale qui termine le volume.

I

LES SAINTS LIEUX D'APRÈS LA CHANSON DU VOYAGE DE CHARLEMAGNE A JÉRUSALEM.

Après les favants travaux de M. Gafton Paris, qui a montré [1]
avec tant de fagacité que la Chanfon du voyage de Charlemagne à Jérufalem *reflétait exactement, dans le récit du féjour
de l'empereur en Terre-Sainte, les rapports des pèlerins contem-
porains de la rédaction de ce poème, il était impoffible de ne point
placer ce fragment vénérable en tête du volume des témoignages
géographiques français relatifs à la Terre-Sainte.*

*M. G. Paris a traité avec tant de détails toutes les queftions
que peut foulever ce texte, que je me bornerai à renvoyer le lecteur à fon curieux commentaire* [2] *.*

Je rappellerai feulement qu'il place la rédaction de la
Chanfon *au commencement du dernier quart du XIe fiècle, &
que, malgré l'opinion contraire de M. Léon Gautier* [3]*, cette date
doit être confidérée comme définitive.*

MANUSCRITS & ÉDITIONS. — *La* Chanfon *n'exifte que
dans un feul manufcrit: Londres, Brit. Muf. Roy.* 16 E VIII
*(vél., XIIIe f., in-8), qui a été publié deux fois, d'abord fans
changements par M. Francifque Michel* (Charlemagne, an
anglo-norman poem [*London,* 1836, *in-*12]), *puis avec de
nombreufes corrections par M. Kofchwitz* (Karls d. Groffen
Reife nach Jerufalem [*Heilbronn,* 1880, *in-*12]).

[*M. Gafton Paris, qui a bien voulu revoir le texte de
M. Kofchwitz, a fait revivre partout les formes françaifes de
l'original :* Charlemaigne *& non* Carlemaigne, chapes *&
non* capes *&c.; il a, de plus, propofé un certain nombre de nou-
velles & meilleures corrections, tout en adoptant cependant la
plupart du temps celles de l'éditeur allemand. D'où que viennent
les corrections, on n'a pas cru néceffaire de mettre en note les*

---

1 *La Chanfon du pèl. de Charlemagne* (P. 1880, 8°, extr. de la
Romania, t. IX, pp. 16-30).
2 Id., *Ibid.*

3 *Epopées franç.,* 2e éd., III,
p. 271 ; cf. *Arch. de l'O. L.,* I,
p. 12, n. 10, p. 14, n. 18, p. 16,
n. 25.

b

leçons du manuscrit, dont on pourra facilement se rendre compte
en se reportant à l'édition Koschwitz.

C'est par suite d'une erreur typographique que l'on a imprimé
avec un è (& non un é) les mots comme passérent, fiéres, &c.
Aux vers 103 & 237 il faut lire jiut & Franceis.]

II

PATRIARCATS DE JÉRUSALEM ET D'ANTIOCHE.

La liste de métropoles & d'évêchés, publiée sous ce titre, n'est
pas originale. Rédigées d'abord — au moins pour l'Eglise
d'Orient — en grec, ces nomenclatures furent traduites en latin
& dans d'autres langues, l'arménien en particulier [1]. Elles ser-
vaient de répertoire aux chancelleries patriarcales pour l'envoi
des encycliques & des lettres synodales : on comprend donc que
chaque chancellerie ait eu la sienne propre, & ait modifié
celle-ci de siècle en siècle suivant les changements de l'état effectif
des diocèses. A Rome, ces listes, qui portaient le nom de Provin-
ciales, devinrent plus importantes encore qu'à Constantinople ou
à Jérusalem, lorsqu'elles servirent à établir les états des taxes
apostoliques : on s'explique ainsi parfaitement les nombreuses éditions que l'on en a faites, avant & même après l'invention de
l'imprimerie [2]. Si donc nous avions suivi rigoureusement les règles
d'édition que s'est imposées la Société, nous aurions dû donner, à la
suite de l'original grec des nomenclatures d'évêchés orientaux,
les versions & remaniements successifs de cet original, en latin
d'abord, puis en arménien, en français &c. L'original
grec étant fort ancien, les versions au contraire d'âge &

---

[1] R. des hist. arm. des cr., I,
pp. 673-676.

[2] Plusieurs sont énumérées dans
les *Itin. Hieros. lat.*, I, præf. p. lj. ;
mais il en existe encore d'autres, sans
parler de celles de la *Practica cancel-
lariæ Apost.* Voir Rattinger, *Patriar-
catsprengel CP.* (*Hist. Jahrbuch*,
1881, II, pp. 25 & f.) ; Rebuffus,
Praxis beneficiorum (P., 1664),
p. 475 ; *Notitia episcopatuum*, ed.
Labbe, ad episcopatuum calcem,
Antiq. collect. decretalium (P., 1610) ;
A. Miræus, *Not. episcoporum tot.
orbis* (P., 1610, f°), pp. 26 & suiv.
(éd. de 1611 & de 1613) ; Weiden-
bach, *Kalendarium hist. christianum*
(Regensb., 1855), p. 273 ; Binterim,
Denkwürdigkeiten, I, II, p. 588
(réimpression de Scheleftrate) ; Döl-
linger, *Material. zur Gesch. des
XV.-XVI. Jahr.*, p. 295 & f.

de rédaction très diverses, il a paru plus utile de faire une
infraction à la règle générale. Les listes seront publiées
successivement dans les volumes où leur date de rédaction les
fera rentrer chronologiquement : c'est ainsi que le tome I de nos
Itinera Hieros. latina [1] contient déjà les listes antérieures aux
croisades, que la liste arménienne viendra dans le recueil des
Itinera diversa, & que nous avons fait entrer à sa date, dans le
présent volume, la liste française.

Cette liste fait partie d'un Provincial français, probablement
unique, inséré lui-même à la fin d'une compilation historico-géo-
graphique contemporaine de saint Louis, de Frédéric II & de
Grégoire IX : elle a dû être rédigée après 1168 ; car elle cite
la métropole de la Pierre du Désert & l'évêché d'Hébron créés
en 1168 [2], & avant 1187, date de l'occupation par les Infidèles
de la plupart des diocèses qu'elle énumère. J'ai pris la date
intermédiaire de 1180.

Le compilateur qui l'a insérée, & probablement aussi le scribe
qui l'a copiée, étaient évidemment étrangers à la géographie de
l'Orient ; aussi est-elle extrêmement corrompue, mutilée à la fin,
& offre-t-elle plusieurs erreurs grossières & un certain nombre
de noms inintelligibles. Elle n'en est pas moins intéressante, en ce
qu'elle nous offre la forme française de plusieurs noms de villes,
dont nous ne connaissions que la forme grecque ou latine.

Manuscrit. — Le manuscrit unique qui contient notre liste
est conservé à la Bibliothèque publique de Berne sous le n° 590
(vél., XIIIᵉ s., in-8). Il a appartenu à P. Daniel. Il débute
par une Chronique anonyme de France — 1226, suivie
(ff. 138a-143a) de la compilation géographique que termine
notre liste, & offre à la fin une version française du premier
livre de Salomon [3]. Nous devons la copie dont nous nous sommes
servis à l'obligeance de M. Hagen.

III

L'ESTAT DE LA CITEZ DE IHERUSALEM.

La Chronique d'Ernoul, dont je vais m'occuper au paragraphe suivant, a donné lieu, probablement très peu de temps

1 Pp. 321-343.

2 Wilh. Tyr., l. XX, c. 3 (R.
des hist. occ. des cr., I, p. 944).

3 Hagen, Cat. cod. mmss. Ber-
nensium, p. 472.

après qu'elle a vu le jour, à un remaniement très curieux qui, sous le titre de : Eſtoires d'Oultremer & de la naiſſance Salehadin, *contient d'abord le roman de la prétendue origine picarde de Saladin* [1], *puis, sans transition, le texte d'Ernoul, tantôt abrégé, tantôt augmenté, & en somme assez profondément modifié, pour qu'une édition de cette* Eſtoire *doive, un jour ou l'autre, être entreprise.*

En cherchant, dans les trois manuscrits qui nous l'ont conservée, les passages correspondant aux deux textes géographiques que nous devions emprunter à Ernoul, la Citez de Iéruſalem *&* les Deſcriptions de Galilée, *& n'y trouvant que des abrégés de ces deux textes, je fus naturellement amené à penser que le compilateur de l'*Eſtoire *les avait écrits d'après Ernoul, &, bien entendu, postérieurement à celui-ci. Ils devaient donc être placés chronologiquement après lui.*

Un examen plus attentif m'a montré que, si cette concluſion était exacte pour l'abrégé des Deſcriptions de Galilée, *elle ne pouvait s'appliquer à l'abrégé de la* Citez de Iheruſalem, *évidemment antérieur à l'occupation de la Ville Sainte par Saladin, & par conſequent à Ernoul.*

*Le texte tiré de l'*Eſtoire *parle, en effet, des monaſtères hiéroſolymitains comme encore peuplés de leurs religieux* [2], *& du patriarche comme habitant encore* Jéruſalem [3], *tandis qu'Ernoul, ainsi que je le montrerai plus loin, écrivait après l'expulſion complète des Latins.*

*Je penſe donc que si le compilateur anonyme de l'*Eſtoire, *dans le cours du travail de remaniement auquel il ſe livrait ſur le texte d'Ernoul, s'eſt contenté d'abréger les* Deſcriptions de Galilée, *éparſes dans la chronique qu'il avait ſous les yeux & en formant partie intégrante, il a, en préſence de la* Citez de Iheruſalem, *petit traité complet inſeré comme une ſorte de hors-d'œuvre dans le récit hiſtorique d'Ernoul, trouvé ce hors-d'œuvre trop long, & préféré le remplacer par un texte à la fois plus ancien & plus court, qu'il avait également à ſa diſpoſition.*

---

1 « Come il iſſiſt de la conteſſe de Pontieu »; le roman, que l'*Hiſt. litt. de la Fr.* (XXI, 680) prétend avoir été précédé d'une chanſon de geſte (?), exiſte iſolément dans les mmſſ. Paris, B. Nat. fr. 25462 (anc. N. Dame 272) & Arſenal 5298 (anc. B. L. fr. 215). Il a été publié par Méon, *N. rec. de fabliaux*, I, pp. 437-454.

2 C. II, VIII, X, pp. 24, 27.

3 C. IX, p. 27.

Nous aurions donc, dans la petite defcription que nous donne l'Eftoire, l'original ou une partie de l'original, développé plus tard par Ernoul. Je dis une partie; car, malgré la phrafe finale qui paraît clore réellement le texte, il faut remarquer qu'il ne décrit qu'une portion de la ville, & n'embraffe que la matière des cinq premiers chapitres, foit à peine le premier quart de la defcription d'Ernoul.

MANUSCRITS. — 1. *Paris, B. Nat., fr.* 770 *(anc.* 7185 3·3, *Cangé* 6*), vél., XIII* f., in-f., ff.* 348ª*-*349ª*.

2. *Id., fr.* 12203 *(anc. Suppl. fr.* 455*), vél., XIII* f., in-f., ff.* 40-41.

3. *Id., fr.* 24210 *(anc. Sorb.* 397*), vél., XV* f., in-f., ff.* 56ᵇ*-*57ᵇ*.

EDITION. — *En* 1679, *P.-A. de Citry de la Guette publia fous le titre de* Hiftoire de la conquefte du royaume de Jérufalem fur les chreftiens par Saladin, extraite d'un ancien manufcrit *(Paris, Gervais Clouzier,* 266 *p. in-*12*), un abrégé en français rajeuni* [1] *du fr.* 770, *qui appartenait alors à Cabart de Villermont & paffa depuis dans la bibliothèque de Cangé. Aux pages* 387-389 *fe trouve un petit remaniement du texte que nous publions.*

[Pour conftituer ce texte, on a pris pour bafe le premier manufcrit qui a été défigné par la lettre K, *& on a mis en note les variantes principales des autres manufcrits. Ce manufcrit* K *eft l'œuvre d'un fcribe qui appartenait à la région feptentrionale extrême du domaine français, comme le prouvent les formes* apielée *(p.* 23*),* dieftre *(p.* 24*),* deviers *(id.) &c.]*

IV

ERNOUL. *L'ESTAT DE LA CITÉ DE IÉRUSALEM.*

Le comte de Mas Latrie a furabondamment prouvé qu'Ernoul écrivait en 1228, *& fon copifte & continuateur, Bernard le*

---

1 A l'apparition de ce petit volume, aujourd'hui rariffime, on crut à une fupercherie: v. *Journ. des fav.*, 1679, VII, p. 80; Lelong, *Bibl. hift. de la Fr.*, II, p. 141, n. 16700; *Hift. litt. de la Fr.*, l. c.; P. Paris, *Mmff. fr.*, VI, p. 133; H. Monachus, ed. Riant, p. 68.

Tréſorier, en 1231. Eſt-ce la première de ces dates qu'il convient également d'aſſigner à la rédaction de la deſcription de Jéruſalem dont Ernoul a fait précéder, comme d'une digreſſion néceſſaire, le récit de la priſe de la Ville Sainte par Saladin, conſacrant à cette digreſſion un chapitre tout entier de ſa chronique? [1]
Me ſeparant ici complètement de l'opinion de Tobler [2]*, qui voyait dans ce chapitre un document antérieur à 1187 & inſéré tout d'une pièce dans le texte d'Ernoul, je n'y trouve rien qui autoriſe à aſſigner à l'Eſtat de la Citez une date de rédaction antérieure à celle des autres chapitres d'Ernoul, & à ne point y voir, comme dans ceux-ci, l'œuvre perſonnelle de ce chroniqueur.*

Qu'Ernoul ait eu ſous les yeux une deſcription de Jéruſalem antérieure à l'expulſion des Latins, que cet original ait été très ſemblable au texte que nous venons d'examiner, ait été peut-être ce texte lui-même, dont le commencement ſe retrouve dans Ernoul, & qui, en ce cas, aurait été mutilé des trois derniers quarts par le compilateur de l'Eſtoire d'Oultremer — c'eſt une hypothèſe fort plauſible & que j'admettrais volontiers. Mais à cet original, & poſtérieurement à la rentrée des Sarraſins dont il relate formellement les méfaits [3]*, Ernoul, ſurtout dans la ſeconde moitié de la deſcription, a dû ajouter beaucoup du ſien : il l'a mis au courant, & avec un tel ſans-gêne qu'on trouve ſimultanément, dans ſon texte, les formes* au préſent, *impliquant encore l'occupation latine, & les formes à l'imparfait impliquant la réoccupation muſulmane. Dans un cas même, en parlant des moines de Joſaphat, la même phraſe ſe retrouve au préſent (ch. II) & à l'imparfait (ch. XXIV). En ſorte qu'on pourrait preſque reconſtituer la partie de l'original antérieur à 1187, que ne nous a point conſervée l'Eſtoire d'Oultremer, en ſupprimant ſimplement dans les ch. VI-XXVI d'Ernoul les phraſes rédigées* à l'imparfait.

Tobler a illuſtré ce texte de commentaires topographiques & archéologiques ſi abondants que je ne puis qu'y renvoyer le lecteur [4] .

MANUSCRITS. — 1. *Paris, B. Nat., fr.* 781 *(anc.* 71885, *Cangé* 9), *vél., XIIIe ſ., in-*4, *ff.* 97 & ſ.

1 Le chap. XVII.

2 *Deſcriptiones T. S.* (Lpz., Heinrichs, 1874, 8°), pp. 453-454.

3 C. XXIV, p. 51.

4 *Deſcript. T. S.*, pp. 452-496.

2. *S. Omer* [1], 722 *(S. Bertin), vél., XIV*e *f., in-f., ff.* 40 b *& f.*

3. *Berne,* 41, *vél., XIII*e *f., in-f., ff.* 38 *& f.*

4.   » 115, »   »   »   »   » 27 »

5. *Bruxelles,* 11142, *vél., XIII*e *f., in-f., ff.* 52 *& f.*

6. *Paris, B. Nat., N. acq., fr.* 3537, *pap., XVIII*e *f., in-f., ff.* 55 *& f.*

7. *Id., Moreau* 1565 [2], *pap., XVIII*e *f., in-f., ff.* 64 *& f.*

8. *Id., Arfenal* 4797 *(anc. H. fr.* 677*), vél., XIII*e *f., in-f., ff.* 51 *& f.*

9. *Berne,* 113, *vél., XIII*e *f., in-f., ff.* 135 *& f.*

10.   »   340 *(Fauchet), vél., XIV*e *f., in-*4, *ff.* 50 *& f.*

11. *Paris, B. Nat.,* 9086 *(anc. Supp. fr.* 450*), vél., XIII*e *f., ff.* 375 *& f.*

Éditions. — A. *Robinfon,* Biblical refearches in Palef-tina *(Lond., Murray,* 1856, *in-*8*), pp.* 556-562 [*cod.* 5].

B. *Tobler,* Topographie von Jerufalem *(Berlin, Reimer,* 1854, *in-*12*), II, pp.* 984-1005 [*cod.* 3, 4, 5, 9].

C. *Ernoul,* Chronique, *éd. Mas Latrie (Paris, J. Renouard,* 1871, *in-*8*), pp.* 188-210 [*cod.* 1, 3, 5, 7, 8, 9, 10, 11] [3].

D. Defcriptiones Terræ Sanctæ, *ed. T. Tobler (Leipzig, Heinrichs,* 1874, *in-*8*), pp.* 196-224 [4].

[Des neuf manufcrits qui repréfentent ce texte (nous ne parlons pas des manufcrits 6 *& 7, copies du manufcrit* 9*), fept ont été connus & utilifés par M. de Mas Latrie ; on leur a laiffé la*

1 M. Giry a bien voulu mettre à notre difpofition une excellente copie qu'il avait faite de ce pré-cieux manufcrit, dont M. de Mas Latrie n'avait pu fe fervir.

2 Les nᵒˢ 6 & 7 font des copies du nᵒ 9, — Les nᵒˢ 1-5 font des Ernoul, les nᵒˢ 6-10 des Bernard-le Tréforier.

3 M. de Mas Latrie s'eft fervi, en outre, des mmff. Paris, B. N., fr. 9083 & 24209, qui ne con-tiennent pas Ernoul, mais bien le remaniement de 1261, publié ici plus loin fous le nᵒ IX & aupara-vant par l'Académie (R. *des hift.* occ. *des cr.,* II, pp. 490-507). Il a de plus donné fous la lettre L quel-ques-unes des variantes de l'édi-tion académique. Quant aux le-çons qu'il défigne fous la lettre I comme provenant du Par., B. N., fr. 24208 (Guill. de Tyr tra-duit & contin. — 1231), nous n'en avons point fait ufage, n'ayant pu retrouver l'*Eftat de la citez* dans ce mf.

4 Il eft difficile d'indiquer les manufcrits dont Tobler s'eft fervi pour cette édition, où il a mêlé le texte d'Ernoul avec celui du re-maniement de 1261.

lettre par laquelle le précédent éditeur les a désignés ; ce font les manufcrits A, B, C, D, E, F, J). Quant aux deux autres, parmi lefquels le manufcrit de St-Omer fe recommande par fon excellence, ils font nouveaux.

Le texte eft celui de M. de Mas Latrie, corrigé en certains endroits ; on a joint aux variantes de la précédente édition celles qui font fournies par les nouveaux manufcrits.]

V

ERNOUL. FRAGMENTS RELATIFS A LA GALILÉE.

Nous avons également emprunté à Ernoul plufieurs morceaux géographiques d'une certaine étendue qui fe trouvent aux chapitres VII-X de fa Chronique, & qui font relatifs à plufieurs lieux de Galilée. Ici il ne faurait y avoir d'héfitation fur les deux queftions de date & d'originalité : Ernoul eft bien l'auteur de ces defcriptions, qu'il a peut-être rédigées de vifu & certainement en même temps que le refte de fon livre.

MANUSCRITS. — Les manufcrits employés font les mêmes que pour le n° précédent, à l'exception du Paris, B. N., fr. 9086, qui ne contient pas les Fragments fur la Galilée.

EDITIONS. — A. Ernoul, Chronique, éd. Mas Latrie, p. 62-72, 75-80, 97-98, 107-109, 112-114.

B. Guillaume de Tyr & fes continuateurs, éd. Paulin Paris (Paris, Didot, 1879-1880, 2 vol. in-8), t. II, pp. 496-512.

Comme je l'ai dit plus haut, le compilateur anonyme de l'Eftoire d'Oultremer & de la Naiffance de Salehadin a abrégé & remanié cette partie géographique du récit d'Ernoul, ce qui forme une feconde rédaction.

[Pour la première rédaction de ce texte, on ne peut que répéter ce qui a été déjà dit au fujet du n° IV. Nous retrouvons ici fix manufcrits connus par M. de Mas Latrie ; les deux autres font nouveaux.

La feconde rédaction, la rédaction abrégée, eft contenue dans trois manufcrits, les mêmes qui ont fervi au texte n° III. Comme pour ce texte, c'eft le manufcrit K qui a été pris pour bafe de l'édition.]

VI

LES PELERINAIGES POR ALER EN IHERUSALEM.

En jetant les yeux sur la liste des manuscrits de l'Eracles[1], on voit aussitôt que, sur les cinq classes, entre lesquelles on a été amené à répartir ces manuscrits, deux seulement contiennent des descriptions spéciales des Lieux-Saints, savoir la IIe (Ernoul & Bernard le Trésorier) & la IVe (Rothelin) : un manuscrit de la Ve classe (Noailles-Colbert, Guillaume de Tyr traduit & continué jusqu'en 1275) fait exception : il se termine par une description des Lieux-Saints de Palestine, dont une copie isolée se trouve aussi dans un manuscrit de Vienne[2].

Je n'ai trouvé aucun texte latin dont cette description puisse être considérée, soit comme la traduction, soit comme le remaniement : je n'affirmerais point cependant, avec autant d'assurance que je viens de le faire pour l'Estat de la Citez de Jérusalem, qu'elle soit originale.

Quant à la place chronologique que j'ai cru devoir lui assigner, elle n'a rien de très sûr. Si l'on regardait comme parfaitement certains tous les synchronismes qu'offre le document, il faudrait en placer la rédaction à la fois avant 1187 (Sainte-Marie Latine est encore occupée par ses religieux & la maison de Saint-Jean de Jérusalem par les Hospitaliers[3]), après 1218 (la Vraie Croix n'est plus à Jérusalem[4] & le château d'Athlit est construit[5], l'église de Notre-Dame du Mont-Sion est détruite[6]), enfin après 1265[7], époque où Arsur, vendu en 1251[8] aux Hospitaliers, leur fut enlevé par Boudocar[9]. L'une ou l'autre de ces indications étant évidemment erronée, il faut supposer que nous

1 *Invent. des mss. de l'Eracles* (*Arch. de l'Or. L.*, I, pp. 248-252).

2 A la fin du *Livre de la fontaine de toute science*. Nous en devons la copie à l'obligeance du R. P. W.-A. Neumann, O. Cist.

3 C. VI, p. 94.

4 *Ibid.*

5 C. II, p. 91. Athlit fut bâti en 1218.

6 C. IX, p. 96. Elle était encore debout en 1212 (Willebr. Oldenb., *Peregrinatio*, l. II, c. 10 (*Peregrin. M. Æ. quatuor*, ed. Laurent, p. 188).

7 « Liqués chastiaus (Assur) *fu* de l'Ospital » (C. IV, p. 92).

8 S. Paoli, *Cod. dipl. di Malta*, I, n° 149, pp. 189-191.

9 *Eracles*, l. XXXIV, c. 4 (*R. des hist. occ. des cr.*, II, p. 446).

avons ici le remaniement, fait vers le milieu du XIIIe siècle, d'un texte probablement plus court & antérieur à la prise de Jérusalem — la mention toute spéciale d'Assur perdu par les Hospitaliers n'étant, en ce cas, qu'une addition d'un copiste [1], désireux de mettre d'accord le texte dont il faisait suivre la Continuation *de Guillaume de Tyr avec cette* Continuation. *J'ai donc assigné au document une date moyenne, très voisine de celle d'Ernoul, sans pourtant me dissimuler tout ce qu'elle offre de discutable.*

Au moment où se rédigeait la table du volume déjà entièrement tiré, notre confrère, M. Paul Meyer, que j'avais prié d'examiner à Cheltenham, dans la bibliothèque de feu Sir Thomas Philipps, un manuscrit que, d'après le titre très sommaire du catalogue imprimé, je pensais n'être qu'une liste relativement moderne des sanctuaires privilégiés de la Terre-Sainte, ayant constaté qu'il contenait, au contraire, un texte intéressant & probablement ancien, je me suis empressé de le faire copier. C'était une seconde rédaction, sensiblement différente des Pelerinages por aler en Ierusalem : *elle a été imprimée de façon à être insérée à la suite.*

J'avoue qu'il m'est impossible de déterminer, étant donné la confusion des synchronismes que l'une & l'autre fournissent — quelle est la plus ancienne des deux. Je ferai remarquer seulement que celle de Cheltenham est de beaucoup la plus importante par la nouveauté des renseignements qu'elle fournit.

MANUSCRITS. — 1. *Paris, Bibl. Nat., fr.* 9082 *(anc. Supp. fr.* 104, *Noailles), vél., XIIIe f., in-f., ff.* 343 a-345 a.
2. *Id., fr.* 9060 *(anc. Supp. fr.* 2503^a. — *Dom Berthereau,* 1er *recueil, IX,* 1), *pap., XVIIIe f., in-f., ff.* 427-430. — *Copie du précédent.*
3. *Vienne, Bibl. Imp. R.,* 2590 *(Eug., f.* 122), *vél., XIVe f., in-f., ff.* 96 a-99 a.
4. *Cheltenham,* 6664, *vél. XIVe f., in-f., f.* 35 *& f.*
EDITION. — Mis *de Vogüé,* Les églises de la Terre Sainte *(Paris, Didron,* 1860, *in-4), pp.* 444-451 [cod. 1] [2].

---

[1] Le mf. de Vienne donne *si est* au lieu de *fu* : ce qui reporterait à la période 1251-1265.

[2] M. le marquis de Vogüé a ajouté à notre texte, en les imprimant en italiques (fauf pour le dernier chapitre), de nombreux paffages empruntés au texte de 1261 dont je parlerai plus loin : il s'eft fervi pour ces emprunts des mmff. Paris, B. Nat., fr. 2825, 22495 & 24209.

[*Le texte a été conſtitué d'après deux des manuſ‑its cités plus haut, les nᵒˢ 1 & 3, déſignés dans les variantes par les lettres P & V ; le nᵒ 2, copie du nᵒ 1, a naturellement été laiſſé de côté. Les deux manuſcrits utiliſés, dûs à un copiſte français, ſe complètent mutuellement ; il eſt à remarquer cependant que V ſemble plus allongé dans certains paſſages.*

Quant à la rédaction ajoutée d'après le mſ. unique de Cheltenham, on remarquera qu'elle diffère ſurtout du premier texte par l'ordre des paragraphes ; la numérotation des paragraphes du premier texte que nous avons miſe entre parenthèſes en tête de chacun des paragraphes du ſecond, facilitera la comparaiſon.]

VII

PHILIPPE MOUSKET.

Lorſqu'au milieu du XIIIᵉ ſiècle, Philippe Mouſket écrivit ſa grande hiſtoire univerſelle rimée & qu'il en vint à raconter les geſtes de Charlemagne, il admit, ſans héſiter, comme hiſtorique la légende du voyage du grand empereur en Terre-Sainte. Cette légende, on le ſait[1], était double : ſuivant les uns, le voyage avait été celui d'un pèlerin pacifique, ſuivant les autres, d'un croiſé victorieux. La Relatio quomodo Carolus attulerit clavum réſumait cette ſeconde forme, & la Chanſon du voyage à Jéruſalem repréſentait la première. Mouſket ſuivit la Relatio & la développa dans les vers 10022-11500 de ſon poème ; mais il devait connaître auſſi la Chanſon. Car, tandis que la Relatio ne contient aucun renſeignement géographique ſur la Terre-Sainte, Mouſket, à l'imitation de la Chanſon, qui nous offre, au contraire, le long paſſage deſcriptif publié ici ſous le nᵒ I, voulut enrichir ſon récit d'une abondante nomenclature des Lieux-Saints de Paleſtine.

M. de Reiffenberg, l'éditeur de Mouſket, avait cherché en vain à quelle ſource le poète avait puiſé les renſeignements qu'il nous donne ſur ce ſujet ſpécial. Comme il ne ſort pas, malgré la longueur de ſes développements, des données les plus banales & les plus vulgaires, il eſt, en effet, preſque impoſſible de dire où il a emprunté ſa ſcience. Bède, ou Frétellus, ou vingt autres ont pu la lui fournir. Je ſerais porté à croire cependant qu'il a eu

---

[1] V. plus haut, p. xj & *Arch. de l'O. L.*, I, pp. 12-16.

entre les mains & a suivi, au moins dans la première partie de son récit, le texte géographique populaire de la première croisade, le petit traité qui accompagne si souvent dans les manuscrits, soit les Gesta, soit Tudebode, soit Robert-le-Moine, & qui a été tant de fois traduit en français : l'Innominatus I, qui débute par les mots : « Si quis ab occidentalibus partibus &c.[1] »

MANUSCRIT & ÉDITION. — *Le poème de Mousket & partant le passage que nous lui avons emprunté n'a été publié qu'une fois, par le baron de Reiffenberg, d'après le manuscrit de Paris,* B. Nat., fr. 4963 *(anc. 9634, ol. 244), vél., XIII* siècle, in-fol., *sous le titre de* Chronique rimée de Philippe Mouskes *(Bruxelles, 1836-1838, 2 v. in-4).* Coll. des chr. belges, t. II & IV. — *Notre texte occupe les vers 10466-11060 du poème, les ff. 68 c-72 b du manuscrit & les pp. 406-427 de l'édition.*

[*Le manuscrit de Philippe Mousket étant unique, on s'est contenté de corriger ici le texte de Reiffenberg, dont la lecture laisse à désirer, de le ponctuer & de l'accentuer régulièrement.*]

VIII

MATTHIEU PARIS.

Quelques-uns des manuscrits de Matthieu Paris sont accompagnés de cartes intéressantes, au nombre desquelles figure au premier rang un Itinéraire de Londres à Jérusalem, *chargé de légendes françaises détaillées. Ce monument curieux de la cartographie du Moyen-Age sera reproduit avec exactitude dans le recueil iconographique que prépare la Société de l'Orient Latin.*

Mais sans attendre l'époque, probablement encore éloignée, où ce recueil verra le jour, il pouvait être utile de publier les légendes de la partie orientale de l'Itinéraire, d'autant plus que ces légendes, dans le soi-disant fac-simile qu'en a donné Jomard, sont absolument illisibles.

---

[1] Publié par Tobler à la suite de son Theodericus (S. Gall, 1865, in-12), pp. 113-116.

C'est vers le milieu du XIIIe siècle & probablement au temps des projets de croisade, sans cesse différés, de Henri III d'Angleterre, que l'Itinéraire a dû être dessiné & illustré de ses légendes. Sir Frederik Madden a émis l'opinion[1] *que tracé & commentaires sont de la main même de Matthieu Paris : cette attribution a été vivement contestée en Angleterre & ne paraît plus trouver de défenseurs*[2]. *Il est permis cependant de penser que si le moine de Saint-Alban n'a point tracé de sa main l'Itinéraire, il a pu rédiger lui-même le texte des légendes, qui auront été ensuite copiées sur la carte, par un artiste de profession.*

MANUSCRITS. — *Première rédaction.* 1. Londres, Brit. Mus., King's libr., 14 C VII, vél., XIIIe s., in-f., ff. 2 a-5 a *(or & couleurs)*.

2. Id., Lansdowne 253, pap., XVIe s., in-f., ff. 228-231. — *Dessin à la plume de la main de Camden.*

Deuxième rédaction. 3. Cambridge, Corpus Christi Coll., XVI, vél., XIIIe s., in-f., f. 5 *(couleurs)*.

4. Id., XXVI, vél., XIIIe s., f. 3 b *(couleurs)*.

5. Londres, Brit. Mus., Cotton, Tiber. E VI, vél., XIIIe s., f. 2 *(couleurs)*. — *Brûlé, illisible*[3].

EDITION. — *Jomard*, Monuments de la géographie *(Paris, Duprat, sans date, gr. in-f.; figures 8 & 9). Détestable lithographie d'après le cod.* 14.

[Les quatre manuscrits qui ont servi à constituer ce texte (on a laissé de côté le dernier, le n° 5, incomplet & illisible) se divisent tout naturellement en deux familles bien distinctes. La première, composée des mss. A & B, offre généralement un texte plus court, où les expressions latines se rencontrent fréquemment; la seconde (mss. C & D) présente un texte plus développé, & certaines particularités qui lui sont propres la distinguent nettement de l'autre (voy., par exemple, le commencement du paragraphe VIII qui, dans C & D, se confond avec le paragraphe V).

---

[1] Préface à l'*Hist. minor* de Mathieu Paris (Lond., 1866, in-8), t. I, p. xlviij.

[2] Th. Duffus Hardy, *Catal. of the mat. of British hist.*, III, p. 134.

[3] Un sixième manuscrit, Cotton Nero D. I., f. 182 b, ne contient que la première partie de l'*Itinéraire* de Londres à Rome.

[4] D'après le même ms., le commencement de l'*Itinéraire* (de Londres à Douvres) a été publié dans Gough, *Brit. topography* (Lond., 1780, I, pl. VII, fig. 1).

Les deux familles n'ont cependant pas d'affez grandes diffé-
rences entre elles pour qu'on puiffe fuppofer que l'une foit plus
ancienne que l'autre ; elles nous femblent toutes deux provenir
d'un original commun, écrit peut-être tout d'abord en latin ; leur
diverfité ferait donc due aux changements apportés au texte
primitif par des rédacteurs différents. C'eft pour cette raifon
que les deux textes ont été imprimés en regard & non à la fuite
l'un de l'autre ; ils fe complètent, du refte, & s'expliquent mu-
tuellement. La comparaifon des deux familles facilite fouvent
l'intelligence de certains paffages, déformés par la phonétique &
l'orthographe anglo-normandes.]

IX

L'ERACLES-ROTHELIN.

Des foixante-quinze manufcrits aujourd'hui connus qui ren-
ferment la traduction ou la continuation de Guillaume de Tyr,
feize forment la IVe claffe de ces manufcrits (Traduction &
continuation, dite de Rothelin [1], allant jufqu'en 1261). De ces
feize, douze font débuter la continuation par le texte géogra-
phique dont je vais m'occuper [2]. Ce texte n'exifte dans aucun
autre des manufcrits de l'Eracles. C'eft donc certainement en
1261 qu'il a été introduit dans la grande hiftoire françaife
d'Outremer, & cette introduction n'a pas été faite de toutes
pièces & fans changements, de façon à nous forcer à chercher
pour ce morceau une date fpéciale & plus ancienne de rédaction.
Il contient, en effet, une partie qui n'eft certainement pas origi-
nale : or, cette partie a été mife à jour par le compilateur &
porte les traces nombreufes d'un rajeuniffement auquel l'on ne
faurait donner d'autre date de rédaction que celle de l'œuvre
entière de 1261.

M. de Mas Latrie, dans fon excellent travail fur les manuf-
crits d'Eracles, a donné fur la continuation de Rothelin tous
les renfeignements défirables [3] : j'y renvoie le lecteur. J'infifterai
feulement fur ce point que la compilation a été faite en France,

---

[1] Ainfi nommée à caufe du principal mf. qui la contient, le fr. 2083, venant de Rothelin.

[2] Voir *Arch. de l'O. L.*, I, pp. 250-251.

[3] *Effai de claffific. des contin. de Guill. de Tyr*, à la fuite de la *Chronique* d'Ernoul, pp. 531-546.

& j'ajouterai que le morceau géographique qui nous occupe n'est point le seul hors-d'œuvre qu'elle renferme, trois autres opuscules intéressants ayant été introduits aussi dans le récit [1] *& remaniés comme le nôtre à cette intention.*

La description des Saints-Lieux, qui occupe le commencement (ch. II-XI) de la continuation de Rothelin, se compose de deux parties. La première n'est que la reproduction, mise à jour [2], *comme je viens de le dire, de* l'Eftat de la Citez de Iérufalem, *d'Ernoul. La seconde doit être aussi le remaniement d'un texte plus ancien. Ce texte — latin ou français, nous l'ignorons — mais aujourd'hui perdu, était une revue de la Terre-Sainte analogue dans sa forme générale aux* Pelerinaiges por aler en Ierufalem. *Le continuateur anonyme de Guillaume de Tyr décrit, en effet, dans cette seconde partie, les mêmes lieux & les mêmes fanctuaires que notre texte n° VI, mais avec plus de détails & dans un ordre différent.*

MANUSCRITS. — 1. *Paris, Bibl. Nat., fr.* **2825** *(anc. 8404), vél., XIVᵉ s., in-f., ff.* 310 *& s.*

2. *Id., fr.* 9061 *(anc. Supp. fr.* 25039ᵇ, *Dom Berthereau,* Iᵉʳ Recueil, IX, 2), *pap., XVIIIᵉ s., ff.* 17 *& s.*

3. *Id., fr.* 9083 *(anc. Supp. fr.* 2311, *Rothelin), vél., XIVᵉ s., in-f., ff.* 302 *& s.*

4. *Id., fr.* 22495 *(anc. Sorb.* 383), *vél., XIVᵉ s., in-f., ff.* 271 *& s.*

5. *Id., fr.* 22497 *(anc. La Vallière* 10), *vél., XIVᵉ s , in-f., ff.* 153 *& s.*

6. *Id., fr.* 24209 *(anc. Sorb.* 387), *vél., XIVᵉ s., in-f., ff.* 304 *& s.*

7. *Paris, Bibl. Didot, vél., XIVᵉ s., in-f., ff.* 291 *& s.*

8. *Lyon, Académie* 29 *(anc.* 733-742, *Adamoli), vél., XVᵉ s., in-f., ff.* 289 *& s.*

[1] La *Prophétie Agap*, la verfion françaife de la *Relatio patriarchæ ad Inn. III* & un traité fur les périls de la mer, le défert & le Nil. La première, qui fe trouve dans 6 mmff., forme les chap. XII-XIV (R. *des hift. occ. des cr.*, II, pp. 515-520); la feconde, qui fe trouve dans 5 mmff., les chap. XV-XVI (pp. 520-522); la troifième, les chap. XLV-LVIII (pp. 571-589).

[2] On n'y retrouve plus le mélange du préfent & de l'imparfait que j'ai fignalé dans Ernoul : l'occupation des Lieux-Saints par les Sarrafins y eft toujours affirmée.

9. *Bruxelles, Bibl. roy.*, 9045, *pap., XV* f., in-f., ff.* 342
& f.

10. *Id.*, 9492-9493, *vél., XIV* f., in-f., ff.* 377 *& f.*

11. *Rome, Vatican, Reg. Chrift.*, 737 *(anc.* 691*), vél., XIV* f., in-f., ff.* 339 *& f.*

12. *Turin, Athenæum,* LII, 17 *(Gallic.* 86*), vél., XV* f., in-f., ff.* 311 *& f.*

EDITIONS. — A. Recueil des hift. des croifades, Lois, *t. II,* 1843, *pp.* 531-534 [*cod.* 6].

B. *Schulz (E.-G.),* Jérufalem *(Berlin, S. Schropp,* 1845, *in-8), pp.* 107-115 [*éd. A*].

C. *Williams,* The holy city *(London, J.-W. Parker,* 1849, *in-8), I, app., pp.* 134-140 [*éd. A*] [1].

D. Recueil des hift. occ. des croifades, *t. II (*1859*), pp.* 490-515 [*cod.* 3, 4, 6, 8] [2].

E. *Mis de Vogüé,* Eglifes de Terre-Sainte *(Paris,* 1860, *in-4), pp.* 436-451 [*cod.* 1, 4, 6] [3].

F. Guillaume de Tyr & fes continuateurs, *éd. Paulin Paris (Paris, Didot,* 1879-1880, 2 *vol. in-8), t. II, pp.* 475-496 [*cod.* 7] [4].

[Le texte dont il eft ici queftion eft à peu de chofe près celui qui a été publié par l'Académie des Infcriptions & Belles-Lettres & dont l'édition eft défignée ci-deffus par la lettre D. Certaines corrections de détail y ont cependant été introduites, grâce aux nouveaux éléments de critique fournis par les manufcrits que l'Académie n'avait point connus. Le texte académique, en effet, a été conftitué d'après fix manufcrits; de ces fix manufcrits, cinq ont été utilifés dans ce texte, ce font les manufcrits E, F, H, I, K, *auxquels on a confervé les lettres que leur avait données le*

---

1 Cette édition & les deux précédentes ne donnent que la defcription de Jérufalem, & omettent celle des LL. SS. de Paleftine.

2 Les éditeurs du *Recueil* acad. fe font fervis auffi d'un mf. d'Ernoul, *Eftat de la Citez,* fr. 9086, qui a donné les variantes C.

3 M. de Vogüé a remplacé la fin du texte par notre nº VI, en y ajoutant quelques paffages de cette fin, empruntés aux mmff. 1, 4, 6.

4 La première partie du texte *(Defcription de Jérufalem)* a été traduite en anglais par T. Barclay, *The city of the great king* (L., 1857, in-8), p. 368-377, & en allemand par G. Rofen, *Jérufalem zur Zeit der Kreuzfahrer (Wochenbl. d. Johann. - Ordens Balley Brandenb.,* 1867, pp. 79-94).

dernier éditeur. On a rejeté au contraire le mf. C de l'Académie, qui contient, non pas la rédaction voulue, mais le texte d'Ernoul. Quant aux autres manufcrits, auxquels ont été attribuées les lettres A, B, C (nouveau), D, G, J, ils font abfolument nouveaux. Autant que faire fe pouvait, les onze manufcrits parmi lefquels on ne compte pas le n° 2 qui eft une copie, ont été groupés par familles.]

X

CHEMINS ET PELERINAGES DE LA TERRE SAINTE.

Le texte publié fous ce titre aurait pu être joint au n° VI, avec lequel il a une parenté indifcutable. Les Lieux-Saints y font décrits dans le même ordre, quelquefois dans les mêmes termes. Il eft également auffi difficile à dater que les Pelerinaiges por aler en Ierufalem : nous retrouvons, en effet, ici les fynchronifmes contradictoires que nous a offerts ce dernier document; il y a même une difficulté de plus; car l'auteur parle d'Athlit comme n'étant plus en la poffeffion des Templiers [1], affertion inadmiffible, puifque ce château ne fut pris que le 30 juillet 1291, c'eft-à-dire deux mois & demi après la chute d'Acre (18 mai) qui nous eft donné, dans le texte, comme encore occupé par les Latins.

Il n'y avait donc aucune raifon bien décifive pour ne point le réunir au n° VI, & fi nous l'en avons feparé, c'eft que, d'abord, il en diffère, à chaque inftant, par les détails, ou nouveaux, ou plus abondants, qu'il donne fur les lieux décrits, puis parce que fa feconde rédaction, beaucoup plus voifine de la première que les Pelerinaiges por aler en Ierufalem, n'offre plus les deux fynchronifmes embarraffcnts des moines de Ste-Marie Latine & de la maifon de l'Hôpital à Jérufalem. Négligeant donc le mot relatif à Athlit (mot que corrige d'ailleurs la deuxième rédaction), nous avons placé la compofition, fans fixer d'ailleurs une date minima précife, avant l'année 1265, époque où Arfuf & Céfarée tombèrent au pouvoir des Infidèles. Cette date, pour la feconde rédaction, pourrait même être augmentée de trois ans; car celle-ci ne fait plus de Jaffa, comme la première, la réfidence d'un comte [2], & l'on fait que Jaffa tomba le 7 mars 1268.

---

1 « Lequel chaftieuffu de la maif-fon dou Temple» (N. 2, p. 180).   2 N. 3, p. 192.

d

Les environs de cette dernière année pour la deuxième rédaction de notre texte, le milieu du treizième siècle, pour la première, me paraissent donc les époqu s approximatives où fut composé ce double document, dont l'auteur ou les auteurs durent prendre le cadre tout fait que leur offraient les Pelerinaiges por aler en Ierusalem, *en y insérant leurs propres renseignements.*

MANUSCRITS. — *Première rédaction. Ro· ·e, Vatic.* 3136, *vél., XIV*ᵉ *s., in-8, ff.* 19-25 ¹.
Seconde rédactio.. Cambridge, Universsty, *Gg* VI, 28, *vél., XV*ᵉ *s., in-4, ff.* 52 a-57 a.

[*Différentes par la date, les deux rédactions le sont aussi par la langue; la première est l'œuvre d'un copiste provençal, la seconde provient d'un copiste anglais. A travers les déformations dues à ces deux influences, qui n'ont fait que changer superficiellement la physionomie de la version primitive, il est toutefois facile de reconnaître un texte original purement français.*]

XI

VOYAGE DES POLO.

Sans l'intérêt qui s'attache au nom du grand voyageur vénitien, & aussi sans le désir de ne rien omettre dans la série de nos textes géographiques, surtout les plus anciens, nous aurions pu négliger ce fragment du livre de Marco Polo. Il n'a, en effet, qu'une importance bien restreinte pour la Terre-Sainte &, en particulier, ne saurait donner lieu ici à aucune observation, la question de rédaction & d'originalité ne soulevant aucune difficulté qui n'ait été depuis longtemps résolue par les commentateurs innombrables de Marco Polo.

Je ne ferai qu'une remarque, portant sur un point tout spécial: la date de 1269, *donnée seulement par un des manuscrits de la rédaction de Thibaut de Cépoy, pour le premier séjour à Acre des Polo & leur rencontre avec Tedaldo Visconti, qui allait être*

---

¹ Nous en devons l'indication   le Roulx.
à notre confrère, M. J. Delaville

*élu pape & prendre le nom de Grégoire X, date préférée par
tous les éditeurs à celles évidemment erronées de Ruſticien de
Piſe (1260, p. 209) & des huit autres manuſcrits de Thibaut de
Cépoy (1250 & 1260, p. 221, var. ii), n'eſt pas hors de
toute diſcuſſion. M. G. Tononi, archiprêtre de Plaiſance, qui
prépare une hiſtoire & une édition des œuvres de Grégoire X, me
fait remarquer que les chroniqueurs ne placent le départ de
Tedaldo pour la Terre-Sainte qu'après celui de ſ. Louis pour
Tunis (2 juillet 1270), & que, d'après un acte du Tréſor des
Chartes [1], Tedaldo était encore à Paris le 28 décembre 1269.
Il faudrait donc probablement dater de 1271 le premier & le
deuxième ſejour des Polo à Acre, & les placer tous deux entre
le 9 mai, époque de l'arrivée en Terre-Sainte d'Edouard d'Angleterre, — avec lequel, ſuivant l'Eracles [2], aborda Tedaldo
— & le 18 novembre, date du départ du nouveau pape pour
l'Occident.*

PREMIÈRE RÉDACTION *(Ruſticien de Piſe).*

MANUSCRITS. — 1. *Paris, Bibl. Nat., fr.* 1116 *(anc.*
7367), *vél., XIVᵉ ſ., in-f., ff.* 4 b-7 a.

ÉDITION. — Recueil de voy. & de mémoires, *publ. par
la Soc. roy. de géographie, t. I (1824, in-4), pp.* 1-9 [*cod.* 1].

SECONDE RÉDACTION *(Thibaut de Cépoy).*

MANUSCRITS. — 2. *Paris, Bibl. Nat., fr.* 2810 *(anc.*
8392), *vél., XIVᵉ ſ., in-f., f.* 1 *& ſuiv.*

  3. *Id., f.* 5631 *(anc.* 10260), *vél., XIVᵉ ſ., in-4, f.* 4 *& ſ.*
  4. » » 5649 (» 10270), » *XVᵉ ſ.,* » » 6 »
  5. » *Nouv. acq. fr.* 1880, *pap., XVIᵉ ſ.,* » » 1 »
  6. *Berne,* 125, *vél., XIVᵉ ſ., in-4, f.* 4 *& ſ.*
  7. *Bruxelles,* 9309, *vél., XIIIᵉ ſ., in-4, f.* 1 *& ſ.*
  8. *Londres, Muſ. Brit., Reg.* 19 D I, *vél., XIVᵉ ſ., in-4,
f.* 58 *& ſ.,*
  9. *Oxford, Bodl.* 264, *vél., XIVᵉ ſ., in-4, f.* 218 *& ſ.*
  10. *Stockholm, Bibl. roy., Fr.* 37, *vél., XIIIᵉ ſ., in-4, f.* 1 *& ſ.* [3]

---

1 *Arch. de Fr.,* T, 456, nº 28[18].
2 L. XXXIV, ch. V (*H. occ. des
cr.,* II, p. 449).
3 Une héliographie de ce mſ. vient d'être exécutée par les ſoins
de M. le baron de Nordenſkjöld
qui a bien voulu nous en commu-
niquer les premiers feuillets.

Le manuscrit :

11. *Rome, Vatic., Ottoboni 2207, vél., XIV* f., in-f.,* *ne contient pas le voyage en Syrie.*

Les manuscrits :

12. *Londres, Egerton 2176, vél.,*

13. *Stockholm, Bibl. roy., Fr. 38, vél., XV* f., in-4,* *ne font que des* retraductions *françaises de la verfion latine du livre de Marco Polo.*

Le manuscrit :

14. *Paris, Arfenal, 3511 (anc. H. fr. 20), vél., XV* f., in-fol., offre une tout autre rédaction, complètement rajeunie & œuvre d'un copifte fpécial.*

EDITION. — Le livre de Marco Polo, *publ. par G. Pauthier (Paris, Didot, 1865, 2 vol. in-8), t. I, pp. 20 & f. [cod. 2, 3, 4].*

[*Pauthier a démontré que le livre de Marco Polo a tout d'abord été rédigé par Rufticien de Pife, dans une langue imprégnée de formes italiennes ; c'eft cette rédaction qu'on a ici publiée la première, en refpectant les fautes de toute nature qu'elle renferme.*

La feconde rédaction, vraifemblablement revifée par Marco Polo lui-même & deftinée, d'après le prologue, à Thibault de Cépoy, offre un texte de beaucoup meilleur & plus fûr. Ce texte, conftitué à nouveau d'après neuf manufcrits, dont trois feulement étaient connus de Pauthier, eft tout à fait différent du texte du premier éditeur & lui eft auffi fupérieur.]

XII

PELRINAGES ET PARDOUNS DE ACRE.

*Voici encore un texte dont la première partie eft rédigée fur le même plan que les n°s VI & X, &, comme eux, voifin de la deuxième partie du fragment géographique que nous avons emprunté à l'*Eracles-Rothelin*. Encore plus concife que les premiers, elle n'offre point de fynchronifmes qui permettent d'en fixer approximativement la date. Heureufement que l'auteur, aux dix paragraphes dans lefquels font brièvement décrits les Saints-Lieux, tels que nous les énumèrent les* Pelerinaiges por aler en Ierufalem *& les* Chemins & pelerinages, *en ajoute* *trois autres qui lui font propres. Or, dans le fecond[1], qui contient une lifte unique & infiniment précieufe des fanctuaires d'Acre, nous trouvons mentionné l'hôpital de St-Martin des Bretons, dont on connaît parfaitement les origines, & qui fut fondé exacte-ment le 29 août 1254[2]. Mais ce n'eft là qu'une date minima qu'il convient de faire defcendre de plufieurs années, le nombre des pèlerinages énumérés dans Acre feulement fuppofant cette ville arrivée à un degré de profpérité qu'elle n'atteignit que quelques années avant fa chute.*

MANUSCRIT. — *Londres, Brit. Muf., Harl. 2253, vél., XIVe f., in-f., ff. 68 b-70 b.*

[*Ce texte offre un fpécimen nouveau du dialecte anglo-normand au XIIIe ou XIVe fiècle. Nous y retrouvons, en effet, la confufion des conjugaifons & des cas de la déclinaifon, des formes comme* mount *pour* mont, tounbe *pour* tombe *&c., la réfolution de* ié *en* é *&c., autant de phénomènes linguiftiques intéreffants à conftater.*]

XIII

LA DEVISE DES CHEMINS DE BABYLONE.

Notre confrère, M. Charles Schefer, a préparé, fur ce texte important, un mémoire étendu qui va paraître au tome II des Archives de l'Orient Latin : *je me bornerai donc ici à de courtes obfervations.*

La Devife ne rentre pas précifément dans les limites géogra-phiques tracées à nos volumes : ce mémoire militaire, adreffé en Occident, par l'ordre de St-Jean, pour une defcente en Égypte, donne d'abord le relevé des forces dont difpofent les Infidèles, puis décrit avec détails les diverfes routes par lefquelles on peut pénétrer jufqu'au Caire. Il devrait donc être plutôt rangé parmi les projets de croifade. Nous l'avons pourtant admis dans le préfent volume, d'abord en raifon de fon importance, puis parce qu'il embraffe une région qui fut, au XIIe & au XIIIe fiècle,

---

[1] N. 13, pp. 235-236.

[2] V. *Titres de l'Hôpital des Bretons d'Acre*, publ. par J. Dela- ville le Roulx (*Archives de l'O. L.*, I, pp. 423-433).

*le théâtre fréquent des guerres entre les sultans d'Egypte & les
Latins, & qu'il est curieux de constater quels renseignements ces
derniers pouvaient avoir sur ce pays.*

*M. Schefer montrera, par la comparaison avec les sources
arabes, quelle était l'exactitude de ces renseignements, qui sup-
posent chez l'auteur anonyme du* Mémoire *la connaissance,
non seulement des choses dont il parle, mais encore de la langue
turque.*

Je ne saurais affirmer positivement que la Devise *ait été
écrite originairement en français: une longue rubrique latine qui
la précède, dans une des copies que nous en avons, me fait
craindre qu'elle n'ait été écrite d'abord, ou tout au moins simulta-
nément, en latin: en tout cas, je n'en ai pu retrouver l'original.*

*Quant à la date à laquelle elle a été rédigée, il est extrême-
ment facile de la préciser: les Latins, en effet, n'avaient pas
encore perdu Acre (1291), car, sans cela, cette ville qui fut,
aussitôt après la prise, pourvue d'un émir, lieutenant du sultan
du Caire, figurerait au nombre des chefs-lieux de gouvernement
énumérés par la* Devise. *Celle-ci comprend, au contraire, Tripoli,
qui tomba aux mains des Sarrasins le 26 avril 1289: c'est donc
entre cette date & le 18 mai 1291, que le mémoire a été rédigé
& expédié en Europe, probablement pour déterminer l'envoi de
secours dont Acre, de plus en plus menacée, éprouvait le besoin
le plus urgent.*

MANUSCRITS. — 1. *Paris, Bibl. Nat., Lat.* 7470, *vél.,
XIV*ᵉ *f., in-f., f.* 163a-172a.

2. *Id., Bibl. Ste-Genev., E. l.* 28, *vél., XIV*ᵉ *f., in-4,
f.* 143b-147d.

3. *Berne,* 280, *pap., XV*ᵉ *f., in-f., f.* 74b-78b.

EDITION. — *Sinner,* Catal. cod. mmss. bibliothecæ Bernensis *(Berne,* 1770, *in-8), t. II, pp.* 319-329 *(fragment,
chap. I-VI),* [cod. 3].

*[Ce texte, établi d'une façon critique d'après les trois seuls
manuscrits connus, est écrit en bon français du XIII*ᵉ *siècle;
aucune autre raison que celle qui a été énoncée plus haut, ne
saurait être invoquée en faveur de l'originalité latine de ce
morceau important.]*

XIV

LES CASAUS DE SUR.

Nous avons rejeté à la fin du volume cette pièce, dont il est impossible de fixer la date précise. Elle est postérieure à la perte du Saphet (20 juillet 1266) & antérieure à la mort (1283) du dernier prince de Tyr, qui ait régné effectivement dans cette ville. Ce prince, Jean de Montfort, avait laissé une veuve, Marguerite, sœur de Henri II, roi de Chypre, qui conclut en 1285 un traité, plusieurs fois publié [1], avec le sultan Mélik el-Mansour. Or, ce traité est destiné précisément à assurer à la princesse la possession des dix casaus qu'énumère notre acte, débris que le sultan daignait lui laisser, après s'être emparé du reste de la principauté.

MANUSCRITS. — 1 & 2. *Venise, Arch. di stato*, Regiftri dei patti, *I, f.* 182, *II, f.* 24.

3 & 4. *Vienne, Arch. Imp.*, Liber pactorum, *I*, 279, *II*, 29.

ÉDITION. — Urkunden zur Handelsgeschichte Venedigs, *éd. Tafel & Thomas, t. III (Vienne,* 1857, *in-8), pp.* 398-400 [*cod.* 3-4].

[*Texte italianifé d'une phonétique incertaine & d'un fens quelquefois douteux.*]

[1] *Biblioth. des croifades*, t. IV (1829), pp. 558-560 (en français); Wilken, *Gefch. der Kreuzz.*, t. VII, 1832, app., pp. 14-16 (en allem.); Makrizi, *Hift. des fultans d'Egypte*, tr. Quatremère (1837), t. II, I, p. 173; cf. p. 216.

Comte RIANT.

I

LES SAINTS LIEUX

D'APRÈS LA

CHANSON DU VOYAGE DE CHARLEMAGNE

A JÉRUSALEM

[vers 1075]

MANUSCRIT :

Londres, Brit. Muſeum, King's Libr. 16 E. VIII (vél., XIIIᵉ ſ., in-8),
ff. 132 b-135 a.

EDITIONS :

Charlemagne, an anglo-ſaxon poeme, ed. Fr. Michel (Lond., 1836, in-12),
pp. 5-11.

Karls d. Groſſen Reiſe nach Jeruſalem, heraufg. von Ed. Koſchwitz
(Heilbronn, 1880, in-12), pp. 51-57.

LES SAINTS LIEUX

D'APRÈS LA

CHANSON DU VOYAGE DE CHARLEMAGNE

A JERUSALEM

* * *

[Texte de M. Koſchwitz, revu par M. G. Paris.]

Mſ. f. 132 b.
K. p. 51.

. . . .
IL eiſſirent de France e Burguigne guerpirent,
Loheregne traverſent, Baiviere e Hungerie,
Les Turs e les Perſanz e cele gent baïe,
La grant ewe del flum paſsèrent à Lalice.
Chevalchet l'emperère très par mi cruix partie
Les bois & les forez, e ſunt entrez en Grice,
Les puiz e les muntaignes virent en Romanie,
E brochent à la tere ù Deus receut martirie,
Veient Jeruſalem, une citet antive.
Li jurz fu bels e clers, herberges unt purpriſes,   110
E vienent al muſtier; lur offrende i unt miſe;
As herberges repairent les fières cumpagnies.

Mult eſt genz li preſenz que li reis Charle i offret.
Entrat en un muſtier de marbre peint à volte.

Là ens at un alter de Sainte Paternoftre.
Deus i chantat [la] meffe, fi firent li apoftle;
E les duze chaères i funt tutes uncore.
La trezime eft en mi, ben feielée e clofe.
Charlemaigne i entrat, bien out al coer grant joie;
Cum il vit la chaère, icele part s'aprocet.
L'emperère s'afift, un petit fe repofet,
Li duze per as altres envirun & en cofte.
Ainz n'i fift alcuns hoem ne unkes puis uncore :

Mult fu liez Charlemaigne de cele grant beltet:
Vit de clères colurs le muftier peinturet,
De martirs e de virgenes e de granz majeftez,
E les curs de la lune e les feftes anvels,
E les lavacres curre e les peifons par mer.
Charles out fier le vis, fi out le chief levet.
Uns Judeus i entrat, ki bien l'out efguardet;
Cum il vit Charlemaigne, cumençat à trembler :
Tant out fier le vifage, ne l'ofat efguarder;
A poi que il ne chiet, fuiant s'en eft turnez,
E fi muntet d'eflais tuz les marbrins degrez,
E vint al patriarche, prift l'en à aparler :
« Alez, fire, al muftier pur les funz apreƷer,
« Orendreit me ferai baptizier e lever.
« Duze cuntes vi ore en cel muftier entrer,
« Avoec els le trezime; unc ne vi fi furmez.
« Par le men efcientre, ço eft meifmes Deus :
« Il e li duze apoftle vus vienent vifiter. »
Quant l'ot li patriarches, fi s'en vait cunreer
E out mandet fes clers en ulbe ia citet :
Il les fait reveftir e chapes afubler,
A grant proceffiun en eft al rei alez.
L'emperère le vit, fi'ft encuntre levez
E out trait fun chapel, parfunt lui at clinet,
Vunt fei entrebaifer, nuveles demander.
E dift li patriarches : « Dunt eftes, fire, nez ?

« *Unkes mais n'ofat hoem en ceft muftier entrer,*
« *Si ne li cumandai u ne li oi ruvet.*   150
« *Sire, jo ai nun Charles, fi fui de* France *nez :*
« *Duze reis ai cunquis par force e par barnet ;*
« *Le trezime veis querre, dunt ai oit parler.*
« *Vinc en* Jerufalem *pur l'amiftet de Deu,*
« *La cruiz e le fepulcre fui venuz aürer.* »
E dift li patriarches : « Sire, mult eftes ber !
« *Sis as en la chaère è fift meifmes Deus :*
« *Æes nun Charlemaignes fur tuz reis curunez.* »
E dift li emperère : « Cinc cenz merciz de Deu !
« *De voz faintes reliques, fi vus plaift, me dunez*
f. 133 b.   « *Que porterai en France qu'en voil enluminer.* »   160
Refpont li patriarches : « A plentet en avrez.
« *Le braz faint Simeon aparmaines avrez ;*
« *E le chief faint Lazare vus ferai aporter,*
« *E del fanc faint Eftefne ki martir fu pur Deu.* »
Charlemaines l'en rent faluz e amiftez.

E dift li patriarches : « Ben avez efpleitiet.
« *Quant Deus veniftes querre, eftre vus en deit mielz.*
« *Durrai vus tels reliques, meillurs n'en at fuz ciel :*
« *Del fudarie* Jefu *que il out en fun chief*   170
« *Cum il fut al fepulcre e pofez e culchiez,*
« *Quant* Judeu *le guardèrent as efpées d'acier ;*
« *(Al tierz jurn relevat, fi cum il out prechiet,*
« *E il vint as apoftles pur els efteecier.)*
K. p. 54.   « *Et un des clous avrez que il out en fun piet,*
« *E la fainte corune que Deus out en fun chief ;*
« *Et avrez le calice que il beneifquiet.*
« *L'efcuele d'argent vus durrai volintiers,*
« *A pieres preciufes, entailliée à or mier ;*
« *Et avrez le cuitel que Deus tint al mangier,*   180
« *De la barbe faint Piere, des chevols de fun chief.* »
Charlemaines l'en rent faluz e amiftiez :
Tuz li cors li treffailt de joie e de pitiet.

Ço diſt li patriarches : « Bien vus eſt avenut.
« Par le men eſcientre, Deus vus i at cunduit.
« Durrai vus tels reliques ki ferunt granz vertuz :
« Del leyt ſainte Marie dunt alaitat Jeſu,
« Cum fut primes en tere entre nus deſcenduz ;
« De la ſainte chemiſe que ele out reveſtut. »
190 Charlemaines l'en rent amiſtiez e ſaluz.
Cil li fiſt aporter, e li reis les reçut.
Les reliques ſunt forz, Deus i fait granz vertuz :
Iloec juit uns cuntraiz, ſet anz out ne ſe mut,
Tuit li os li cruiſſirent, li nerf li ſunt tendut ;
Ore ſailt ſus en piez, unkes plus ſains ne fud.
Or veit li patriarches Deus i fait granz vertuz,
Toſt fait le glas ſuner par la citet menut.
Li reis fait faire ſiertre, unkes mieldre ne fut,
Del plus fin or d'Arabie i out mil mars fundut.
200 Il la fait ſeieler à force e à vertuz,
A grant bendes d'argent la fait lier menut ;
L'arceveſke Turpin cumandet ſun cunduit.
Charlemaines fut liez e cil ki ſunt od lui.

Quatre meis fut li reis en Jerſalem la vile,
Il e li duze per, la chière cumpagnie.
Demeinent grant barnage, car l'emperère eſt riches ;
Cumencent un muſtier qui'ſt de ſainte Marie.
Li hume de la tere la claiment Latanie,
Car li language i vienent de treſtute la vile ;
210 Il i vendent lur palies, lur teiles e lur ſirges,
Coſte e canele, peivre, altres bones eſpices,
E maintes bones herbes que jo ne vus ſai dire.
Deus eſt uncore el ciel qui'n voelt faire juſtiſe.

L'emperère de France i out tant demuret,
Le patriarche priſt, ſi l'en at apelet :
« Voſtre cungiet, bel ſire, ſi vus plaiſt, me dunez ;
« En France, à mun reialme m'en eſtoet returner.

f. 134 a

K. p. 55

« *Pose at que jo n'i fui, si ai mult demuret,*
« *E ne set mais barnages quel part jo fui turnez.*
« *Faites cent mulz receivre d'or e d'argent truffez.* »   220
E dift li patriarches : « Jà mar en parlerez.
« *Tuz li miens granz tresors vus seit abandunez.*
« *Tant en prengent Franceis cum en vuldrunt porter,*
« *Mais que de Sarazins e paiens nus guardez*
« *Ki nus voelent deftruire e la criftientet.* »

    E dift li patriarche : « Savez dunt jo vus prei?
« *De Sarazins deftruire, ki nus unt en defpeit.*
— *Voluntiers,* » *ço dift Charles, si l'en plevit sa feit :*
« *Jo manderai mes humes, quant qu'en purrai aveir,*
« *Et irai en Efpaigne, ne purrat remaneir.* »   230
Si fift il pus encore, bien en guardat sa feit,
Quant là fut mort Rollanz, li duze per od sei.

    L'emperère de France i out tant demuret,
De sa muillier li membret que il at oït parler.
Ore irat le rei querre qu'ele li out loet :
Jà n'en prendrat mais fin trefk'il l'avrat trovet.
La nuit le fait nuncier as Francéis, as oftels :
Cum il l'unt entendut, ourent les coers mult liez :
Al matin par sun l'albe, quant li jurz lur apert,
Li mul e li sumier sunt guarnit e truffet,   240
Et muntent li barun, el chemin sunt entret,
Vienent en Jerico, palmes prenent afez,
« *Ultree ! Deus aïe !* » *crient e balt e cler.*
Li patriarches muntet sur un mul sujurnet,
Tant cum li jurz li duret l'at cunduit e guiet;
La nuit furent enfenble li barun as oftels,
Nule rien qu'il demandent ne lur eft demuret.
Al matin par sun l'albe, quant li jurs lur apert,
Remuntent li barun, al chemin sunt entret.
Li patriarches at Charlemaine apelet :   250
« *Voftre cungiet, bels fire, si vus plaift, me dunez.* »

Et dift li emperère : « Al cumant Damne Deu. »
Vunt fei entrebaifier, atant funt defevret.
Chevalchet l'emperère od fun ruifte barnet.
Les reliques funt forz, granz vertuz i fait Deus,   K. p. 57
K'il ne vienent à ewe n'en partiffent li guet,
Ne n'encuntrent avoegle ne feit renluminez ;
Les cuntraiz i redrecent e les muz funt parler.   f. 135 a.

Chevalchet l'emperère od fa cumpaigne grant,
E paffent les moncèles e les puiz d'Abilant,
La roche del Guitume e les plaines avant,
Virent Cunftantinoble, une citet vaillant. . . .

. . . .

II

PATRIARCATS

DE

JÉRUSALEM ET D'ANTIOCHE

[vers 1180]

MANUSCRIT:

Berne, Bibl. publique, 590 (P. Daniel), XIIIe s., vél., in-8.

PATRIARCATS

DE

JÉRUSALEM ET D'ANTIOCHE

* * *

f. 142 a, c. 1 Li patriarches de IERUSALEM a foz lui :
> *Ebron*
> *Lidde*
> *Afcalone*

L'arcevefchiez de SUR a foz lui :
> *Acre*
> *Saiete*

f. 142 a, c. 2 *Baruth*
> *Belinas*

L'arcevefchiez de CESAIRE a foz lui :
> *Sebafte*, qui eft dite *Semarie*.

L'arcevefchiez de NAZARETH a foz lui :
> *Tabarre*.

Li patriarches d'ANTIOCHE a foz lui c & liiij yglifes
cathedraux, & a fuffragains :
L'arcevefque de THARSE,
> de ROEIS,
> d'ALPHANE,
> de CROSOPLE, &

Le vefque
> de la *Liche*
> de *Gabrie*

de *Tortouse*
de *Triple*
de *Gibelet*.

[*PATRIARCAT DE JÉRUSALEM.*]

En *Palestine*, li premiers sieges : CESAIRE MARTIME que Herodes redefia, soz laquele sunt xix sieges d'eveschié :

Dore
Antipatrida
Jamnias
Assur
Nicople
Omis [a]
Sorti [b]
Kayfas [c]
Ierico
Apatas [d]
Paumeroie
Cipon [e]
Escomason
Effulion [f]
Touxe
Le Sault
Constantine.

En *Galilée*, li second siege : STICOPLE, c'est à dire LE BETSAN ; mais cist sieges ert translatez à NAZARETH, soz f. 142 b, c. 1 laquele sunt ix evefchiez :

Capitoile
Mirul
Gardirom [g]

a. *Omis* est donné par la *Notitia latina* (*Itin. Hieros. lat.*, I, 339), ainsi que les leçons suivantes. — b. *Sozusis*. — c. *Rasias, Raphyas*. — d. *Regium Apatos*. — e. *Azotus Ippum*. — f. *Esti-lion*. — g. *Gadarum*.

Pelon
Guillaume
Chricppus [a]
Tetracoine [b]
Tabarie
Comane.

Li tierz fieges en *Arrabe :* LA PIERRE DU DÉSERT, foz laquele funt xij evefchiez :

Auguftople
Arindine
Karach, ce eft *le Crac*
Ierapel
Menfidos
Eluci [c]
Zora
Viroffe
Penthacome
Tanaphon [d]
Le Saltum
Irrectonton [e].

Li carz fieges eft en la *Surie Sobal :* BOUTERON, qui a foz lui xxxv evefchiez :

Adraffon
Dyas
Madavion
Ieraffon
Neui
Philadelphie
Ieraple
Efuis
Naples
Philiple
Fenufte

a. *Villifippus.*—b. *Tetracomias.*   e. *Saltum Ieraticon.*
— c. *Elucis.* — d. *Mamapfon.* —

Denife
Conftantine
Pentaconne
Comogeros
Comos
Canis [a]
Commiffinali (ou *Connofinali*)
Deicon
Comocoreatas
Comifcapron
Comfiuluanos
Comifpirgoarethon
Comifpectis
Comifaricon
Comifniectis [b]
Climaftolis [c]
Keuifnion
Comifariotas
Comiftraconos
Comifvefdamos.

Des fuffragains, la premiere eft :
Lide, qui eft dite *Sainz Iorges*
Iaffes
Afcalon
Gadres
Merinas [d]
Diolicanople
Ebron, de novel evefchiez, & eft apelée S.
Abraham
Berfabée [e]
Naples

f. 142 b, c. 2

a. *Comoftanis.* — b. *Canis Neotis.* — c. *Clima Anatolis.* — d. *Mei-mas.* — e. *Beitgebria.*

Ierico
Sebafte
Tabarie
Dyocefaire
Ligtim [a]
Capitoile, &
Mauronne
Cedar
NAZARETH, où a orendroit arcevefque.
Tabor
Adogre
Afre
Helie
Fara Elenople [b]
Li Monz Synaj, en qui fomet eft evefchiez, &
    aval abaïe.

[PATRIARCAT D'ANTIOCHE.]

Li premiers fieges eft SUR, foz laquele funt xiij evefchiez:
Kayfas
Arches
Acre
Saiete
Le Saffain
Gibelet [c]
Bouton [d]
Ortoufe
Tortoufe
Belinas [e]
Triple
Baruth
Maraclées .

a. *Legionum.* — b. *Faram.* —   *neas.* — f. *Aracli.*
c. *Biblium.* —d. *Botrien.* — e. *Pa-*

Li ſecons ſieges eſt TARSSE, ſoz qui ſunt v eveſchiez :
>Sebaſte
>Mallos
>Tine [a]
>Corichos
>Poderade.

Li tierz ſieges eſt en *Armenie*, EDESSE, qui eſt dite ROUAIS, ſoz qui ſunt xj eveſchiez :
>Virchi [b]
>Conſtance
>Carron
>Marcople [c]
>Vathnon
>Cedmaron
>Venieria [d]
>Kerchiſie [e]
>Tapſaron
>Albanice
>Calbanice [f].

Li cars ſieges, APAME, ſoz qui en ſunt viij :
>Ephifaine
>Seleucoval
>Lariſſe
>Vallane
>Mariant
>Raphanie
>Aretuſe [g].

Li chinquieſmes ſieges, MALBECH, ſoz qui ſunt viij eveſchiez :
>Heume [h]
>Sauron

a. *Thina.* — b. *Virthi.* — c. *Marcopolis.* — d. *Ymeria.* — e. *Querquensa.* — f. *Callinices.* — g. *Arethusa.* — h. *Zeuma.*

> Varvals
> Neocefaire
> Parri
> Orcimon
> Dolichi
> · Europhi.

Li fiftes fieges, BUSELTRE [a], foz qui en funt xix :

> Gefon
> Philadelfe
> Adraon
> Midraon
> Auftadon
> Beruendon [b]
> Zoroime
> Herri
> Uevi [c]
> Euftinij
> Conftance
> Paranhle
> Denife
> Conaathori
> Marmaple [d]
> Philiople
> Crifople
> Neilon
> Lorée.

Li feptiefmes fieges *en Arménie*, ANAVRASF, foz qui funt ix evefchiez :

> Ephifainne
> Alixandre
> La petite Trinople
> Campifoble [e]

a *Boftra.* — b *Delmundon.* —   e *Cambrifopolis.*
c *Teevi.* — d *Maximopolis.* —

Flavias
Pofos
Caftavali
Eguas
Sifie.
Li huitiefmes fieges, [SELEUCIE] foz qui en funt xxv :
Claudiople
Diocefaire
Oropi
Dalixandres
Sevale
Kelenderis
Antinori [a]
Anople [b]
Lamos
Antioche la petite
Nephelie
Quiftre
Selennifte
Yeapi [c]
Philadelphie la petite
Yrenople
Germanicople
Mobde
Domeciople
Sibidi
Ginople [d]
Adrafon
Milio [e]
Naples.
Li novifmes fieges, DAMAS, foz qui funt x evefchiez :
Abli

a *Anemori.* — b *Titopolis.* —   e *Miloi.*
c *Yotupi.* — d *Ginopolis.* —

Panuplon [a]
La Liche
Eurie
Ronoquorre [b]
Yatridée [c]
Danabie
Karotée [d]
Hardani
Syrraquin.

a *Palmyron.* — b *Renocora.* — c *Yabruda.* — d *Karatea.*

(Ici finit le manuscrit; manquent les métropoles X, XI, XII & XIII.)

III

L'ESTAT DE LA CITÉ

DE IHERUSALEM

[v. 1187]

MANUSCRITS :

K. Paris, Bibl. Nat., fr. 770, vél., XIII f., in-f., f. 348.
L. » » » 12203, » » » f. 40-41.
M. » » » 24210, pap., XVI f., » f. 56b-57b.

L'ESTAT

DE LA

CITÉ DE IHERUSALEM

*

Extrait

de l'Estoire d'outremer & de la naissance Salehadin.

* * *

I

SACHIÉS que la cité de *Iherusalem* n'est ore pas en cellui liu[a] ù elle estoit[b] au tans que Ihesu Crist fu crucefiiés. La cités estoit à celui tans sour le *Mont de Syon ;* mais ore non il n'i a, fors une abeïe, sans plus, & est apielée *Sainte Marie dou Mont de Syon.* Et là, droit ù li moustiers est, fu li maisons ù Nostre Sires chena[c] o ses desiples[d], le loesdi Absolu, & fist la fracsion[e] & la patre nostre. Ausi[f] en celui[g] moustier meismes[h], & là, s'aparut il à ses apostles le iour[i] k'il[j] resuscita de mort à vie ; & [k] fu che k'il moustra[l] à saint Thumas les plaies de ses mains & de ses piés[m] & de son costé, as octaves de Pasques, & li dist : « Thumas met[n] cha « ton doit & si croi en moi fermement ». Et là meïsmes

Abbaye de Mont Sion.

---

a. *M* tel lieu comme. — b. *K, M* fu. — c. *K* cena. — d. *K, M* apostles. — e. *L* le sacrement. — f. Ausi m. d. *L.* — g. *K, M* cel. — h. maismes m. d. *K, M.* — i. *L* ior. — j. *L* que il. — k. & m. d. *L.* — l. *K* cou, *L* que il mostre. — m. *L* de ses piés & de ses mains. — n. *L, Kl* boute.

s'aparut il à fes apoftles le iour *a* de l'Affencion, & *b* il monta es chieus *c*, & il vint prendre congié à iaus *d*. Et quant il i fu montés, fi retournérent les apoftles *e* en cel lieu meïfmes, quant il l'orent convoiet dufc' *f* au *Mont Olivet*. Et là fu çou que *g* il monta es chieus *h*, & là en droit *i* atendirent li apoftle *j* le faint Efperit k'il lor avoit proumis.

Mont des Oliviers.

En cel liu *k* meïfmes eft li lius ù madame fainte Marie trefpaffa; & de là l'emportérent li Angele foz *l* terre *m* ou *Val de Iofafas* *n*, & là le mifent il ou fepulcre; & là eft encore chil meïfmes fepulcres, & eft apielés li *Mouf-tiers madame Sainte Marie de Iofafas* *o*.

L f. 40 b.

II

En celui *p* mouftier a .j. abé, & fi i *q* a noirs moines. Un *r* autre mouftier i a que on apiele *Sainte Marie* *s* du *Mont de Sion*; en cel mouftier a .j. abé aufi. Ces .ij. abeïes funt un petit *t* loing de *Iherufalem* & fi funt haut; li une de ces .ij. *u* abeïes eft deviers foleil levant, & li autre deviers foleil coucant. Li abeïe de *Mont de Syon* eft à dieftre *v* de la cité de *Iherufalem* en droit miedi; & cele ki eft deviers le *Val de Iofafas* *x* eft deviers *y* foleil levant, entre le *Mont Olivet* & le *Mont de Syon*.

Abbayes de Iofa-phat & de Mont Sion.

K f. 348 b.

M f. 57 b.

III

Li *Mouftiers dou Sepulcre* ki ore eft, & li *Mons de Cauvaire* eftoient fors des murs de la cité de *Iherufalem*,

a. *K, M* au. — b. *K, M* quant. — c. *L, M* celx. — d. *L* ei.. — e. les apoftles *m. d. L, M.* — f. *L* iufques. — g. *L, M* d'illuec en droit monta il. — h. *L* celx. — i. *L* illuec en. — j. *L* il. — k. *L* mouftier. — l. *K* fous. — m. *L* tierer. — n. *K, M Yofaphat.* — o. *K, M Yofaphat.* — p. *L* Et en cel; *M* En ce. — q. i *m. d. K, M.* — r. *M* En. — s. *K, M* i a de S. Marie c'on apiele. — t. *L* poi. — u. .ij. *m. d. M.* — v. *K, M* deftre. — x. *K, M Yofa-phat.* — y. *L* deviers le.

au tans ke Noſtre Sires fu mis en crois; & ſi eſt auques la cités en .j.[a] pendant; & ore eſt li *Mons de Cauvaire* & li *Sepulcres* en mi la cité de *Iheruſalem*, & adonc *Calvaire; S. Sépulcre.* eſtoient deſors; mais uns rois paiens l'avoit aſſis[b] enſi. Cil rois fu rois de *Perſe*, & ot non Nabugodonoſor; cil l'aſiſt là ù ele eſt ore. La cités pent deviers *Mont Olivet*; & li *Mons* d'Olivet[c] eſt deviers ſoleil levant & deſoz eſt li *Vaus de Ioſafas*[d], entre le mont & la cité.

IV

Il a en *Iheruſalem* .iiij. portes maiſtres, l'une en droit *Portes de Jéruſalem.* l'autre, ſans les poſtiernes[e] ki ſunt entour[f]. Ces .iiij. portes ſunt en crois. La *Porte David* ſi[g] eſt & ſiet[h] encontre *Portes Oirres*. La *Porte Saint Eſtievene* eſt en *Porte S. Etienne.* droit[i] miedi, & ſiet encontre la *Porte de Tabarie*, por chou que par cele porte vait on en *Tabarie*[j]. Enſi ſont ordenées[k].

V

Or vous dirai de la *Porte David*. La *Porte David* ſi[l] eſt *Porte de David.* outre[m] la *Rue* c'on diſt *de la Tor David*; &[n] pour çou que ele eſt autor de la *Rue* c'on diſt *de l ̃or David*, por chou a ele non[o] la *Porte David*, & ſi eſt deriére la *Tour* David.

Porte: Oirres ki ſunt encontre[p] la *Tour David* ſunt[q] *Porte Dorée.* deriére le *Temple Salemon*; cele porte tient au mur ki

---

a. .j. *m. d. L, M.* — b. l'avoit *m. d. L, M; L, M* aſſiſt. — c. &… Olivet *m. d. L.* — d. *L, M* Yoſaphat. — e. *K, M* poſternes. — f. *L* entore. — g. *K, M* i. — h. & ſiet *m. d. L, M.* — i. *L* ſi encontre; *M,* ſeiet encontre. — j. por… Tabarie *m. d. K.* — k. Enſi ſont ordenées *m. d. L, M.* — l. ſi *m. d. K, M.* — m. *K, M* en. — n. & *m. d. L, M.* — o. *L* por che que el eſt autor. — p. *K, M* contre. — q. ſunt *m. d. M.*

muet *a* de la *Porte* *b* *David*, & fi ere de cele porte a une ruiele ki vait dufques à la *Porte Saint Eftievene*.

VI

Et d'autre part vait on *c* .j. poi avant, fi *d* troeve on une autre rue ki vait à la *Porte de Tabarie*. Mais ançois ke on viegne à la *Porte de Tabarie* troeve on une *Mai-* fon de l'*Ofpital*. Mais de cele porte n'eft mie la droite entrée, ains eft la maiftre *Rue dou Patriarche* dufc'as *Canges des Suriiens* *e*. Et d'autre part des *Canges* vent on les dras de le cité. Par deviers *Portes Oirres*, vent on la mercherie; & au chief vent on les herbes *f*, & deriére tane on les cuirs. Et fi a une place là *g* ù les cuves d'un bourgois eftoient, ki foloit habiter en Iherufalem *h*, dont iou vous ai conté *i* ci devant, de celui ki tant faifoit de bien en Iherufalem, d'abevrer les povres gens, chil meïfmes ki avoit à *j* non Germains.

Porte de Tibériade.
Rue du Patriarche.
Change des Syriens.

M f. 58 a.

VII

Par devant la *Tor David* .j. poi avant à main deftre a une ruiele par ù on va ou *Mont de Syon*, par une pofterne petite ki là eft en celle ruiele *k* à main fenieftre. Et ançois c'on iffe de la porte, a un *Mouftier de Saint Iake* *l*, & de là l'emportérent li Angele en *Galiffe* *m*; & cil fu fréres faint Iehan l'Evangelifte; & por çou en fift on là *n* le mouftier, & eft affés priès de la *Porte de Tabarie*.

Eglife S. Jacques.

---

a. *L* vient. — b. *L* tour. — c. on *m. d. L.* — d. fi *m. d. L.* — e. *L* Syriiens. — f. *M* herbeges. — g. là *m. d. L, M.* — h. ki . . . Iherufalem *m. d. L.* — i. *K* iou ai parlé. — j. à *m. d. L, M.* — k. *L* rue. — —l. *K, M Iakeme.* — m. *K Galilée.* — n. là *m. d. L.*

VIII

Et ançois c'on foit alet gaires fors *de cele porte *, a
.j. *Mouftier de Saint Pol* ; & fi a abcïe de moines *Eglife S. Paul.*
blans ; & là dift on que fains Pols fe convierti, quant il
ot fait marteriier faint Eftievene.

IX

La grans rue ki vait droit de *Portes Oirres* dufcà la
*Tour David * & dufc'au *Cange*, apiele on la *Grant Rue* *Rue de David.*
David, & au chief de cele *Rue David* eft li *Canges*.

Droit à main fenieftre en la *Rue David* a une grant
place: là vent on le blet; &, d'autre part affés priès de
là * vent on l'orge.

Et quant on a .j. poi avant alé de cele place, fi troeve
on une rue, à main fenieftre, c'on apiele la *Rue dou Pa-*
triarche, pour chou ke li patriarches i maint.

Au chief de cele rue, .j. poi avant, eft li *Mouftiers*
dou Sepulcre.

X

A main fenieftre de la *Rue dou * Patriarche*, a une porte
par ù on entre en la Maifon * de l'*Ofpital*,& là mainent   *Maifon*
li Ofpitalier.   *de l'Hôpital.*

Quant on a alé outre cele porte, à main deftre, fi vent
on les orfrois *, & là ont li Suriien * lor marcheandife.
Et d'autre part de la * *Rue des Suriiens*, vendent li *Rue des Syriens.*
lanier * lor draperies.

a. fors *m. d. M.* — b. porte *m.*   *le.* — f. rue. — g. *K, M* l'orfrois.
d. M. — c. Dufca . . . David *m.*   — h. *L* Syriien. — i. *K, M* cele. —
a. L. — d. de là *m. d. L.* — e. *L*   j. *K* latin.

Et, à main fenieftre, en une eftroite rue baffe[a], defous le *Sepulcre*, vent on le car[b].

Et[c] fi n'eft la cités gaires grans; ains eft petite.

a. baffe *m. d. M.* — b. *L* le char. — c. Et *m. d. K, M.*

IV

ERNOUL

L'ESTAT DE LA CITÉ
DE IHERUSALEM

[v. 1231]

MANUSCRITS

A. Paris, Arfenal, 4797, vél., XIII f., in-fol , f. 51 & f.
B. Berne, 340, vél., XIV f., in-4, f. 50 & f.
C. Bruxelles, 11142, vél., XIII f., in-fol., f. 52 & f.
D. Berne, 41, vél., XIII f., in-fol., f. 38 & f.
E. Paris, Bibl. Nat., fr. 781, vél., XIII f., in-4, f. 97 & f.
F. Berne, 113, vél., XIII f., in-fol., f. 135 & f.
G. Berne, 115, vél., XIII f., in-fol., f. 27 & f.
H. Saint-Omer, 722, vél., XIV f., in-fol., f. 40 & f.
J. Paris, Bibl. Nat., fr. 9086, vél., XIII f., in-fol., f. 375 & f.

ERNOUL

L'ESTAT

DE LA

CITÉ DE IHERUSALEM

* * *

I

HERUSALEM n'eft pas[a] en cel liu où elle eſtoit quant Iheſu Cris fu crucefiiés, ne ù[b] il ieſuſcita de mort à vie. Adont quant Iheſu Cris eſtoit à tiere, eſtoit li cités ſour le *Mont de Syon,* mais elle n'i eſt ore mie pas[c]. Il n'i a ſeulement c'une abeïe[d], & en cele abeïe[e] a .j. *Mouſtier de medame Sainte Marie.* Là où li mouſtiers eſt, ſi com on fait à entendre[f], fu li maiſons là où Iheſu Cris chena[g] aveuc ſes Apoſtles, le Ieudi Abſolu, & fiſt le ſacrement de l'autel. En cel mouſtier eſt li lius où il mouſtra les plaies de ſes piés & de ſes mains & de ſon coſté à ſaint Thumas, as octaves de Paſques[h], quant il reſuſcita de mort à vie; & ſe li diſt qu'il li moſtraſt ſen

Mont Sion.

Abbaye & iglise de N. D.

Maison de la Cène.

---

a. *D* Ieruſalem, la glorieuſe cité, n'eſt ore mie. *Nombreuſes lacunes dans ce mſ.* — b. ne u... *manquent dans G. & H.* — c. *A, B, D; C* n'i eſtoit ore pas. — d. *L* une egliſe & une abaïe de moinnes. — e. *H* en cel leu ou ele eſtoit. — f. *A, B* on fait entendant; *D* ſi com l'en dit; *H* on diſt. — g. *A, B, D* cena. — h. *La fin de la phraſe & la phraſe ſuivante manquent dans A, B.*

doit, & il li bouta en fon cofté; fi creïft fermement &
noient ne doutaft; fi ne fuft mie mefcreans, ains creïft
fermement que c'eftoit il. Et là meïfmes, s'aparut il[a] le
Afcenfion. iour de l'Afcenfion à fes Apoftres, quant il vint prendre
congié à aus, & il vaut monter es chieus. D'illuec, le
convoiiérent il dufques au *Mont d'Olivet,* & de là monta
il ens es chius.

Pentecôte.   Dont retournérent li apoftle ariiére & atendirent le
faint Efperit[b], fi comme lhefu Cris lor avoit dit, en cel
liu meïfme, qu'il retornaffent arriére en la cité[c], &
qu'il atendifent le faint Efperit, qu'il lor avoit promis.
En cel liu lor envoia il[d] le graffe del faint Efperit, le iour
de le Pentecoufte.

En cel mouftier meïfme eft li lius[e] où medame fainte
Marie trefpaffa[f]. D'illuec l'emportérent li angele[g] en-
foir el *Val de Iofafas,* & la[h] milent en .j. fepulcre.

II

N.D.de Jofaphat.   Là où li fepulcres medame fainte Marie eft[i], a .j.
moftier c'on apiele le *Moftier medame fainte Marie de
Iozafas,* & fi a une abeïe de noirs moines. Li moftiers de
Monte Syon a à non li *Moftiers medame fainte Marie*
N. D. du Mont *de Monte Syon;* & fi a une abeïe de canoines[j].
Sion.

Ces .ij. abeïes font dehors les murs de le cité, l'une el
mont & l'autre el val. L'abeïe de *Monte Syon* eft à deftre
de le cité en droit miedi; & cele de *Iofafas* eft devers
folail levant, entre *Mont Oliver[k]* & *Monte Syon.*

a. *A, B* raparut il.—b. *G, H* qu'il
leur avoit promis. — c. qu'il... cité
A, B; H ferme vraiement. — d. *H*
Dieus. — e. *H* là; *G* eft li moftiers.
—f. *F* trefpaffa en Galilée. — g. *A,*
B li Apoftre; *D* li Ange; *G* li
angle; *H* li angele. — h. *D.* —
i. *A, B omettent cette phrafe.* —
j. *K* chanoines reguliers. — k. *C*
Mont Olivent; *A, B* Monte Olivete.

III

Li *Moftiers del Sepulcre* qui ore eft el mont de Cal- *S. Sépulcre & Cal-*
vaire[a] eftoit, quant Ihefu Cris fu crucefiiés, dehors les *vaire.*
murs de le cité; or eft en miliu[b] de la cité[c]. Et fi eft li
cités auques en .j. pendant; & pent vers *Mont Olivet*,
qui eft vers foleil levant, defour[d] le *Val de Iofafas*.

IV

Il a en Iherufalem .iiij. maiftres portes en crois l'une *Portes de Jéru-*
en droit l'autre, eftre les pofternes[e]. Si les vous nom- *falem.*
merai, comment elles fieent.

Li *Porte Davi*[f] eft viers folail coucant. Et eft à le droiture de *Portes Oires*[g], ki font vers folel levant, deriere
le *Temple Domini*[h]. Celle porte tient à la *Tor Davi*[i],
por ce l'apelle on la *Porte*[i] *Davi*[j]. Quant on eft dedens[k] celle porte, fi torne on à main deftre en une rue par
devant *Tour Davi*; fi puet on aler in *Monte Syon*[l]; car
celle rue va à le *rue de Monte Syon*, par une pofterne
qui là eft. En celle rue, à main feneftre, ains c'on iffe
hors de la[m] pofterne, a .j. *Moftier monfigneur faint* *Eglife S. Jacques*
Iake de Galiffe, ki freres fu monfigneur faint Iehan Evan- *de Galice.*
gelifte. Là dift on que fains Iakes ot le tefte copée; &
pour çou fift on là cel mouftier.

V

Li grans rue qui va de[n] le *Porte Davi* droit as *Portes* *Rue de David.*
Oires[o], apele on le *Rue Davi*. Celle rue[p] defci al *Cange*
eft apelée li *Rue Davi*.

---

a. *H* Cauvaire. — b. *G* emi; *H*
emmi. — c. *A, B, D*; *C* en miliu de
l'abbeie. — d. *A, B* defouz; *D* devers; *J* defus. — e. *J* fans les pofternes; *H* entre les pofternes. Pag.
492. — f. *H* La porte David. —
g. *B* aires. — h. *F, J*; *A, B, C*
Temple David; *H* David & pour ce
l'apielle on porte David qu'ele tient
à la tour David. — i. *I.* — j. *A, B,
D, J.* — k. *G* devant. — l. *A, B*
el Mont de Syon. — m. *A, B, D.*
n. *H* par. — o. *A, B, G, H* Portes
Oires; *D* aires. — p. *G, H.*

Marché au blé.

A main fenieftre de le *Tour Davi*, a une place, là ù on vent le blé [a] . Et quant on a .j. poi alé avant de celle [b] rue c'on apele le *Rue Davi*, fi treuve on le [c] rue, à main fenieftre,

Rue du patriarche.

qui a à non le *Rue le* [d] *Patriarce*, pour ce que li patriarces maint au cief de le [e] rue. Et à main dieftre de le [f] *Rue le* [g] *Patriarce*, a une porte [h] par là où on entre en le

Maifon de l'Hôpital.

Maifon [i] *l'Ofpital*. Apriès, fi a une porte par là où on entre el *Mouftier del Sepulcre*, mais n'eft mie li maiftre porte.

Change.

Quant on vient al *Cange*, là où li *Rue Davi* faut, fi treuve on une rue qui a à non [j] le *Rue* [k] *de Monte*

Rue de Mont Sion.

Syon, car celle rue va droit à [l] *Monte Syon*.

Et [m] à fenieftre del *Cange*, trouve on une rue toute

Rue des Herbes.

couverte à vaute [n] qui a non li *Rue des* [o] *Herbes*. Là vent on tout le fruit de le ville, & les herbes [p] & les efpeffes [q] . Al cief de celle rue, a .j. liu là où on vent le

Grand marché.

poiffon ; & deriere le *Marchié* là où on vent le *poiffon*, a une grandifme [r] place là ù on vent les oes [s] & les fromages & les poules & les anes [t] .

Orfevres fyriens & latins.

A main dieftre de cel marcié font les *efcopes* [u] *des orfevres Suriiens*. Et [v] là fi vent on les paumes [w] que li pelerin [x] aportent d'Outremer. A main dieftre de cel marcié font les *efcopes des orfevres Latins*.

Au cief de [y] ces efcopes, a une abbeïe c'on apiele

Notre - Dame la grande ou Sainte Marie latine.

Sainte Marie le Grant, fi eft de nonnains. Apriès cele abeïe [z] , treuve on une abeïe de moines noirs, c'on apiele

---

a. *H* froment. — b. *G* alé cele rue; *H* alé cele rue Davi. — c. *G, H* une rue. — d. *H* de. — e. *G, H* cele. — f. *H*. cele. — g. *H* li. — h. *A, B* pofterne. — i. *G, H* de. — j. *G* à non Syon; *H* le Monte Syon. — k. *A, B, D*. — l. *J*; *C, G, H* va à le rue de. — m. *H* car. — n. *A, B, D* à volte. — o. *G* fi l'apele on le rue as.— p. les herbes *m. d. H*. — q. *A, B* les efpeces. — r. *H* grant. —s. *G* oues. —t. *H* aves.— u. *A, B* les efcoupes; *D* efcophes. — v. *J*; *C* Et s'i. — w. *A, B* paumes; *D* palmes ; *F* pames. - - x. *A, B* que li paumiers; *H* chreftien. — y. *H* des. — z. *G* abeie de nonnains.

ſainte Marie le Latine[a]. Apriès treuve on le _maiſon de l'Hoſpital._ Là[b] eſt li maiſtre porte de l'Hoſpital, à main deſtre.

VI

Et à main deſtre de l'Oſpital[c], eſt li maiſtre porte del _Sepulcre._ Devant cele meſtre porte del Sepucre[d], a une mour bele[e] place pavée de marbre. A main dieſtre[f] de celle porte del _Sepulcre_, a .j. mouſtier c'om apelle _Saint Iaques_[g] des _Iacopins._ A main ſeneſtre[h], devant cele porte del _Sepulcre_, a .j.[i] degrés par là où on monte ſur le _Mont de Calvaire_[j]. Laſſus, en ſon[k] le mont, a une mout bele capele. Et d'autre part[l] ſi a .j. autre huis en cele capiele par là où on entre e avale el mouſtier[m] del _Sepulcre_, par uns autres degrés qui là ſont. Tout ſi comme on entre el mouſtier, à main deſtre[n], deſous[o] _Mont de Calvaire_, ſi eſt _Gorgatas_[p]. A main deſtre[q], eſt li clokiers del _Sepulcre_; & ſi a une capele c'on apele _Sainte Trinité._ Cele capiele ſi eſt grans, car on i eſpouſoit toutes les femes de la cité; & là eſtoient li fons où on baptiſoit tous les[r] enfants de la cité. Et celle capiele ſi eſt tenans al _Mouſtier del Sepulcre_, ſi qu'il i a une porte dont on entre el _Mouſtier del Sepulcre._

VII

A le droiture de celle[s] porte eſt li _Monumens._ En cel endroit[t] où li _Monumens_ eſt, eſt li mouſtiers tous reons. Et ſi eſt ouvers par deſeure, ſains covreture[u]. Et dedens

Grande porte du S. Sépulcre.

S. Jacques des Jacobites.

Le Calvaire.

Le Golgotha.

Sainte Trinité.

Le Monument.

a. _J_ que l'en apele la Latine. — b. _G_ Si. — c. _J_; _la plupart des mſſ._ à main deſtre de l'endroiture (ou de la droiture) de l'Oſpital. — d. Devant... Sepucre _D_, _J._ — e. mult bele _A_, _B_, _J._ — f. _A_, _B_ ſeneſtre. — g. _H_ Iacobin; _G_ de ſainct Iacoupin. — h. _D_; _A_, _B_, _G_, _H_ deſtre. — i. _A_, _B_, _D_, _J._ — j. _H_ ou mont de Couvaire. — k. _G_ ſom. — l. _J._ — m. _G_ moſtier de mont de. — n. à main deſtre _A_, _B_. — o. _H_ denſon le mont. — p. _A_, _B_ Golgotas; _G_, _H_ Golgatas. — q. _H._ ſi — r. _H_ lour. — s. _H_ la. — t. _G_ ou m.; _H_ la ou. — u. _A_, _B_, _D_ couverture; _G_ ſenz colverture.

cel *Monument* eſt li *Piere del Sepulcre*. Et li *Monumens* eſt couviers à vaute[a]. Al cavec[b] de cel monument, auſci comme au cief d'un autel, par dehors a un autel[c] c'on *Le chevet.* apele le *Cavec*[d]. Là cante on[e] caſcun iour meſſe al point del iour. Il a mout biele place tot[f] entour le[g] *Monument*[h], & toute pavée, ſi c'on va à proceſſion[i] entour le *Monument*[j].

Le chœur. Apriès, viers oriant, eſt[k] li *Cuers del Sepulcre*, là où li canoine chantent; ſi eſt lons. Entre le cuer, là où li *L'autel des Grecs.* canoine[l] ſont[m] &[n] le *Monument*, a un autel où li Griu cantent; mais qu'il a .j. enclos entre deus[o]; & ſi i a .j. huis, là où on va[p] de l'un à l'autre. En milieu[q] del cuer as canoines, a .j. letril[r] de marbre, c'on apiele le *Compas*. Là ſus liſt on l'epiſtre[s].

VIII

Le Calvaire. A main deſtre del maiſtre[t] autel de cel cuer eſt li *Mons de Calvaire*[u]; ſi que quant on cante meſſe de le Reſurrection[v], & li diacres, quant il liſt l'evangille, ſi ſe tourne[w] devers *Mont de Calvaire*[x], quant il diſt : « Crucifixum; » apriès ſi ſe retorne[y] devers le Monument, & il[z] diſt : « Surrexit, non eſt hic » (Luc, XXIV. 6); apriès ſi[aa] monſtre al doit[bb] : « Ecce locus ubi poſuerunt eum » (Marc, XVI. 6). Et puis s'en retourne al livre, &[cc] pardiſt ſon evangille.

a. *A, B, H* voute; *D* volte; *G* valte. — b. *A, B* au chief; *D* chevez; *H* cavet. — c. a un autel *J.* — d. *D, H* chancel; *F* chavec; *J* chevez. — e. *A, B* chantoit on; *G* cantoit on. — f. *J, F; C* entour. — g. *A, B* au chief del. — h. *A, B, D, F, J; C, G* Mouſtier. — i. *H* c'om va à proceſſion. — j. *A, B, D, J; A, B* ſi c'om va au porches Syon tot entor le Monument; *C, F* entour le Mouſtier. — k. *H* eſtoit. — l. chantent... chanoine *A,*

B, D, J. — m. *G* cantent. — n. *C* & viers.— o. *G* dels; *H* ij. — p. *A, B* par là on n'en va. — q. *G, H* Em miliu; *H* Em mileu dou. — r. *A* letrun; *B* letrim; *D, H, J* letrin; *F* un tru. — s. *G,* epiſtle; *H* Epiſtele. — t. *G* maiſtre m.; *H* del cuer. — u. *H* Cauvaire. — v. Reſurrexion. — w. *G* torne. — x. *H* vers mont Cauvaire. — y. *G* torne. — z. *G* ſi diſt. — aa. *G* ſi m. — bb. *H* quant il diſt. — cc. *H* puis parliſt l'.

IX

Al cavec *a* del cuer a une porte par là où *b* li canoine entrent en lor offecines *c*. Et à main dieftre, entre cele porte & *d* *Mont de Calvaire* *e*, a *f* une mout parfonde foffe, là où on avale à degrés. Là, a une capele c'on apele *Sainte Elaine* *g*. Là trouva fainte Elaine le fainte Crois & les claus & le martiel *h* & le couronne *i*. En cele foffe, al tans que Ihefu Cris fu crucefiiés *j*, ietoit on les crois où li laron avoient efté crucefiié, & les membres qu'il avoient defervi à coper por lor meffais *k*. Et pour çou apele *l* on cel mont *Mont de Calvaire*, c'on i faifoit les iuftices & çou que li lois aportoit, & c'on i efcauvoit *m* les membres c'on lor iugeoit *n* à perdre *o*.

Tout fi comme li canoine iffoient del *Sepulcre*, à main fenieftre, eftoit li dortoirs *p*; & à main deftre eftoit li refrotoirs *q*, & tenoit al *Mont de Calvaire*. Entre ches .ij. offecines eft lor encloftres *r* & lor praiaus. En miliu del praiel a une grant ovreture, par là u on voit *s* le capele *Sainte Elaine* qui defous eft; car autrement *t* n'i venroit on noient *u*.

X

Or vous ai dit del *Sepulcre*, comment il eft *v*; or *w* revenrai ariere *x*, al *Cange* *y*.

Devant le *Cange*, venant *z* à la *Rue des Herbes*, a une

Chapelle de Ste-Hélène.

Logis des Chanoines.

---

a. *H* Au cavech. — b. *G* par ù. — c. *G* officines. — d. *G* le. — e. *G* Cauvaire. — f. *H* Cauvaire avoit .j. — g. *H* Helaine. — h. *G* martel. — i. *G* corone. — j. *G, H* enteré. — k. por lor meffais *J*. — l. *H* apelloit on. — m. *A, B, H* efcalvoit; *D* gitoit. — n. *G* c'um iugoit; *H* que l'en i iuioit. — o. *J* & que l'en chavoit là les malfaiters des membres que l'en lor iugeit à coper. — p. *A, B* dormitors; *F* dortois; *L* dortouers. — q. *A, B* refroitoirs; *F* refroitoires; *L* refraitors. — r. *A, B* cloftres. — s. *A, B* par là où l'en va à la; *I* dont l'en voit. — t. *C* autre. — u. Tout fi..... on noient *m. d. G & H*. — v. *H* fiet; là eft le porte de la maifon dou Sepulcre; par là entrent cil du Sepulcre en lor manoir. — w. *G* vous. — x. ariere *m. d. G*. — y. *A, B* Change. — z. *G* tenant.

Rue Malcuifinal. rue c'on apele « *Malquifinat* [b] . En celle rue [c] cuifoit on le viande c'on vendoit as pelerins; & fi i lavoit on lor [d] ciés; & fi aloit on de celle rue au *Sepulcre.* Tenant à celle *Rue* [e] *Malquifinat,* a une rue c'on apele le *Rue*
Rue Couverte. *Couverte,* là ù on vent le draperie; & eft toute à vaute par deffus; & par celle rue va on au *Sepulcre* [f] .

XI

Or lairons [g] le *Cange*; fi venrons as [h] *Portes Oires* [i] . Celle rue dont on vait del *Cange* as *Portes Oires* a à non
Rue du Temple. li *Rue del Temple* [j] . Por ce l'apele l'on là *Rue del Temple,* c'on vient ançois al *Temple* qu'à *Portes Oires.*

A main fenieftre, fi comme on avale cele rue à aler al
La Boucherie. *Temple,* eft li *Boucerie,* là où l'en [k] vent le car de le vile [l] . A main dieftre, a une rue par là où on va à l'*Ofpital des* [m]
Hôpital & rue des Allemands. *Alemans.* Celle rue a à non li *Rue des Alemans.*

A main feneftre, four le pont [n], a .j. mouftier c'on
S. Gilles. apele le *Moutier Saint Gille* [o] . Al cief de celle rue, treuve
Porte précieufe. on unes portes c'on apele les *Portes Precieufes* [p] . Pour çou les apele on les *Portes Precieufes* [q] que [r] par ces portes entroit Ihefu Cris en Iherufalem, quant il aloit par tiere. Ces portes font [s] en un mur qui eft entre le cité & le mur [t] des *Portes Oires.*

XII

Le Temple. Entre le mur de la cité de Iherufalem & *Portes Oires* [u] fi eft li *Temples.* Et fi a une place qui a plus d'une grant

a. *H* que l'en apeloit. — b. *J* Malcuifinat. — c. En celle rue... *m.* d. *H jufqu'à:* Quant en vient devant cel Cange (p. 42, *dern. ligne*). — d. *J, F* les; *cette phrafe & la fuivante font inintelligibles dans A, B.* — e. *L* Tout au devant de cele rue. — f. Et fi i l'avoit... au Sepulcre *m. d. G.* — g. *A, B* Or lairai... fi m'en irai. — h. *G* dirons des. — i. *D* Aires. — j. Por ce... Temple *D.* — k. *A, B* l'en. — l. A main... le vile *m. d. G.* — m. *G* aus. — n. *A, B* point. — o. A main... Gille *m. d. G.* — p. *A, B* Portes Preciofes; *J* Portes Specioufes. — q. Pour çou... Precieufes *m. d. G.* — r. Ihefu-Cris *répété ici dans C.* — s. *G* n funt. — t. *G* mur de le cité & Portes. — u. Entre le mur... Oires *D, J.*

traitie *a* de lonc & le giet d'une piere *b* de lé, ains c'on viegne au Temple. Cele place fi eft pavée, dont on apele cele place le *Pavement c* .

Pavé du Temple.

A main dieftre, fi comme on ift de ces portes, eft li *Temples Salemon*, là où li Templier manoient. A l'endroiture *d* des *Portes Precieufes* & des *Portes Oires*, eft li *Mouftiers del Temple Domini*. Et fiet en haut, fi c'on i *e* monte à degrés haus *f* . Et quant on a montés ces degrés, fi treuve on une grant place toute pavée de marbre, & mout large; & cil *g* pavemens va tout entour del *Mouftier del Temple*.

Abbaye du Temple.

Li *Mouftiers del Temple* eft tous reons. A main fenieftre *h* de cel pavement haut del temple, eft l'offecine de l'abeïe & des canoines. Et de celle part a uns degrés par là ù on monte al *Temple* del bas pavement el haut.

XIII

Devers folel levant, tenant al *Mouftier del Temple*, a une *Capele de monfigneur faint Iake le Meneur i* . Pour ce eft illuec *j* celle capele k'il i fu martyriés, quant li Iuif le ieterent *k* de defeure *l* le *Temple* aval. Dedens cele capele eft li lius où Diex *m* delivra la pecereffe que on menoit martyrier *n* pour çou qu'elle eftoit prife en aoltere *o* . Et il li demanda quant il l'ot delivrée où cil eftoient qui l'avoient acufée *p* ; & elle dift qu'ele ne favoit. Adont li dift Diex que elle en *q* alaft, & qu'elle ne pecaft mais.

S. Jacques le Mineur.

Al cief *r* de cel pavement, par deviers foleil levant *s* ,

---

a. *J* plus d'une archie. — b. *J* d'une petite pierre. — c. Entre le mur... *Pavement m. d. G.* — d. *A, B, D, G* la droitures. — e. *C* fi c'on. — f. *J* que l'en i monte par un degrez. — g. *G* cis. — h. *D, G* deftre. — i. *G* Menour. — j. *J* iqui. — k. *J* le trabuchierent. — l. *G* deffour. — m. *G* Dame Dex. n. *J*. lapider. — o. *A, B* avotire; *D* avoltire; *G* adultere. — p. *G* enoufee. — q. *G* s'en. — r. *G* Au chief. — s. *G* luifant.

ravale on uns degrés à aler *as Portes Oires*. Quant on les a avalés, si treuve on une grant place, ains c'on viegne *Atre de Salomon.* as *Portes Oires*. Là est li *Atres* [a] que *Salemon* fist.

Par ces portes ne passoit nus, ains estoient enmurées. Et se n'i passoit nus, fors seulement [b] que .ij. fois en l'an c'on les desmuroit; & i aloit on a pourcession : c'est à savoir le ior de Pasque Florie, porce que [c] Ihesus Criz i passa cel ior & fu recoilis à procession [d]; & le iour de le fieste sainte Crois Saltasse [e], pour che que par ces portes fu raportée la sainte Crois en Iherusalem, quant li empereres Eracles de Rome le conquesta en Perse; & par cele porte le remist on en le cité de Iherusalem, & ala on à pourcession encontre li [f]. Pour ce que on n'issoit mie hors de ches portes de le ville [g], *Poterne de Josa-* avoit il une posterne par d'encoste [h] c'on apeloit le *phat.* *Posterne de Iosaffas* [i]. Par cele part [j], de cele posterne, issoient cil hors de le cité [k]. Et celle posterne est à main seniestre des *Portes Oires*.

XIV

Par devers miedi, ravale on del haut pavement del *Temple* en [l] bas par un degré [m], dont on va al *Temple Salemon* [n]. A main seniestre, si com on avale del haut pavement el bas [o], a .j. moustier c'on apele *Le* *Eglise du Berceau.* *Berch* [p]. Là estoit li bers [q] où Diex fu bierciés en s'en-fance, si com on dist.

---

a. *A, B* austres; *G, J* aitres. — b. fors seulement *J*. — c. *G* le ior de l'Exaltation Ste-Crois por çou que. — d. c'est à savoir... procession *A, B, D, F, J*. —e. *F* & le ior de la Sainte Croix en Setembre. — f. & ala... encontre li *m. d. G.* — g. *G* le vile par ces portes. — h. *A, B* par de coté. — i. *A, B* la *Porte de Iosafas*. — j. *G* porte. — k. *G* de cele part; *plus clairement dans A, B :* Par cele posterne, issoient cil de la cité de cele part. — l. *C* el. — m. *J* degrez. — n. *A, B* Temple bas; en bas... *Salemon m. d. G.* — o. si com... el bas *m. d. G.* — p. *D, G Le Berc; J Le Bers; L Le Bierz*. — q. *D* le berceus.

El *Moſtier del Temple* avoit[a] .iiij. portes en Crois. Li *Portes du Temple.* premiére eſt deviers ſoleil coucant; par celi entroient cil de le cité el *Temple.* Et par celi devers ſoleil levant entroit on en le *Capele Saint Iake ;* & ſi en riſſoit on d'illueques à aler as *Portes Oires.* Par le porte devers miedi entroit on el *Temple Salemon ;* & par le porte devers aquilon entroit on en l'abeïe[b].

XV

Or vous ai deviſé del *Sepulcre* & del *Temple* comment[c] il ſiét, & de l'*Oſpital*, & des rues qui ſont trés le *Porte Davi* duſques as *Portes Oires*, l'une endroit l'autre, dont l'une eſt deviers ſoleil levant, l'autre deviers ſoleil couçant[d].

Or vous dirai des autres .ij.[e] portes, dont l'une eſt endroit l'autre. Celle deviers aquilon, a à non *Porte Saint Eſtevenes*[f]. Par celle porte entroient li pelerin en le *Porte S.-Etienne.* cité, & tout cil qui par deviers Acre venoient en Iheruſalem, & de par toute le tiere duſques al flun, deſci[g] que à le mer d'Eſcalone.

Dehors celle porte, ains c'on i entre, à main deſtre, avoit .j. *Mouſtier de monſigneur Saint Eſtevenes.* Là diſt on *Eglise* *de S.-Etienne.* que ſaint Eſtevenes fu lapidés. Devant cel mouſtier, à main ſenieſtre, avoit une grant maiſon c'on apeloit l'*Aſnerie.* Là ſoloient geſir li aſne & li ſommier de *Anerie.* l'*Oſpital*[h] ; pour çou avoit à non l'*Aſnerie.* Cel *Mouſtier de Saint Eſtevene* abatirent li creſtien de Iherulſalem devant chou que il fuſcent aſſegié, pour che que li mouſtiers eſtoit près des murs. L'*Aſnerie* ne fu pas abatue ; ains ot puis grant meſtier as pelerins qui par treuage venoient en Iheruſalem, quant elle eſtoit as Sarra-

a. *A, B* a. — b. ſi com on diſt....
l'abeie *m. d. G.* — c. *G* ſi com. —
d. *G* colcant. — e. *G* .ij. autres.

— f. *A, B* Eſteve ; *D* Eſtienne. —
g. *A, B* des ; *D* deça. — h. Là ſoloient .... l'*Oſpital m. d. G.*

fins, c'on nes laiſſoit mie [a] herbegier dedens le cité. Pour çou lor ot li maiſon de l'*Aſnerie* grant meſtier.

Maladrerie. — A main deſtre de le *Porte Saint Eſtevene* eſtoit li *Maladerie* de Iheruſalem, tenant as murs. Tenant à le *Maladerie* avoit une poſterne c'on apeloit le *Poſterne Saint Ladre.* Par [b] là metoient li Sarraſin les creſtiiens *Poterne de S. Lazare.* en le cité pour aler [c] couvertement al *Sepulcre*, que li Sarraſin ne voloient mie que li creſtiien veïſſent l'afaire [d] de le cité; & les metoit on enz par le poſterne [e] qui eſt en la *Rue* [f] le [g] *Patriarce* el mouſtier del *Sepulcre* [h]. Ne les metoient l'en [i] mie par le maiſtre porte.

XVI

Quant on entre en le cité de Iheruſalem par le *Rue S. Eſtevene*, ſi treuve on .ij. rues, l'une à dieſtre qui va à le *Porte Monte Syon*, qui [k] eſt endroit midi; & le *Porte Monte Syon* ſi eſt à le droiture de [l] le *Porte S. Eſtevene*. La rue à main feneſtre ſi va droit à une poſterne c'on apele la *Poſterne de la* [m] *Tannerie* [n], & *Poterne de la Tannerie.* ſi [o] va droit par deſous [p] le pont. Cele rue qui va droit [q] à le *Porte de Monte Syon* a à non li *Rue S. Eſte-* *Rue de S. Etienne.* vene, deſci c'on vient al *Cange des Suriiens*. *Change des Syriens.*

Ançois c'on viegne al *Cange des Suriiens*, a une rue, à main dieſtre, c'on apiele le *Rue del Sepulcre.* Là eſt li *Rue du S. Sépulcre.* *Porte de le maiſon del Sepulcre.* Par là entrent cil del *Sepulcre* en lors manoirs.

Quant [r] on vient devant chel *Cange*, ſi treuve on, à

a. *A, B* qu'il nes laiſſoit mie; *D* c'on nes les; *F* porce que li Sarraſins ne les laiſſoient mie. — b. Par *D.* — c. aler *A, B, D, G.* — d. *J* les afaires. — e. *A, B, G* la porte. — f. qui eſt en la rue *A, B.* — g. *G* au. — h. *C* el Sepulcre du mouſ-tier. — i. l'en *D.* — k. *G* ſi. — l. *G* en droit. — m. *G* le — n. *A, B* de la Tempnerie; *C* de la Taniere. — o. ſi *A, B.* — p. *A, B* par deſus; *F* deſos; *J* deſoz. — q. droit *m. d. G.* — r. *H reprend ici.*

main dieftre [a], une rue couverte à volte [b], par où on va
al mouftier del *Sepulcre*. En cele rue vendent li Suriien
lor draperie, & s'i fait on [c] les candelles [d] de cire.

Devant cel *Cange* vent on le poiffon [e]. A ces canges
tiennent les .iij. [f] rues qui tiennent as autres canges des
Latins [g], dont l'une des .iij. rues a à non la *Rue Couverte* [h]. *Rue Couverte.*
Là vendent li drapier [i] Latin lor draperie. Et li autre a
à non la [k] *Rue des Herbes*; là vent on les efpefes; & la
tierce a à non [l] de *Malquifinat*. Par le *Rue des Herbes* *Rue des Herbes,*
va on en la *Rue Monte Syon*; dont on va à le *Porte* *Malcuifinal &*
Monte Syon, & trefcope [m] on [n] le *Rue Davi* [o]. Par le *Rue* *Mont Sion.*
Couverte va on en une [p] rue, par le *Cange des Latins*; cele
rue apele on le *Rue de l'Arc Iudas*; & trefcope on le *Rue*
del Temple [q]. Et celle rue va droit à le *Rue de Monte Syon* [r].
Celle rue apele on *Rue de l'Arc Iudas*, pour çou c'on *Rue de l'Arc Ju-*
dift que Iudas s'i pendi à .j. arc de piére. *das.*

A feneftre de cele [s] rue, a .j. mouftier c'on apele le
Mouftier Saint Martin. Et près de cel mouftier [t], à *Eglifes*
main [u] fenieftre, a .j. *Mouftier* [v] *de Saint Piere*. Là dift on *de S. Martin &*
que ce fu que Ihefu Cris fift le boe qu'il mift as iex [x] de *de S. Pierre.*
celui qui onques n'avait eu oel [y]; & qu'il commanda
qu'il s'alaft laver à le *fontaine de Siloé*, fi verroit [z]. Et [aa]
fi fift il, & ot iex [bb], & fi vit.

---

a. *G, H* à main dieftre une rue.
— b. *G* valte. — c. *A, B* & fi i
vent on; *H* fi i faifoit l'on. —
d. *G* candoilles. — e. *G* pifçon, *H*
piffon. — f. *J* les quatre. — g. *G*
Lateins. — h. *G Colverte*. — i. drapier *m. d. H*. — k. la *m. d. H*.
— l. à a non *D, G, H*. — m. *G*
trefcolpe. — n. *H* en. — o. *D* &
tot outre en la rue David. — p. *C*
va on en le; *A & B font ici incom-*

plets. — q. *J confidère la Rue de*
l'Arc Judas comme la quatrième rue
tenant au Change des Latins. —
r. Par le *Rue Couverte.... Monte*
Syon m. d. G. & H. — s. *G* le. —
t. *G* porte: *C*, & pres de celle
porte. — u. main *m. d. H*. —
v. *A, B* a .j. autre mouftier. — x. *G*
for les oels; *H* euls. — y. *H* d'uel
& puis li. — z. fi verroit *A, B*. —
aa. *G* il. — bb. *H* fi eut ieus.

XVII

Voies hors de le Porte de Mont Sion. Tot *a* droit, fi com on ift hors de le *Porte Monte Syon,* fi treuve on .iiij. voies *b* ; une voie *c* à main deftre qui va à l'*Abeïe d de Monte Syon.* Entre l'abeïe & les murs de le cité, fi avoit .j. grant atre *e* & .j. mouftier en miliu.

Li voie à main fenieftre fi va felonc les murs de le cité droit *f* as *Portes Oires.* Et d'illeuc avale on droit *g* el *val de Iofaffas,* & fi en va on droit *h* à le *Fontaïne de Syloé.* Et de celle porte, à main deftre, four cele *S. Pierre en Gallicante.* voie, a .j. mouftier c'on apele *S. Piére i en Gallicante k.* En cel mouftier avoit une foffe parfonde, là où dift on *l* que Sains Piére fe muça *m* quant il ot Ihefu Crift renoiiet *n*, & il oï le coc canter, & là ploura il.

Li voie à la droiture *o* de le porte devers midi fi va, par defous *p* le mont de Syon *q*, defci c'on a paffé l'abeïe. Quant on a paffé l'abaïe *r*, fi avale on le mont, & va on par celle voie en *Betleem s*.

XVIII

Lac Germain. Quant on a avalé *t* le mont, fi treuve on .j. lai *u* en le valée, c'on apele le *Lai Germain.* Pour ce l'apele on le *Lai Germain v*, que *x* Germains le fift faire, pour requellir *y*

a. Tot. *J*; *H* Tout fi com.; Tot.... ift *m. d. G.* — b. *A, B, H* fi treuve on .iij. voies. — c. voie *m. d. H.* — d. *A, B* qui va à l'abaie & au mouftier. — e. *D* aiftre. — f. droit *m. d. G.* — g. droit *m. d. H.* — h. droit *m. d. G. & H.* — i. *H* Pere. — k. *G* Galicance; *C* Englaycante. — l. *G* dift on; *H* l'en dift. — m. *F* mucha; *A, B* mucza; *H* muffa. — n. *H* renoié. — o. *H* main. — p. *G* devers; *H* defor. — q. de Syon *D.* — r. Quant . . . . . l'abaie *m. d. G. & H.* — s. *G* Belleem; *H* Betlehem. — t. *G, H* avale. — u. *D, J* lac. — v. l'apele . . . . . Germain *m. d. G.* — x. *H* car. — y. *G* recollir.

les eves qui defcendoient *a* des montaignes, quant il plouvoit. Et là abevroit on les cevaus *b* de le cité.

D'autre part le valée, à main feneftre, priès d'ileuques *c*, a .j. carnier c'on apiele *Caudemar d*. Là getoit on les pelerins qui moroient à l'*Ofpital e* de Iherufalem *f*. Cele piéce de tiere où li carniers eft, fu acatée des deniers dont Iudas vendi le car Noftre Seigneur Ihefu Crift, fi comme l'Evangile tefmongne *g*.

Dehors le *Porte Davi* a. j. lai devers foleil coucant *h*, c'on apiele le *Lai del Patriarce i* ; là ù on requelloit les eves d'illeuc *k* entor, à abuvrer *l* les cevaus. Priès de cel lai avoit un carnier c'on apeloit le *m Carnier del Lyon n*. Or vos dirai porquoi l'on l'apeloit einfi. *o* Il avint, fi comme on dift, à .j. *p* iour qui paffés eft *q*, qu'il ot une *r* bataille entre cel carnier & Iherufalem, où il ot mout de creftiiens ocis *s*, & que cil de le cité les *t* devoient l'endemain tous fere *u* ardoir pour le pueur; tant qu'il avint c'uns lions vint par nuit, fi les porta tous en celle foffe, fi com on dift. Et four cel carnier avoit .j. mouftier là où on cantoit cafcun jour meffe *v*.

Caudemar (Hacel-
dama).

Lac du Patriarche.

Charnier au Lion.

XIX

Apriès *x* d'ilueques, à une liue *y*, avoit une abeïe de Iorians *z*, là où on dift que l'une *aa* des piéces de le

Abbaye des Géor-
giens.

---

a. *G* defcendent. — b. *G* chevax. — c. *G* illuec. — d. *A, B* Chaudemar; *D* Caudemar; *O* Champ de mar; *J* la Chaudemer; *G* Cholde Mar. — e. *H* en le chité. — f. *J* qui moroient en Ierufalem & en la maifon de l'*Ofpital*. — g. *G, H* le tefmoigne. — h. *H* couchant; *G* colcant. — i. *H* dou Patriarche. — k. illeuc *m. d. G.*; *H* iaues. — l. *H* abuevrer. — m. carnier ..... le

m. d. *G*. — n. *C, H* de *Lyon*; *A, B* le *Charnier del lyon*; *K* du *Lyon*; *D* le *Charnel deu Lion*. — o. Or .... einfi *A, B, D, F*; *m. d. G & H*. — p. *H* un. — q. eft *m. d. G*. — r *G* .j. — s. *H* ochis. — t. les *m. d. H*. — u. fere *D*. — v. meffe *D*. — x. *G* Près; *H* Près d'illuec. — y. *F* à une mille. — z. Géorgiens; *G* Iorans; *D, H* de nonnains. — aa. *G* li une.

vraie crois fu cuellie *a*. L'eftake de le crois *b* fu prife
devant le *Temple*; car ele fu aportée du Liban avec le
marrien dou Temple *c*. Ele *d* eftoit demorée del Temple
Salemon *e*, por ce *f* c'on ne pooit trouver lieu *g* où
elle s'affrefift *h*, qu'ele ne fuft ou trop longe ou trop
courte. Dont il avenoit, fi com *i* on dift *k*, que quant
les gens venoient al Temple & il avoient les *l* piés em-
boés *m*, qu'il les terdoient illuec. Dont il avint c'une
roïne, qui Sibile eftoit apelée *n*, i paffa une fois; fi le vit
emboée, fi le terft *o* de fes dras & puis *p* fi l'aoura &
enclina.

Or vous dirai de celle piéce *q* de fuft, dont elle vint,
fi com on dift, el païs. Il avint cofe que quant *r* Adans
iut el lit mortel, fi proia .j. de fes fiex *s*, pour Dieu, qu'il
li aportaft .j. rainfiel *t* de l'arbre dont il avoit le *u*
fruit *v* mangiet, quant il pecha. On li aporta & il *x* le
prift, fi le mift à fe *y* bouce. *z* Quant il ot à fe bouce le
rainfiel, fi eftraint les dens & l'ame s'en ala; n'onques *aa*
puis le *bb* rainfiel ne li pot on efrachier des dens; ains fu
enfoïs *cc* atout. Cil rainfiels *dd*, fi comme on dift, reprift
& devint *ee* biaus arbres. Et quant ce vint que li deluges
fu, fi efracha cel arbre *ff*; & le mena li delouves *gg* el

a. *H* coilloite; *A*, *B* fu prife; *F*
toillue; *G & H* de le vraie crois
fu cueillie. — b. *J ajoute ici:* « La
terre dont il eftoient avoit non Avegie. Aucune genz fi difoient que
ce eftoit la terre de *Femenia.* » *Au
lieu de ces deux phrafes*, *A*, *B*, *C*,
*F donnent plus loin tout un para-
graphe fur l'Abafie & la Géorgie.*
— c. car ele ...... Temple *J*; *m. d.*
G. & H. — d. *G* que; *A*, *B*, *C*
qu'ele; *H* car. — e. Salemon *D.*
— f. por ce *A*, *B*; Salemon por ce
m. d. G. — g. *G* liu; *H* leus. —
h. *A*, *B*, *D*, *G* s'aferift; *H* aferift.
— i. *G* com. — k. *H* com on difoit. — l. *H* leur. — m. *A*, *B* an-
boés; *J* foillés. —- n. qui Sibile
eftoit apelée *D*, *H.* — o. *D* fi la terdi;
J fi la terft de fa robe. — p. puis
D; *m. d. G.* — q. *G* porte. — r.
quant *D*; *C*, *G* que. — s. *H* il pria
à un de fes fieus. — t. *G* un des
rainfciaus; *H* .j. des. — u. *H* del.
— v. *G* le fruit mangiet. — x. *H*
fi. — y. *G* en fa. — z. *H* l'oï mis
en fa bouche. — aa. *H* ne onques
cel. — bb. *G* cel. — cc. *H*, *G* en-
fouis. — dd. *G* rainfcaus. — ee. *G*
.j. — ff. Et quant ..... arbre *A*, *B*;
m. d. G & H. — gg. *H* douloures.

mont de Nibam *, & d'ilueques fu il menés en Iherufalem aveuc * le mairien dont li Temples fu fais, qui fu
tailliés el mont de Nibam *. Il avint, fi comme on dift,
quant Ihefu Cris fu crucefiiés, que li tefte Adan eftoit
dedens le boife *, & quant li fans * Ihefu Crift iffi hors
des * plaies *, la tiefte Adam iffi hors * de le crois &
requelli * le fanc *. Dont il avient encore qu'en tous
les * crucefis c'on fait en le tiere de * Iherufalem, c'au
pié de le crois, a une tiefte en ramenbrance de cheli *.

Or * vous dirai des *Iorians* * qui font en l'abeïe où l'une
des parties de le crois fu prife, qués gens ce font, ne de
quel tiere. Li tiere dont il font a à non Avegie *, & fi a
roi & roïne; dont aucunes gens apelent cele terre tiere
de Femenie. Pour çou l'apelent tiere de Femenie que li
roïne cevauce & tient oft de fes femmes, aufi bien
comme li rois fait de fes homes. En celle tiere n'ont les
femes c'une mamiele, & fi vous dirai pour coi. Quant
li feme eft née & elle eft un poi crute, fe li cuift on la
deftre mamele d'un fer caut, & le fenieftre li leffe on
pour fes enfans norir. Et pour çou li cuift on le dieftre
qu'ele ne li nuife mie al traire l'efpée, quant elle eft en
bataille.

XX

A .iij. * liues de Iherufalem, devers folel coucant *, *Emmaüs.*
a une fontaine c'on apele le *Fontaine d'Emaüs* *. Là
foloit * avoir .j. caftiel; dont il avint, fi comme l'Evan-

a. *A, B* Iuban; *G, H* Nibam; *J*
Libanne. — b. *H* avecques. —
c. *G, H* Niban. — d. *A, B* la boife;
G le bois. — e. *H* fans iffoit. —
f. *G* de fes. — g. *C* plaie. — h. *H*
fors. — i. *G* rechut. — k. *G* noftre
Signeur. — l. les *w. d. H.* — m.
H de le terre de. — v. *H* celi. —
o. *La fin du chapitre m. d. D, G, H.*
— p. *A, B;* *C* Iorans. — q. *J* Ave-
gine. — r. *A, B* à quatre. — s. devers folel coucant *m. d. G, H.* —
t. *A, B* des Efmaus; *C* des Efmax;
D d'Efmax; *G, H* d'Efmaus. —
u. *G* foloit on.

gille tefmoigne, que Noftre Sires ala aveuc .ij. de fes defiples, quant il fu refufcités, dufque à [a] cel caftiel, & s'afifent à cele fontaine pour mangier, fi qu'il ne le connurent mie, defci [b] qu'il brifa le pain. Adont fi s'efvanni d'aus. Et d'illeuc, retornérent en Iherufalem as apoftres [c], pour faire favoir à aus comment il avoient à lui parlé.

XXI

Or revieng [d] à la *Porte Saint Eftevene*, à le rue qui va à main feneftre, qui [e] va à le *Porte* [f] *de le Tanerie.* Quant on a alé une [g] piéce de celle rue, fi treuve on une rue à main feneftre, c'on apele le *Rue de Iofaffas* [h]. Quant on a .j. poi alé avant, fi treuve on .j. quarrefour d'une voie, dont li voie qui vient à feneftre vient del [i] *Temple*, & va al *Sepulcre.* Au cief de celle voie, a une porte [k], par devers le *Temple*, c'on apele [l] *Porte Dolereufe.* Par là iffi [m] Ihefu Cris quant on le mena el *Mont de Calvaire*, pour crucefiier; & pour ce l' [n] apele on *Porte Dolereufe.*

A main deftre, four le quarefour de celle voie, fu li ruiffiaus dont l'Evangille tefmoingne que Noftre Sires paffa, quant il fu menés crucefiier. En cel endroit, a .j. *Mouftier de S. Iehan l'Evangelifte;* & fi avoit .j. grant manoir. Cil manoirs & li mouftiers eftoit des nonnains de l'*Abeïe de Betanie.* Là manoient elles quant il eftoit guerre de Sarrafins [o].

a. *H* iufqu'à. — b. *G* adont. — c. *H* apofteles. — d. *H* revieng ie. — e. *G* & va. — f. *D; G, H* à la pofterne; *J* à la rue qui vait devert feneftre iufque à la *Tannerie.* — g. *H* grant. — h. *H* Iofaphas; *G* Iofofas. — i. *H* au. — k. *H* voie. — l. c'on apele *m. d. G; H* la. — m. *H* fors. — n. l'apele on porte, *G, H.* — o. *G* de Sarafins; *H* & de creftiens.

XXII

Or revieng à le *Rue de* [a] *Iosaffas*. Entre [b] le *Rue de Iosaffas* & les murs de le cité [c], à main feneftre, dufque [d] à le *Porte de Iofaffas*, a rues aufi com une ville [e]. Là manoient li plus des Suriiens de Iherufalem. Et ces rues apeloit on *le Iuerie* [f]. En celle *rue de Iuerie* avoit [g] .j. *Mouftier de Sainte Marie Madelaine* [h]. Et près de cel moftier avoit une pofterne dont on ne pooit mie iffir hors [i] as cans, mais entre [j] .ij. murs aloit on.

A main deftre de celle rue de Iofaffas [k], avoit .j. mouftier c'on apeloit *le Repos*. Là dift on que Ihefu Cris repofa, quant on le mena [l] crucefiier; & là eftoit [m] li prifons u il fu [n] mis le nuit que il fu pris en *Geffemani*. Un poi avant, à main feneftre de celle rue, eftoit li *Maifons Pilate*. Devant celle maifon avoit une porte par u [o] on aloit al *Temple*.

XXIII

Priès de le [p] *Porte de Iofaffas* [q], à main fenieftre [r], avoit une abeïe de nonnains, fi avoit à non *Sainte Anne*. Devant celle abeïe a une fontaine [s] c'on apele *le Pecine*. Defeure [t] le fontaine avoit .j. mouftier. Et celle fontaine ne quert [u] point, ains eft en [v] une foffe [x] defeure [y] le mouftier. A cele fontaine, au rans que Ihefu

La Juiverie.

Eglife de Ste-Marie Madelaine.

Eglife du Repos.

La prifon.

Maifon de Pilate.

Abbaye de Ste-Anne.

La Pifcine Probatique.

a. *G* de le cité & de. — b. *H* Outre. — c. & les murs de le cité m. d. *G*. — d. *H* iufques. — e. *H*, *G* viles. — f. *D* La Guerie; *J* La Iuderie. — g. *H* a. — h. *G* Magdelaine. — i. *G* iffir hors; *H* fors. — j. *G* en. — k. *H* Iofaphas. — l. *G* menoit. — m. *G* eftoient. — n. *G* la fuil. — o. *G* la ù. — p. *H* cele. — q. *Tout ce qui précède depuis le mot* Iofaffas *de la 3ᵉ ligne de cette page manque dans A & B*. — r. à main fenieftre m. d. *G*. — s. *G* pecine. — t. *G* deffore. — u. *G* coroit; *H* cort. — v. *A, B, J*. — x. eft ..... foffe m. d. *G*. — y. *G* dedens; *J* defoux; *H* eft dans.

Cris fu en tiere, avenoit que [a] li angeles venoit par foys movoir [b] cele eve [c], & quant il l'avoit [d] mute, qui primes [e] defcendoit à celle fontaine pour [f] baignier apriès ce que li angeles l'avoit mute [g], il eftoit garis de quel enfremeté [h] qu'il eüft. Devant celle fontaine, avoit .v. portes & devant ches .v. portes avoit mout de malades & d'enfers & de languereus [i] pour atendre le mouvement de l'eve [j]. Dont il avint que lhefu Cris vint là .j. iour & trouva .j. home giffant [k] en fon lit, qui .xxxviij. ans y avoit geü [l]. Se li demanda lhefu Cris s'il voloit eftre garis. « Sire, » dift il [m], « iou n'ai home qui « m'aïut [n] à defcendre en le fontaine. Quant li angeles « a mute l'eve, & iou me efmuef [o] à defcendre de mon « lit [p] pour aler là, fi truis .j. autre [q] qui s'i eft [r] baigniés « devant moi. » Dont li dift lhefu Cris qu'il otaft fon lit & fi s'en alaft, qu'il [s] eftoit tous fains. Et cil faili fus tous fains [t], fi s'en ala. Cel iour eftoit famedis, fi com l'evangile [u] tefmoingne.

XXIV

Si comme on ift [v] de [x] le *Porte de Iofaffas* [y], fi avale on el *Val de Iofaffas* [z]. A main dieftre de cele porte font *Portes Oires*. El *Val de Iofaffas* avoit une abeïe de noirs moines [aa]. En celle abeïe avoit un *Mouftier de medame Sainte Marie*. En cel mouftier eftoit li *Sepulcres*

Abbaye de N. D. de Jofaphat.

Tombeau de N. D.

a. *G* par fies venoit. — b. *G* manoir en. — c. *G*)i angles avoit l'eve. — d. *H* iaue. — e. *G* premiers s'i pooit baignier. — f. *H* s'ï pooit baignier, il. — g. apriès ..... mute *m. d. G.* — h. *G* enferté. — i. & d'enfers & de languereus *m. d. G & H.* — j. *H* l'iaue. — k. *H* gefant. — l. *G & H* iut. — m. dift-il *D.* — n. *A, B* qui m'ai; *J* ie n'ai nul home qui m'aït; *F* qui m'aiwe. — o. m'efmuef *G.* — p. à defcendre de mon lit *D; m. d. G.* — q. *H* home. — r. *G* ia. — s. *H* car. — t. cil..... fains *m. d. H.* — u. *H* le. — v. *A, B, D; C* on dift; *J* Enfi com l'en ift. — x. *G* cele. — y. *de Iofaffas m. d. G; D* de la porte S. Eftienne. *Elle avait ces deux noms.* — z. *J* de la *Porte de Iofaphat* por avaler en Iofaphas. — aa. *G* moignes.

où elle fu enfoïe & eſt encore. Li Sarraſin, quant il orent pris la cité *a*, abatirent cele *b* abeïe & emportérent les piéres *c* à le cité *d* fremer, mais le mouſtier *e* n'abatirent il mie.

Devant cel mouſtier, al pié de *Mont Olivet*, a .j. mouſtier en une roce, c'on apiele *Geſſemani f* . Là fu Iheſu Cris pris. D'autre part la voie, ſi comme on monte *g* el *Mont Olivet* tant comme on geteroit une piére *h*, avoit .j. mouſtier c'on apeloit *i* *S. Salveur j* . Là ala Iheſu Cris orer le nuit qu'il fu pris ; & là li degouta li ſans de ſon cors, auſſi *k* comme ſueurs.

Egliſe de Geth-ſemani.

Egliſe du S. Sau-veur.

En *Val de Ioſaffas* avoit hermites & renclus *l* aſſés, tout contreval, que ie ne vous ſai mie nommer, deſſi qu'à le *Fontaine de Syloé m* .

Ermites de Joſa-phat.

XXV

En ſon le *n* *Mont d'Olivet*, avoit une abeïe de blans moines. Près de celle abeïe *o*, avoit une voie qui aloit en *p* *Betanie*, toute le coſtiére de le montaigne. Sor le tour *q* de cele voie, à main deſtre, avoit .j. mouſtier c'on apiele la *r* *Sainte Patrenoſtre s* . Là fu ce que Dex fiſt *t* le Pater Noſter *u* & l'enſegna *v* à ſes apoſtres *x* . Priès d'illeuc fu *li figiers que Diex maldiſt*, quant il aloit en Iheruſalem, pour che que li apoſtre i aloient cuellir leur figues, ſe n'en i trouvérent nulle & ſe n'eſtoit mie tans

Abbaye du Mont des Oliviers.

Route de Béthanie.

Egliſe de Pater-noſter.

Le Figuier maudit.

---

a. *H* le chité. — b. *G* l'. — c. *H* de l'egliſe. — d. *H* de Iheruſalem pour refermer. — e. *H* l'eglyſe. — f. *G* Ieſſemani. — g. *H* ſi c'om monte. — h. tant . . . . . piére *m. d. G & H.* — i. *G* apele. — j. *A, B Saint Salveor ; D S. Sauveur ; H Saint Sauveeur ; J S. Sauveor.* — k. *G* ſi. — l. *A, B* & rendus ; *J* reclus. — m. En val . . . . . *de Syloe m. d. G & H.* — n. *H* En ſor le ; *J* Deſus le. — o. *H* à main deſtre. — p. en *G, H.* — q. *A, B* ſor le tor ; *H, G* ſour le tor. — r. la *A, B.* — s. *H* apelloit Saint Paſtre noſtre ; *G* Pater Noſtre. — t. *G* Là fiſt Dex. — u. Là . . . . . Noſter *A, B, D, E, F.* — v. *J* qu'on apele Sainte Pater Noſtre, por ce que là l'enſeigna. — x. *G* apoſtles ; *H* apoſtelles.

qu'elles i deüſſent eſtre. Cel iour meïſme, retourna Iheſu Cris pour aler en *Betanie* de Iheruſalem; & li apoſtre alérent par devant le figier, ſi le trouvérent ſech [a].

Entre le *Mouſtier de le Patrenoſtre* & *Betanie*, en le coſte de le montaigne [b], avoit .j. mouſtier qui avoit non *Betfagé* [c]. Là vint Iheſu Cris le iour de Paſques Flories, & d'illeuques [d] envoia .ij. de ſes deſciples [e] en Iheruſalem [f] pour une aneſſe; & d'ileuc ala il ſor l'aneſſe en Iheruſalem, quant il l'orent amenée.

Bethphagé.

XXVi

Or vous ai ie dit & [g] només les moſtiers & les abeïes [h] de Iheruſalem & de dehors [i] Iheruſalem à une liue près [j], & les [k] rues des *Latins*. Mais ie [l] ne vous nomerai ne n'ai només [m] les abeïes ne les mouſtiers des *Suriiens*, ne des *Griffons*, ne des *Iacopins*, ne des *Boamins* [n], ne des *Neſtorins*, ne des *Hermins*, ne des autres maniéres de [o] gens qui n'eſtoient [p] mie obeïſſant à Rome; dont il avoit mouſtiers [q] & abeïes pluſieurs [r] en le cité [s]. Pour che ne vous veul [t] mie parler de toutes ches gens que i'ai chi nommés, qu'il [u] ne ſont mie obeïſſant à Rome [v].

Abbayes & égliſes des non catholiques.

a. Priès d'illeuc ..... ſech *m. d. G & H.* — b. *D, G, H* Entre le mouſtier de Betanie & la montaigne. — c. *G, H* Belface; *J, C* Belfage. — d. *H* d'illueques. — e. *G* envoia .ij. de ſes deſciples en Iheruſalem. — f. & d'ileue ..... Iheruſalem *m. d. H.* — g. *A, B; G* dit ie. — h. *H* les abeïes & les mouſtiers. — i. *H* par hors. — j. à une liue près *D, G, H.* — k. *H* des. — l. *G* iou. — m. *G & H* ne vous ai mie només ne nomerai ore. — n. *A, B* Boanins; *G & H* Iacobins ..... Boiamins. — o. *G* manoirs d'autres. — p. *D* porce qu'il n'eſtoient. — q. *H* mouſtiers & abeïes. — r. pluſieurs *D.* — s. *H* & dehors &. — t. *H* veil ie. — u. *H* qui. — v. *H* l'eglyſe; *A, B* à la loi de Rome.

V

ERNOUL

FRAGMENTS RELATIFS A LA GALILÉE

[v. 1231]

MANUSCRITS:

A. Paris, Arſenal, 4797, vél., XIII ſ., in-fol.
B. Berne, 340, vél., XIV ſ., in-4.
C. Bruxelles, 11142, vél., XIII ſ., in-fol.
D. Berne, 41, vél., XIII ſ., in-fol.
E. Paris, Bibl. Nat., fr. 781, vél., XIII ſ., in-4.
F. Berne, 113, vél., XIII ſ., in-fol.
G. Berne, 115, vél., XIII ſ., in-fol.
H. Saint-Omer, 722, vél., XIV ſ., in-fol.

LA GALILÉE

* * *

OR vous lairons de Salehadin [a] qui est [b] au siége devant *Crac*, & si parlerons del flun *Iordain* [c], là ù il naist & comment il va ne où [d] il kiét.

Cil fluns devise le tiere de Sarrasins & de crestiiens, *Le Jourdain.* tout si com il keurt. Li tiere de crestiiens qui de çà est, a à non li *Tiere de Promission*, & cele de Sarrasins a à non *Arabe*. En le *Tiere de Promission* [e], si ſ apiele on toutes les iaues fluns. Au piét dou *Mont*, sourdent .ij. fontaines; li une a non [g] *Iour* & l'autre *Dain*. Or vous dirai de cel *Mont* *Sources du Jour-* comment il a [h] non. Il a non [i] *Mont de Ninban* [j]. Cis *dain. Liban.* mons dure .iiij. [k] iournées de lonc dusques [l] à un castiel qui est outre *Triple*, & c'on apiele [m] *Arces* [n]. Là fut faite li arce Noé dont li mariens fut pris en ce mont de [o] *Ninban*; & pour çou a à non chis castiaus *Arches*, que

a. *H* Salehadin ester. — b. *H* estoit. — c. Iordain *H.* — d. *G* la ù. — e. & cele .... Promission *d. C.* — f. si *m. d. G, H.* — g. *C* a à non; *H* avoit non. — h. *G* a à non. — i. *G* est apelés. — j. *A, B, E, F* Nibon; *D* Nibam; *H* Liban. — k. *C, E* .iiij. — l. *G, H* deffi. — m. *G* & est apelés. — n. *G, H* Arches. — o. de *G, H.*

li arce Noé i fu faite [a]. Cis mons partift le paienime [b] & le creftiienté trés en droit *Sur* iufques outre [c] *Triple*, felonc le marine. Là eft li chreftiientés & d'autre part li paienime.

En cel mont a mout de bonnes tieres & de bonnes villes, dont li creftiien & li Sarrafin [d] partiffent moitiét à moitiét [e]. En tel liu i a qu'ele eft toute de Sarrafins, & en tel liu i a qu'ele eft toute [f] de creftiiens. Entre ces .ij.

Vallée de Bacar. montaignes a une valée [g], c'on apiele le *Val Bacar* [h], là où li home Alexandre alérent en fuere, quant il afeia *Sur* [i]. Dont cil qui le Romant en fift, pour mieus menèr fe rime [j], le noma le *Val de Iofaphas* por fe rime faire [k].

Or vous avons dit dou *Mont dou* [l] *Niban*, dont les .ij. fontaines fordent au pié [m]. Or vous dirons d'une cité bas [n] el pendant del mont, for les fontaines, qui a [o] non

Belinas. *Belinas*. Ele fu ia de [p] creftiiens au tans Godefroi de Buillon; mais ne vous fai à dire au tans [q] de quel roi il le perdirent [r]. Mais puis fremérent il [s] .ij. caftiaus priès

Le Thoron. d'iluec, li uns a [t] non li [u] *Thorons*. Cis caftiaus fu le roi, & [v] eft à .v. lieues de *Sur* & [x] à .iiij. [y] lieues de cele cité

Le Saphet. de *Belinas* [z]; & li autres [aa] a non *Saffet* [bb]. Cil eftoit al Temple & .iiij. [cc] lieues de le cité.

---

a. *G* priïe. — b. *H* paienie. — c. *H* en. — d. *G* li Sarr. & li creft. — e. *C*, *G* partiffent en tel endroit la moitié. — f. de Sarr. . . . toute *m. d. C.* — g. valée *m. d. G.* — h. *A*, *B* Val de Bachas; *E* Val de Beicafe; *G* Val de Bacor; *H* Val de Bacar. — i. *E ajoute après ce mot:* dont on dift encore el Romans del Fuere de Gadres qu'il eftoient alé el val de Iof. *Voyez fur ce paffage le Roman d'Alex., éd. Michelant,* p. 534. — j. fe rime *m. d. H;* pour . . . rime *m. d. E.* — k. *E* pour mix faire le rime; *H* pour la rime parfaire. — *Le paragraphe fuivant porte dans H ce titre:* De Belinas qui fiet au piét de mont de Niban. — l. *H* Or vous lairons de. — m. dont . . . . . pié *m. d. C, E; H ajoute* du mont. — n. *A, B* qui eft el pendant. — o. *G* a à non. — p. *G* a; *H* des. — q. au tans *m. d. G.* — r. *H* elle fu perdu. — s. *H* fremérent li creftiien. — t. *G* a à. — u. li *m. d. G, H.* — v. & *m. d. C, G.* — x. & *H.* — y. *C, G* .iij. — z. de Belinas *m. d. C, G, H.* — aa. li autres *m. d. G.* — bb. *H* Saphet. — cc. *G* & à .iij.

Or vous dirons de *Belinas* [a] quels cités ce fu & comment elle ot [b] non anciennement. Elle fu Phelipon, si ot à [c] non *Cesaire Phelipe*. Cil Phelipes [d] fu fréres Herode, qui saint Iehan Baptiste fist decoler [e] ; & fu barons le femme que Herodes tenoit, quant il fist saint Iehan decoler [f]. Et por ce que il dist à Herode qu'il ne devoit mie tenir le feme son [g] frére, pour ce li fist il couper [h]. A celi *Césaire* donna Nostre Sires à [i] saint Piére les clés de Paradis & poesté de loiier & de desloiier. Cele cités est près de *Galilée* [j].

Or vous dirons des .ij. fontaines qui keurent vers le *Mer de Galilée*. Ains qu'eles entrent en le mer, si s'afamblent & vienent [k] à une. L'une des .ij. [l] fontaines a à non *Iour* & li autre a à non [m] *Dain*. Et quant elles s'afanlent [n], si a à non *Iourdain*. Celle eve entre en le mer par deviers [o] *Belinas*, & keurt par mi le mer del lone de si à un pont c'on apiele le *Pont de Tabarie*, & puis qu'elle passe le pont, si a à non li [p] fluns *Iourdains*.

Or vous dirons de cele mer, qués mers çou est. Celle *Lac de Tibériade.* mers n'est pas sallée, ains est douce & bonne à boire. Celle mers n'a que .iiij. [q] lieues de lonc & .ij. de lé. Celle mer apiele [r] Escriture *Mer de Galilée* & en autre liu *Mer de Tabarie*, pour çou que li cités de *Tabarie* siét sor le mer [s] par devers [t] crestiiens. En autre liu l'apiele l'Escriture l'*Estanc de Nazareth* [u].

Sour cele mer ala Ihesu Cris à [v] sés piés, & sains Piéres

<hr>

a. *C Linas.* — b. *G* ot à. — c. à *H.* — d. *C, D, E, F* Phelippon. — e. *G* la teste colper. — f. & fu . . . . . decoler *m. d. G; H* la teste coper. — g. *G* de son. — h. *H ajoute* la teste ; *G* & pour çou ot il colpé la teste. — i. à *G.* — j. *G* Galulée. — k. *F* vient tot. — l. .ij. *m. d. G.* — m. a à non *m. d. G.* — n. *G* quant vienent ensamble ; *H* sont affamblées. — o. *G* par deus. — p. li *G; H* le. — q. *H* .iij. — r. *H* mers est apellé en l'escripture. — s. sor le mer *m. d. C, D, E, F.* — t. *G* par devers les. — u. *H* Nazarecht. — v. à *m. d. A, B, C, D, E.*

qui en une nef eftoit en le mer *a*, fi li pria qu'il le lai-
faft aler apriès *b* lui. Et Ihefu Cris li tendi fe main & fe
li dift qu'il venift *c*. Et fains Piéres fali en le mer, fi cancela & *d* douta *e* & *f* cria merci à Ihefu Crift le fecouruft.
Et Ihefu Crift *g* li dift que petit de foi avoir. En cele mer
pefcha fains Piéres une nuit entre lui & fes compaignons
en .ij. nés, & riens *h* ne prifent. Et Ihefu Cris vint le matinée four le rive de le mer *i*; fi lor demanda s'il n'avoient
point de piffon, & il *j* refpondirent qu'il n'avoient riens *k*
pris: « Or *l*, giétés, » dift Ihefu Cris, « vos rois à main *m*
dieftre. » Et fains Piéres li refpondi: « Sire, nous avons
toute nuit villié, & fi n'avons riens pris, mais en voftre
non giéterons nos *n* rois *o*. » Si les *p* getiérent, & *q* lor
rois emplirent toutes de piffon & emplirent leur .ij. nés,
& que les rois rompirent *r*.

Sour celle mer fu ce que Ihefu Chris fift de l'eve vin,
quant il fu as noces *s* Archedeclin en le cité de *Tabarie* *t*.

Entre *Tabarie* & *Belinas* a .j. liu *u* qu'en apele *le Table*
priès *v* de le *Mer de Galilée* *x*. En cel liu fu ce que Ihefu
Cris *y* repeüt les apoftles & .v. mil hommes de .v. pains
d'orge & de .ij. piffons, fi qu'il en demoura .ij. *z* cor-
billies de relief *aa*.

D'autre part, defeure le mer, par *bb* deviers le paie-

---

a. *G* qui avec lui eftoit en le mer, quant il le vit, fi. — b. *H* avoec. — c. fe & qu'il venift *m. d. H* — d. *G, H* & fi. — e. & douta *m. d. A, B, C, E, F.* — f. *G* & fi. — g. *G ajoute*: li tendi fe main & fe. — h. *G* nient. — i. de le mer *m. d. H.* — j. *G* il li. — k. *G* nient; *H* point. — l. *G* Or, fire. — m. main *m. d. G, H.* — n. *H* le. — o. *La phrafe depuis* Et fains Piéres *eft remplacée dans G*: Et il refpondirent: « Nous ieterons en voftre non. » — p. les *m. d. H.* —

q. & *m. d. G, H.* — r. *La phrafe depuis* & que *eft remplacée dans G*: fi que peu s'en faloit qu'eles ne plonçoient. — s. *H ajoute*: à le maifon. — t. *Le mf. H porte la mention fuivante*: De le table. — u. *G* caftel. — v. *C* Belinas à une liue priès. — x. de Galilée *m. d. A, B, C, E, F, G.* — y. *G* Dex; *H* Dieus. — z. *A, B* .xxij.; *D, G* .xij. — aa. *H porte ici la mention*: De Carphanaon ou fains Piéres & fains Andrieus furent nés. — bb. par *m. d. G.*

nime, a une cité c'on apiele *Capharnaon*, là [a] ù ſains
Piéres & ſains Andrius furent né ; & là ù Iheſu Cris fiſt
mainte biele [b] miracle de gens ſaner, com del fil le roi
& d'autres [c].

Apriès ſi [d] a une cité c'on apiele *Naïm* [e], là u Iheſu
Cris ala un iour & [f] il & ſi apoſtle. Et quant
il aproca le porte de le cité [g], ſi encontra .j. vallet [h],
c'om emportoit enfouïr. Dont vint Iheſu Cris à lui, ſe [i]
li diſt qu'il levaſt ſus & cil tantoſt ſailli [j] ſus, car Iheſu
Cris l'avoit [k] reſuſcité. De requief [l] aloit Noſtre Sires en
celle contrée, ſi encontra un homme qui eſtoit hors del
ſens, que nus loïiens [m] ne [n] pooit tenir qu'il ne rompiſt [o].
Cil de le ville couroient apriès lui pour prendre [p], qu'il
ne s'alaſt noïier en le mer [q]. Dont vint Iheſu Cris [r], ſe lui
diſt qu'il fu cois & [s] qu'il n'alaſt plus avant [t] ; & cil fu
cois. Apriès diſt Iheſu Cris : « Qui es tu dedens cel cors
qui ſi travailles ceſt homme ? » Et il diſt que c'eſtoit [u]
une legion d'anemis, qui aillors [v] ne puent [x] eſtre [y] s'en
cors d'ome non [z]. Dont [aa] commanda Iheſu Cris qu'il
iſſent fors ; & il diſent que il [bb] lor commandaſt que il
entraiſſent en autres cors, car il ne pooient eſtre [cc] en
autre liu ſe en cors d'ome non [dd]. Illuec paiſſoit une

a. là *m. d. G.* — b. *G* maint bel.
— c. *On lit dans H :* De Naym où
Dieus fiſt maint bel miracle. —
d. ſi *m. d. G.* — e. *A, B* Enaïm.
— f. & *m. d. H.* — g. de le cité
G, H. — h. *H ajoute :* fors de le
porte. — i. *H* Cris & li. *La phraſe*
vint . . . ſe, *empruntée à G, m. d. A,
B, C, D, E, F.* — j. *G* ſailli tantoſt. — k. *G, H* comme cil cui I. C.
avoit. — l. *On lit après ce mot
dans G, H :* il avint [*G* une] autre
fois que Noſtre Sires [*G* Iheſu Cris]
aloit. — m. *G* que caine. — n. *G*
ne le. — o. *G ajoute :* tout, & tout.
H ajoute : tout, &. — p. *G ajoute :*
& tenir ; *H ajoute :* & por retenir.
— q. en le mer *G, H.* — r. *G* Cris
à lui. — s. qu'il fu cois & *m. d. G.*
— t. *La phraſe* Dont . . . avant *empruntée à G, H, ſe lit dans les autres
mſſ. :* Dont diſt Iheſu Cris à lui qu'il
fu cois. — u. *G, H* il eſtoient. —
v. aillors *m. .l. H.* — x. *G* pooient.
— y. eſtre *m. d. H.* — z. *A, B, F*
cors non de gens. *La phraſe* qui . . .
non *m. d. C, D, E.* — aa. *G* Et
dont. — bb. *G* diſent dont lour.
— cc. eſtre *m. d. G.* — dd. *G* ſe
cors non. *La phraſe* car . . . non,
empruntée à G, H, m. d. les autres mſſ.

porkerie de pourciaus *a*, & Ihefu Cris lor *b* commanda que il *c* entraiſſent laiens *d* es cors des *e* pourciaus, & il ſi fiſent; & li pourciel *f* entrérent en le mer, & li hom s'en ala tous ſains en *g* ſe maiſon *h*. Celle miracle, & aſſés plus que iou ne *i* die, fiſt Ihefu Cris en tour le *Mer de Galilée j*.

A .v. liues de cele *Mer de Tabarie* a une cité c'on apiele *Nazareth k*, & ſi eſt à .vj. liues d'*Acre*. A *l* celle cité fu Noſtre *m* Dame ſainte Marie née. Et en celle cité meïſmes *n* li aporta li angeles le novele que Ihefu Cris prenderoit car & ſanc en li *o*. Quant Noſtre Dame ſainte Marie fu ençainte del Fil Diu le Pére *p*, elle alla à *q* une montaigne qui priès de *Nazareth r* eſtoit avoec une ſiue couſine germaine qui là manoit & qui avoit à non Elizabeth *s*; & eſtoit ençainte de Monſigneur ſaint Iehan Baptiſte. Si ala por li veoir & por li faire compaignie & por li ſolacier *t*. Tantoſt comme elle vint là, ſi le ſalua. Tantoſt que la vois le mére Diu entra *u* en l'oreille ſainte Elizabeth, li enfes qu'elle avoit *v* en ſon ventre s'eſioï encontre le venue ſon Signour *x*. En cel liu a une abeïe de Grieus *y*, c'on apiele *Saint Çacharie z*, pour çou que Zacharies meſt là. Et cil *aa* fu péres ſaint Iehan Baptiſte *bb*.

Nazareth.

Abbaye de S. Zacharie.

---

a. *H* pors. — b. *H* tantoſt lor. — c. *G ajoute:* iſſiſcent del cors à l'home &. — d. laiens *m. d. G.* — e. *G, H* as. — f. *La phrafe ſuivante remplace dans G, H & li* pourciel: quant il furent es cors des pourciaus, ſi. — g. *H* à. — h. *On lit dans H:* De Nazareth où N. D. fu née. — i. ne *m. d. H.* — j. de Galilée *H.* — k. *D* Nazareph. — l. *G* En. — m. *G, H* me. — n. *G, H ajoutent:* où ele fu née. — o. *G ajoute:* & il ſi fiſt. — p. le Pére *G, H.* — q. *G* en. — r. *G* de le montaigne. — s. avoec . . . Elizabeth, *à peu près femblable dans G, H, ſe lit dans les autres mſſ.:* ù Ste Elizabeth manoit. — t. Si . . . ſolacier *G, H.* — u. *G, H* vint là, ſi comme la vois me dame ſainte Marie entra. — v. *H* portoit. — x. *H ajoute:* Ihefu Criſt. — y. de Grieus *m. d. C, E, F; G* de moines gris. — z. *C, G, H* Acharie; *F* Zacharie. — aa. *G* Zacharies fu; *H* Chieus Zacharias fu. — bb. *On lit dans H:* Du mont c'on apelle le *Saut* où Diex fu menés por faillir ius.

Priès de *Naʒareth*, ia demie lieue [a], a un [b] biel mont
qui a à non [c] en latin *Montem* [d] *excelſum valde* & en
roumans l'apiele on *le Saut* [e], por chou que en le coſ- *Mont du Saut.*
tiére [f] de ceſt mont a une faliſe ù on menoit chiaus de
Naʒareth qui mort avoient deſervie, pour faire ſalir ius.
Dont il avint une fois [g] que Iheſu Cris i fu menés pour
faire ſalir ius, pour une parole [h] qu'il avoit dite as luis
en *Naʒareth*. Et quant il vint là, ſi s'eſvanuï d'aus, &
s'aſiſt ſour une piére qui encore i eſt, ſi qu'il ne le porent
ne [i] veïr ne trouver.

Cil mons qui eſt en haut deſor [j] le faliſe, c'eſt li mons *Mont de la Qua-*
rantaine.
ù li diavles porta Iheſu Cris, quant il l'ot porté de le
Qyarentaine, là ù il [k] iuna ſour le Temple. Deſſour le
Temple le priſt, ſi le porta ſour cel mont [l], & [m] li
moſtra tout le païs & toute la contrée & [n] le rikece qui
eſtoit en le tiere [o], & ſe li diſt qu'il li donroit quanques
il veoit, ſi l'aouraſt. Et Iheſu Cris li diſt qu'il s'en alaſt
& que [p] iamais ne le tentaſt. Li diavles s'en ala & li
angele vinrent priès de cel mont [q].

Deſoz cel [r] mont, ſi i a un autre mont ki n'eſt mie ſi *Mont Thabor.*
haut, por ce ie vos die deſoz [s]. Il i a [t] mout biele plaingne
entre deus mons. Cel autre mont apiele on [u] *Mont de*
Tabour [v]. Sour cel mont mena une fois Iheſu Cris ſaint
Piére & ſaint Iake & ſaint Iehan [x], & ſe transfigura
devant aus, dont on fait en mout de tieres [y] le fieſte de

---

a. ia demie lieue *m. d. C, D, E,*
F, G, H. — b. *G* molt, *H* mout.
— c. *H* c'om apelle. — d. Montem *m. d. C, D, E.* — e. *D* l'eſtanc.
— f. *A, B* contrée. — g. une fois
m. d. H. — h. *G* ſalir pour parole.
— i. *G* mie. — j. deſor *G.* — k. *E*
qu'il. — l. ſour cel mont *eſt répété*
dans G. — m. & *m. d. G.* — n. le
contrée & *G, H.* — o. *H ajoute:* & en
le contrée. — p. *On lit dans H:*
Du mont de Tabor ou Noſtre Sires
ſe transfigura. — q. *G, H* vinrent
à lui. — r. *D* Près de ce; *G* Près
cel; *H* Après de cel. — s. por . . .
deſoz *A, B, F.* — t. *G,* Il a; *H* Là
a. — u. *H* mont au près du Mont.
— v. *A, B* mont Tabor. — x. *H*
ſaint Iehan & ſaint Iakeme. —
y. *G* en maint liu; *H* en mainte
tiere.

celle *a* Transfiguration. Là virent il fon veftement blanc & .ij. hommes aveuc li, dont on dit que li uns fu Moyfès & li autres Elyes. Dont vint fains Piéres à Ihefu Crift pour le grant glore qu'il vit là ; fi li *b* dift : « Sire, » dift il *c*, « chi feroit mout *d* boin eftre ; faifons chi *e* trois tabernacles, vous une, Elye une & Moyfès une *f*. Quant fains Piéres ot enfi *g* le parole dite, fi *h* vint une vois *i* par *j* devers le ciel auffi comme tonnoires ; fe *k* dift que çou eftoit *l* fes fius qu'il avoit envoiét *m* en tiere. Dont li Apoft*n* le eürent fi grant freeur *n* quant il l'oïrent *o*, que il caïrent pafmé four lor vifages. Quant il fe levérent de pamifons *p*, & il fe regardérent, ne virent il fors feulement Ihefu Crift aveuc iaus ; & il s'en avalérent de le montaigne. Et Ihefu Cris lor dift ke de l'avifion *q*, qu'il avoient veüe, ne defiffent mot *r* iufques adonc *s* qu'il feroit refufcités de mort à vie *t*.

Ie vous avoie oubliié à dire, quant ie en *u* parlai *v*, combien il i a de *Iherufalem* dufc'à cel mont, là ù li diavles porta Ihefu Crift ; il i a .ij. iournées grans *x*.

Mer morte. Or vous dirai del flun *Iourdain* comment il keurt ne là *y* u il kiét. Puis qu'il ift *z* de le *Mer de Galilée*, il keurt vers miedi, & fi keurt bien .iij. iournées de lonc. Et fi kiét en le mer c'on apiele le *Mer del deable* ; en le tiere & en l'Efcripture l'apiele on le *Mer del fel*, pour çou qu'il a une montaigne de fel *aa* four le rive *bb* par deviers *le Crac*, & pour çou qu'ele eft fi fauffe & fi amére que

---

a, *G, H* de le. — b. li *m. d. G.* — c. dift il *m. d. H.* — d. *H* chi. — e. *G* ici. — f. *G, H* Moyfès une & Elye une. — g. *G* iffi ; enfi *m. d. H.* — h. fi *m. d. C, H.* — i. *G, H* une vois vint. — j. par *m. d. G, H.* — k. *G* fi ; *H* fe li. — l. *G* c'eft. — m. *H* qui eftoit en. — n. *G, H* paor. — o. *G* virent. — p. *A, B,* pofmoifon ; *F* pafmifon. — q. *G, H* que le vifion. — r. *H* & nel deiffent nient. — s. *G* defifent à nului dufc'à donc. — t. *On lit dans H*: De le mer au deable où li fluns chiét. — u. en *G, H.* — v. *D* m'en parti. — x. *On lit dans H*: Ne où il keurt. — y. là *m. d. G, H.* — z. *C, E, F* kiét ; *D* part. — aa. pour . . . fel *m. d. H.* — bb. *G* rive fi eft par.

nule riens ne se puet comparer à le grant sausse ne à l'amertume [a] de li. N'est riens de le grant mer à li, & si n'a point de cours, ains est ensi [b] com uns estans, & se n'i a nul pisson, que [c] pissons n'i porroit durer [d]; & si fu [e] ia toute tiere là ù li mers est [f]. Et cele tiere [g] sist entre une cité ki a non [h] *Saint Abraham* & le *Crac* [i]. *Le Crac.*

Ançois que ie vous parole plus de cele mer [j], vous dirai [k] ù li *Crac* siét. Il siét en *Arabe*. Apriès si est *Mons* [l] *Synaï*, en le tierre le seignor de *Crac*. Cel *Mons Synaï* *Le mont Sinaï.* si est entre le *Mer rouge* [m] & le *Crac* [n]. Là [o] dona Dieus [p] le loi à Moysen, apriès çou que il ot passé le *Rouge mer* [q]. En cel mont là ù li lois fu donnée, portèrent li angele le cors sainte Katerine, quant ele ot le cief copé en Egipte. Là gist en oille que ses cors rent. Et lassus a une abeïe de moines Gris [r]. Mais li maistre abeïe de cele maison ne est mie là, ains [s] est al pié del mont. Là est li abes & li couvens; & ne [t] puet on aler el mont à cheval [u] ne porter viande dont il puissent [v] tout vivre lassus.

Mais lassus [x] a .xiij. moines [y] qui forte [z] vie mainent. Lassus lor porte on pain [aa] sans plus; & teus i a qui ne manguent que .iij. fois le semaine pain & iaue; & teus i a qui manguent avuec lor pain crues ierbes [bb] qu'il

a. ne à l'amertume *F.* — b. *G, H* aussi. — c. *H* quar. — d. *G ajoute:* por le grant sausse de li. — e. fu *m. d. H.* — f. là . . . est *m. d. H.* — g. tiere *m. d. G* — h. *G* qui a à non; *H* c'on apelle. — i. *On lit dans H:* Du mont de Synaï où il siét. — j. *H* où le mer de Seil siét, vous. — k. *H* dirai ie. — l. *H* Mons de. — m. *A, B, F;* rouge *m. d. G; H* rouge mer. — n. *C, G répètent ici:* Entre le rouge mer & le Crac si est mons Synay. — o. *A, B, F* Sor cel mont Sinay. — p. *G* Damedeus. — q. *G* mer rouge. — r. *A, B* Greus; *D* Grieus. — s. ne . . . ains *m. d. C, E.* — t. *H* si ne. — u. à cheval *m. d. C, E, F.* — v. *G* peüssent. — x. *A, B* Là sus en su le mont. — y. *H* moines gris. — z. *A, B, D, F, G* fort. — aa. *G* le pain. — bb. *A, B* les herbeletes.

Mer rouge.

ahanent laffus. Sour cel mont, iuna Moyfès .xl. iours, c'ains ne manga devant çou que li lois i fu donnée[a].

Or vous dirons de le *Mer rouge*[b] qui apriès eft. Çou eft li mers que Moïfès feri de le[c] verge, & li mers fe[d] parti & fi[e] fu comme maifiére d'une part & d'autre. C'eft li mers que li fil d'Ifraël[f] pafférent fec[g] piét, quant il vinrent d'Egypte. Et quant il l'orent paffét, li rois[h] Pharaons qui apriès aus venoit, entra ens, & les voloit ocirre & prendre; & il & toute s'os. Moyfès retourna fe verge & feri[i] le mer, & li mers recloft; & Pharaons[j] & toute s'os fu noié, c'onkes nus n'en efcapa. Et[k] li fil Ifraël efcapérent, car il furent outre[l] ançois qu'ele fuft raclofe.

Sour le rive de cele mer fift une fois li princes Renaus faire .v. galies. Quant il les[m] ot faites, fi les fift metre en[m] mer, & fi i[n] fift entrer chevaliers & fiergans[o] & viandes affés pour cierkier & pour[p] favoir[q] quels gens manoient four[r] cele mer d'autre part. Il fe[s] partirent quant il fe furent apareillié, & fe mifent en haute mer; n'ainc[t] puis k'il fe[u] partirent[v] de là[x], on n'oï[y] parler ne ne fot on k'il devinrent. Et par mi cele *Rouge mer*[z] cuert uns fluns de Paradis[aa]. Et quant il[bb] ift hors de le mer[cc], fi

Le Nil. s'en cuert par mi le tiere[dd] d'Egypte. Cel flun apiele on en l'Efcripture *Sifon*[ee], & en le tiere[ff] l'apiele on *Nil*[gg].

Or vous lairons de cel *Nil* efter: fi vous dirons de

---

a. *H* lois li fu & donée. *On lit dans H*: De le mer rouge quele ele eft. — b. *G* rouge mer. — c. *H* fe. — d. fe *m. d. G.* — e. fi *m. d. G.* — f. *G, H* fil Ifraël. — g. *H* a fec. — h. rois *m. d. H.* — i. *G* deferi. — j. *G* Moyfès. — k. Et *m. d. G.* — l. *H* tout outre. — m. *H* en le. — n. i *m. d. G.* — o. & fiergans *m. d. G.* — p. pour *m. d. G.* — q. *H* pour favoir & pour cierkier. — r. *H* là four. — s. *H* s'em, d'iluec. — t. *G, H* ains. — u. *G, H* s'en. — v. *G* furent. — x. *H* d'illeuc. — y. *G, H* nen oi non. — z. *G* mer rouge. — aa. *H ajoute*: terreftre. — bb. *H* cil fluns il. — cc. *H* mer rouge. — dd. *H* mer. — ee. *A, B* Afon; *D, H* Phifon. — ff. *H* tiere d'Egypte. — gg. *On lit dans H*: De le cité S. Abraham qui a non Ebrom.

le cité *Saint Abraham*, qui eſt outre le *Mer del deable* *Hébren-S. Abraham.*
dont ie vous parlai devant [a] en le *Tiere* de *Promiſſion*. Ces
lius ù li cité eſt, ſi a à non *Ebron*. Là [b] converſa & [c] meſt
ſains Abraham, quant il fu venus [d] de *Hamam*, là [e] ù il
fu nés, que l'Eſcripture apiele *Aram*, quant Dius li diſt
qu'il iſſiſt [f] & alaſt manoir en une tiere [g] qu'il li enſegneroit [h]. En cel liu acata il un camp de tiere à lui enfouïr
& à ſes gens, & là fu il enfouïs & ſes fius Yſaac, &
Iacob, li fils Yſaac [i], qui mors fu en *Egypte* & pére
fu Ioſeph [j]. Quant ſes péres fut mors en *Egypte* [k], il
le fiſt aporter [l] & le fiſt enfouïr aveuc ſes fréres [m] en
Ebron [n]. Et quant Ioſeph fu mors, li fil Iſraël, quant
il [o] vinrent de le tiere d'*Egypte* en le *Tiere de Promiſſion*,
il i aportérent ſes os, & ſi les enfouïrent [p] aveuc lors
péres. El tans que Abraham meſt là, n'i avoit il point
de ville, mais puis i fiſt on celle cité & l'apielon *Saint
Abraham*, pour çou que ſains Abrahams meſt là. Celle
cités eſtoit au ſigneur del *Crac*. Et ſi eſt [q] à .v. liues de
Betelem [r], là ù Iheſu Cris fu nés [s].

Bethleem [t] eſt cités, mais n'eſt mie grans, qu'il n'i *Bethléem.*
a c'une rue [u]. Et de *Bethleem* a [v] .ij. liues iuſques à
Iheruſalem [x].

Entre *Bethleem* & *Iheruſalem* a un mouſtier, ù il a

---

a. dont . . . devant *ne ſe trouve
que dans H.* — b. *G* Et i; *H* Et.
— c. *H* là &. — d. *G* il vint. —
e. là *m. d. G.* — f. *A, B* qu'il iſiſt,
de naite. — g. *G* cité. — h. *A, B*
mouſtreroit. — i. *A, B, D.* — j. *La
phraſe eſt toute augmentée dans F:*
& péres fu Iudas & Ruben & Gad
& Nephtalin & Manaſſé & Symeon
& Levi & Yſachar & Zabulon &
Dam & Ioſeph & Beniamin. Ce
ſont les .xij. fil Iſraël. En la terre
Iſraël en a .ix. lignies & demie &
en creſtienté & paienie .ij. & demie. — k. *D, F, G, H.* — l. *H*
aporter là. — m. *F* ſes péres. —
n. *A, B* Ebreu. — o. *G* qui vinrent. — p. *G* l'enfouïrent. — q. *A,
B.* — r. *D* Belleam; *F* Belleem;
C, G, H Iheruſalem. — s. *A, B* fu
mors. — t. *A, B* Bethelem; *D* Belleam; *F* Belleem. — u. Bethleem...
rue *m. d. H.* — v. *H* n'a que. —
x. *On lit dans H:* Del mouſtier où
li angele anonchiérent as paſtors
que Dius eſtoit nés.

<table>
<tr><td>Abbaye du Gloria in Excelfis.</td><td>moines Gris [a] que on apiele le [b] Gloria in Excelfis Deo. Ce fu là ù li angele le cantérent, quant Ihefu Cris fu nés. Et il parlérent as pafteurs & anunciérent ke li Sauvéres [c] dou mont eftoit nés, & difent qu'il alaiffent en Iherufalem là ù il eftoit [d], & qu'il le trouveroient envelopé en [e] drapiaus. Et il i alérent, & fi le trouvérent [f] tout fi com [g] li angeles lor [h] avoit dit. Dont rendirent grafces & loenges [i] à Ihefu Cris de çou que il l'avoient veü.</td></tr>
<tr><td>Le Champ fleuri.</td><td>Priès de cel mouftier a un camp de tiere c'on apiele Camp flori [j].</td></tr>
<tr><td>Mer Morte.</td><td>Or vous dirons de le Mer del Diable [k]. Il avint .j. iour que Abraham fe feoit [l] defous .j. arbre [m], & vit venir un homme [n] en [o] le cemin, & cil fe leva [p]; fi [q] ala encontre lui pour proiier k'il herbegaft aveuc lui. Tout fi que [r] il vint priès de lui, fi l'aoura. En l'aourer qu'il fift, s'en vit .iij. Un en vit, & .iij. en aoura; li .iij. eftoient en un; & li uns eftoit [s] en .iij. [t]; & tout en une perfonne. Il [u] li proia qu'il herbegaf[t] aveuc lui, & fe [v] li laveroit fes piés & fi mangeroit dou pain & de l'eve. Et il demoura une piéce & parlérent [x] enfanle; mais ne vous veul ore mie dire quanques il difent. Quant il orent [y] efté une piéce, fi s'en ala, & Abraham le convoia. Si com il orent eflongié le liu, fi efgarda Noftre Sires el plain par deviers le Crac, là ù la Mers le [z] Dyable eft ore, & vit</td></tr>
<tr><td>Sodome & Gomorre.</td><td>.v. cités dont l'une avoit [aa] r.on Gomorre [bb] & l'autre</td></tr>
</table>

---

a. Gris *m. d. H; A, B* Griés; *D* Griex. — b. le *m. d. G, H.* — c. *A, B* Sauluviéres. — d. *H ajoute:* & il i alérent. — e. *G, H* de. — f. Et... trouvérent *m. d. H.* — g. *G* que. — h. lor *m. d. G.* — i. loenges *m. d. H.* — j. *On lit dans H:* Des .v. chités que Dieus abifma où li Rouge mer eft ore. — k. *E* le Mer des Dyables. — l. *A, B, F, G, H* fe fift. — m. *A, B, F ajoutent:* qui avoit à nom Mambré. — n. un homme *m. d. G.* — o. en *m. d. G, H.* — p. *H* Et fains Abrahams fe leva de là où il fe feoit &. — q. *G* &. — r. *G* com. — s. eftoit *m. d. G.* — t. Un... .iij. *m. d. H par fuite d'un bourdon du copifte.* — u. *H* Sains Abrahaim. — v. *A, B* fi. — x. *H* demourérent. — y. *G* orent illuec. — z. *G* del. — aa. *G* ot. — bb. *A, B* Godomore.

Sodome. Des autres ne vous dirai iou mie les nons. Dont
dift Noftres Sires Ihefu Cris [a] qu'il ne pooit plus fouffrir
la pueur [b] de ces cités, & qu'il les feroit abifmer pour
l'ort [c] pecié de contre nature qui là eftoit. Et pour ce
apiele on encore cels qui pecent contre nature *Sodo-
mittes*, pour le cité qui ot [d] non *Sodome. Gomorre* fi [e]
fenefie autre pecié, comme d'avariffe & de couvoitife,
ke [f] li avers ne li couvoiteus ne peut eftre nient plus
remplis, nient plus [g] que *Gomorre* eft del flun *Iourdain*
ki ciét ens [h] . . . .

. . . . Or [i] vous lairons de çou [j] , fi vous dirons d'une
cité qui eft à .ij. liues priès du flun, que les gens du païs
fremérent, quant il oïrent dire que li fil Ifrahel venoient
en le *Tiere de Promiffion* & qu'il devoient illueques paffer.
Celle cités a [k] à non *Iericop*, & fu fermée de pierre *Jéricho.*
d'aïmant. Quant li fil Ifrael orent paffé le flun, fi l'afe-
giérent, pour çou qu'ele eftoit en le *Tiere de Promiffion*,
à l'entrée. Celle cités eftoit fi fors, qu'il n'i pooient riens
faire. Dont priiérent Noftre Seigneur qu'il les confellaft
& aidaft [l] , qu'il peüffent avoir celle cité. Dont lor
manda Noftre Sire que il fefiffent buifines d'arain &
ieünaffent .iij. iours [m] & alaiffent à pourceffion entour
le cité [n] , al tierç iour portaiffent [o] cafcuns fe buifine, &
quant il feroient [p] arengié [q] entour le cité, que [r] cafcuns
fonnaft fe buifine, enfi prendroient le [s] cité. Il ne mef-
creïrent mie cefte parole; ains fifent le commandement
Ihefu Crift [t] , & fifent tout fi com il lor avoit com-

a. Ihefu Cris *m. d. H; G ajoute
enfuite:* fi dift. —b. *A, B* le puant;
F le puor. — c. *G, H* pour le. —
d. *G* ot à non. — e. fi *m. d. G.* —
f. *H* car. — g. nient plus *m. d.
G.* — h. ki ciét ens *m. d. H.* —
i. *On lit en tête de ce paragraphe
dans H:* De Ierico comment li fil
Ifrahel le prifent. — j. *Tous les mff.*
ont: lairons atant de Loth, *fauf G.*
— k. *H* ot. — l. *H* confortaft. —
m. *G* par .iij. iors. — n. *G* entor
le cité à porceffion. — o. *G* por-
taft. — p. *G* fuifent. — q. *A, B*
atengié. — r. que *m. d. G, H.*
— s. *H* celle. — t. Ihefu Crift *m.
d. G, H.*

mandé [a]. Si fonnérent lor buifines, quant il furent arengié, & quant elles fonnérent, fi caïrent li mur de le cité.
Et il entrérent ens & [b] enfi le prifent.

Défert des fer-
pens.

Priès [c] de celle cité a une gaftine qui eft toute plaine
de ferpens. Là prent on les ferpens dont on fait le
triacle. Et fi vous dirai comment on les prent. Li hons
qui les prent fi fait .j. cerne [d] entour le gaftine & va
difant fon carmin [e] en cantant [f] al cerne faire. Tout li
ferpent qui l'oent, viénent à lui, & il les prent auffi fimplement com .j. aigniel, & les porte vendre par les cités
à ciaus qui font le triacle. Or en i a des fages de ces
ferpens, quant il entent [g] que cil commence fen carmin [h],
fi boute une de fes orelles en tiere, & l'autre eftoupe de
fa [i] keue pour che qu'il n'oe l'encant; par tant [j] fi efcape.
De cel triacle c'on fait de ces ferpens, garift on de tous
envenimemens [k].

Or vos dirai encore de .ij. ferpens qui funt en *Arabe*,
& funt es defers parfons. Il n'en eft onques ke .ij., ne
plus n'en puet eftre, & funt de fi caude nature & de
puant, qu'il n'eft nus oifiaus qi vole par defus lui, là où
il converfe, q'il ne li eftuece cheoir [l] mort de la calor [m]
& de la puor q'il rent; ne n'eft hom ne befte por q'il
fente la puor d'aus, q'il ne l'eftuet cheoir mort. Or vos
dirai coment il naifent & coment il viénent en avant,
car il lor eftuet de morir. Qant ce vient el point q'il funt
en amor, fi vient li mafles, fi met fa tefte dedenz la
boche de fa femele [n]; là conçoit. En ce q'ele conçoit, fi
eftraint les dens & efcace [o] le mafle la tefte, & enfi

---

a. *H* lor commanda; *G* lour avoit
mandé. — b. Et . . . & *m. d. H.*
— c. *A, B, C, D, G, H donnent*
feuls le commencement de ce chapitre.
— d. *A, B* va faifant un ferne. —
e. *A, B* .j. carme; *C* carne; *D, E*
charme; *G* carnin. — f. en cantant *m. d. H.* — g. *H* entendent.
— h. *D* charme. — i. *H* leur. —
j. *H* par ce. — k. *F* de tos envenimemens que li hom a. — l. *C* q'il
n'eftuece cheoir; *F* qu'il ne li eftuece chair. — m. *F* chaure. — n. *F*
de fe fumele. — o. *F* & efquate.

muert. Et quant ce vient à l'enfanter, fi fe partift, & dui feon *a* viénent d'avant, li uns mafles, li autre femelle. Einfi faitement font tot tens *b* .

Or *c* vous lairons des *d* ferpens, & fi vous dirons d'un *Zachée.* rice homme ki manoit en *Iericop*, au tans que lhefu Cris aloit par tiere. Aucunes gens difent *e* qu'il eftoit uferiers. Cil avoit mout defiré à veoir lhefu Cris. Il oï *f* un iour que lhefu Cris venoit en *Ihericop*, & il ala à l'encontre, & fi monta four .j. arbre, qui four le voie eftoit où lhefu Cris devoit paffer, pour lui bien veoir, & pour ce qu'il eftoit petis, & qu'il ne le peüft mie veoir s'il ne fuft montés four l'arbre, pour le grant *g* preffe de gens. Quant lhefu Cris aproca l'arbre, fi fot bien qui *h* eftoit fus, & pour coi il eftoit montés. Il l'apiela par fen non, & fe li dift qu'il defcendift de chel arbre & qu'il voloit aveuc lui herbegier en fon caftiel *i* . Cil ot non *Zaceus j* . Il defcendi liés & ioians, & grant fefte faifant de che que lhefu Cris li ot dit qu'il *k* herbegeroit *l* aveuc lui. Il vint à lhefu Cris, fe li dift : « Sire, pour l'ounour que vous me faites de çou k' *m* aveuc moi herbegiés *n* , le moitié de tous mes biens donrai as povres ; & fe i'ai de nului eüt par male raifon, ie le renderai à .iiij. doubles. »

Illuec en celle voie rendi lhefu Cris *o* .j. homme *p* qui *La Quarantaine.* crioit apriès lui, le veüe, k'il n'avoit nul oel. D'illueques iufques *q* à .j. liue de *Ihericop*, eft la *Quarantaine*, où Diex iuna en une montaigne haute *r* .

Al pié de celle montaigne *s* a une fontaine bonne & *Fontaine d'Elifée.*

a. *F & li .ij. faon.* — b. *Le paffage depuis* Or vos dirai jufqu'ici *ne fe treuve que dans A, B, F.* — c. *A, B* Atant ; *on lit dans H :* De Zaceu & de Ierico. — d. *G* de ces. — e. *G* difoient ; *m. d. H.* — f. *G* oi dire. — g. grant *m. d. G.* — h. *G, H* que cil. — i. *G* oftel. — j. *D* Iaceus. — k. *G* qu'il le. — l. *H* herbegaft. — m. *G* que vous avec. — n. *H* o moi, ie donrai. — o. I. C. *m. d. G ;* H I. C. à. — p. *H* un homme fe veüe. — q. iufquec *m. d. G, H.* — r. *On lit dans H :* D'une fontaine qui eft au pié du mont où Diex iuna le Quarentaine. — s. *H ajoute :* où Dieus iuna le Quarentaine.

bele[a] qui au tans *Elyzele*[b] le prophete eſtoit de mer-villeuſe maniére, que[c] ſous ciel n'avoit[d] leu où[e] cele eve[f] atoucaſt, que nule vredure i creüſt; n'avoit[g] femme el mont, ſe elle en beüſt, qui iamais eüſt enfant; ne bieſte femele enſement qui iamais eüſt faon. Dont vint[h] Eli-zeus[i], ſi le ſainteſia & ſi[j] miſt ſel ens. N'ainc puis qu'Elizeus l'ot ſaintefie, ne fiſt nul[k] mal, ſe grant bien non, & ſi aboivre toute la tiere & les gardins d'ilueques duſques al flun. Cele *Quarentaine* où Diex iuna eſt es deſiers dechà le flun; & li deſiers où ſains Iehans con-verſa ſi eſt delà le[l] flun[m]. Et priès del flun[n], illuec bati-zoit il ciaus qui venoient[o] à lui pour[p] batiſier, & ſi i batiſa Iheſu Criſt. Et ſour le rive del flun où il baptiſa Iheſu Criſt, a une abeïe de moines Gris[q], c'on apiele *Saint Iehan*[r].

Abbaye de S. Jean.

La Citerne rouge.

Entre *Iericop* & *Iheruſalem* a .j. liu qu'on apele le *Rouge Ciſterne*. Là ſoloit avoir une[s] hierbegerie, où cil herbe-goient qui de *Iheruſalem* aloient en *Ihericop* & au flun.

Le bon Samari-tain.

Et là fu çou[t] que li Samaritains porta l'omme qu'il trouva navré en la voie, dont Iheſu Cris diſt en un evan-gille quant li ſuis li demandérent qui chil proïſmes[u] eſtoit. Dont il lor parla, quant il li demandérent[v] li quels eſtoit li graindre[x] commandemens de le loy. Et il lor diſt : « d'amer Dieu[y] ſour toute rien, & ſon proïſme[z] comme[aa] lui meïſme. » Adont lor diſt c'uns hom aloit

a. & bele *m. d. G.* — b. *F* Ely-ſeus; *H* Elyzeu. — c. *H* car. — d. *G* n'a nul. — e. *A, B, D, F; C* que ſous ciel n'a homme nul où. — f. *C, G, H* fontaine. — g. *C; G* n'a; *H* ne. — h. *A, B, D, E;* vint *m. d. G, H.* — i. *G* Elyſeus le; *H* chieus le. — j. fi *m. d. G, H.* — k. nul *m. d. H.* — l. *G* del. — m. & li... flun *m. d. H.* — n. *H lit après ce mot:* D'autre part où S. Iehans con-verſa eſt li lius où il batizoit tous ceus. — o. *G* voloient. — p. pour *m. d. G, H.* — q. *A, B, D, H* Grieus. — r. *On lit dans H:* Del Samaritan. — s. une *m. d. G.* — t. *G, H* çou en cele herbergerie. — u. *A, B* priſmes. — v. demandérent *G, H.* — x. graindre *A, B; G* plus grans. — y. *G, H* damedieu. — z. *D* preſme. — aa. *G* ſi comme; *H* auſſi comme.

de *Iherufalem* en *Ihericop*, fi s'enbati four [a] larons, dont li
l<ron le prifent & [b] defpoulliérent & navrérent & laif-
fiérent comme mort four le cemin. Apriès ce, paffa par
illuec .j. prieftres [c] & le regarda & s'en paffa outre & le
laiffa. Apriès che, paffa uns diacres & fift autel [d]. Apriès
paffa li Samaritains [e]; & cevaucoit une iument. Quant
il le vit, fi defcendi [f] & mift l'omme fus & le porta en
le hierbegerie, fi com ie vous di, & vint à une maifon,
& donna .ij. deniers au figneur de le maifon & fift laver
fes plaies de vin & oindre d'oille. Et dift al feignour de
le maifon que il preïft garde de lui, & il li renderoit
tous les cous & les defpens qu'il feroit, tant qu'il feroit
garis. Dont dift lhefu Cris as luis qu'il lor eftoit avis li
qués eftoit [g] plus [h] proïfmes? Et il difent que chil qui
or pitié de lui, & lhefu Cris lor dift qu'il alaiffent, &
fefiffent auffi [i].

Or vous ai parlé de le *Mer de Galilée* & del flun & de
chà & de là, & de le devife de creftiiens & de Sarrafins,
pour çou que ie vous avoie dit que li Sarrafin avoient
paffé le flun, quante il orent efté .j. iour devant *Forbelet* Forbelet.
& eftoient alé [j] affegier le *Crac*. . . . .

. . . .

Quant [k] Bauduïns [l], li rois de lherufalem, oï dire que
Salehadins mandoit tous fes hommes pour venir en fe
tiere, li rois manda toutes fes os & affanla en un liu c'on
apiele les *Fontaines de Saphorie* [m]. Pour çou les roume
on les " *Fontaines de Saforie* [o], qu'eles font priès d'une Fontaines de Saphorie.

a. *G* fe bati en. — b. prifent &
m. d. G. — c. *G* preftres par illuec.
— d. *G, H* autretel. — e. *H ajoute*:
par illueques. — f. fi defcendi *m.
d. H.* — g. *G* fuft; *H* li fu. —
h. plus *m. d. G.* — i. *H* autrefi. *On
lit dans H*: Or vous lairons de ci
efter, fi vous dirons de Salehadin
qui eft au fiége devant Crac. —
j. *H* .j. iour. — k. *On lit dans H*:
Du roi Bauduin qui ala as fontaines de Saphorie à toutes fes os.
— l. Bauduins *ne fe trouve que
dans H.* — m. *A, B* Safroie; *H* Saphorie. *Après ce mot D ajoute*: &
fiét es plains de Raymes. — n. *G*
apele on. — o. Pour . . . Saforie
m. d. H.

ville c'on apiele *Saforie* ". Et en celle ville fu née fainte Anne *, li mére noftre dame Sainte Marie *. A ces fontaines feiournoit li rois les eftés quant il n'avoit les *d* trives as Sarrafins, & il & fi chevalier & Templier & Hofpitalier, & tout li baron de le tiere. Pour ce feiournoient illuec que fe Sarrafin entraffent * en le tiere, qu'il fuffent toft *f* aparellié d'aler à l'encontre *. Cil lius où ces * fontaines eftoient, fi eft à une liue *i* de *Nazaret* & à .v. liues de *Tabarie* & à .v. liues d'*Acre*. Là feiourna li rois de Iherufalem .iij. mois & il & toute s'os, ançois que * Salehandins entraft en le tiere, & ançois qu'il *l* eüft *m* fes os affemblées *.

Quant Salehadins ot fes os affemblées & amaffées * à *Damas*, fi vint & erra tant par fes iournées qu'il paffa le flun & vint *p* herbegier à une fontaine c'on apiele le *Fontaine de Tubanie* , & eft al pié d'une montaigne pardefous * une roche. Celle fontaine eft à .iiij. liues des fontaines de * *Saforie*, là ù li rois de Iherufalem eftoit à oft & à * .ij. liues d'un caftiel c'on apiele *le Gerin*. Cil caftiaus fi eft en .j. liu c'on apiele *Dotain* *. En cel liu eft * le cifterne où li fil Ifraël ietérent lor frére Iofeph & le vendirent as marceans qui le menérent * en Egypte.....

. . . .

Or *y* vous dirons de *Naples*, comment elle fiét, ne où elle fiét, c'al tans que Ihefu Cris aloit par tiere, n'eftoit mie *Naples* encore. Et fi fe * hierbegiérent primes *aa*

Fontaine de Tubanie.

Le Gérin & le Dotain.

Naploufe.

a. *H* Saphorie. — o. *F* S. Agne. — c. *G* mére fainte Marie li mére Diu. — d. les *m. d. G, H.* — e. *G* venifcent. — f. *G, H* tout. — g. *G* aler encontre. *La phrafe eft défigurée dans A, B.* — h. *G* les. — i. *G* .ij. liues. — j. & à ... T.barie *m. d. H.* — k. que *m. d. G.* — l. *G* ne qu'il. — m. eüft *G.* — n. *G* amaffées. — o. & amaffées *m. d. G.* — p. *G* vinrent. — q. *C* Cubanie; *D* Tubenie; *H* Turbeine. — r. *A, B* herbergier à .j. fontaine par defor. — s. de *G, H.* — t. *A, B, D.* — u. *A, B* Doutain; *G* le Dotain. — v. *G* fi eft; *H* s'eft. — x. *H* l'enmenérent. — y. *Le commencement du chapitre m. d. D. Cette partie relative à Naploufe m. jufqu'à la fin d. G, H.* — z. *A, B* Et là fe. — aa. *A, B* primers li.

Samaritain. *Naples* fiét entre .ij. montaignes, dont cil
del païs apelent l'une des montaignes le *Montaigne*   *Mt de Caïn &*
Kaïn, & l'autre le *Montaigne Abel*. Li *Montaigne Abel*   *Mont d'Abel.*
eft toufiours verde, & yver & efté, & par le grant plenté
des oliviers qui i font. Et li *Montaigne Kaïn* eft toufiours
feke, qu'il n'i a fe piéres non & cailleus. Al pié de le
Montaigne Kaïn, a une cité qui a à non *Cicar*. Celle cités *Sichar.*
eft par devers folel levant. Tenant au cief de le *Mon-*
taigne Abel, par devers folel levant, tient une mon-
taigne " c'on apiele la *Montaigne* ᵇ *Saint Abraham*. En *Mont de S. Abra-*
fon le montaigne a .j. liu c'on apele *Betel* ᶜ. C'eft li   *ham. Béthel.*
lius où Abrahans mena fon fil Yfaac pour faire facre-
fiffe, quant Diex li commanda; & là li ot li angeles
apparellié agniel pour faire facrefiffe en liu de fen fil ᵈ.

Encofte de celle montaigne, par devers folel levant,
avoit une cité quant lhefu Cris aloit par tiere c'on apeloit *Samaire* ᵉ. Defous celle cité, avoit une plaigne c'on   *Samarie.*
apeloit *Cycem* ᶠ. Là avoit .j. puch que Iacob fift, & fi   *Sichem.*
le donna Iofeph fon fil, là où cil de le cité aloient à l'eve.
Dont il avint .j. iour que lhefu Cris aloit de *Galilée* en   *Puits de la Sama-*
Iherufalem, & vint à cel puch pour atendre fes deffiples,   *ritaine.*
qui eftoient alé à *Cicar* acater à mangier, & trouva illueques une Samaritaine qui eftoit de le cité dᵉ *Samaire*
venue à l'eve. Dont vint lhefu Cris, fe li dift qu'ele li
donnaft à boire, & elle li dift : « Tu es Iuis, ie fui Samaritaine, il ne me loift mie que tu boives à men vaf-
fiel ᵉ. » Dont dift lhefu Cris à le Samaritaine: « Se tu
feüffes qui ce eft qui te demande à boire, tu li deïffes
qu'il te donnaft eve vive à boire. » Dont dift li Samaritaine : « Sire, donne ʰ me tele eve vive à boire ⁱ qu'il

a. *A, B, F*; *C* une cités. — b. *A,*
B, F. — c. *A, B* Becel. — d. Quant
Diex, &c., m. d. *A, B.* — e. *A, B*
Samaite. — f. *A, B* Scifem. —

g. Dont vint &c. m. d. *A, B.*
— h. *F* donés. — i. Dont dift &c.
m. d. *A, B.*

ne m'eftuece mais venir chi, car li puis eft mout parfons,
& li cités eft mout haute, fi me fait mout mal à venir
ci eve querre. » Dont li dift Ihefu Cris que elle alaft
apeler fon baron, & elle dift qu'ele n'avoit point de
baron, & Ihefu Cris li dift qu'ele difoit voir, & qu'ele
en avoit eüt .v. & que cil n'eftoit mie fes barons qui
eftoit aveuc li. Affés li dift Ihefu Cris plus de paroles
que ie ne vous di, mais ie ne vous puis mie tout raconter.

Dont vint li Samaritaine, fi laiffa fes vaiffiaus & ala
criant par toute la cité qu'il veniffent, & qu'ele avoit
trouvé .j. vrai prophete qui tout li avoit dit quanqu'ele
avoit fait. Apriès vinrent li apoftle de *Cicar* où il avoient
acaté à mangier & difent à Ihefu Crift qu'il mangaft, &
il lor dift qu'il avoit mangié de tel viande dont il ne
favoient mot. Dont difent li apoftre entr'iaus que li Samaritaine li avoit donné à mengier, & mout s'efmervil-
liérent, quant il les virent feul à feul entre lui & le Samaritaine. Cil puis eft à demie liue de *Naples*. . . . . .

Samarie. Celle cités de *Samaire* [a] fu toute abatue puis le tans [b]
Ihefu Crift, en cel tans que Vafpafianus fu en le tiere;
n'ainc puis n'i ot ville, forz .j. mouftier que li Samari-
tain i ont, là où il font lor facrefife à lor Paske; ne
aillours ne peuent nient facrefiier, nient plus que li luis
peuent facrifiier aillors c'al temple de *Iherufalem*. Là
viénent li Samaritain de la tiere d'*Egypte*, & de le tiere
de *Damas*, & de par toute païenime, & des tieres où il
manoient. Si viénent ces gens là [c], al iour de Paskes;
& lor Paske fi eft quant li Paske as luis eft. Là font lor
facrefiffe.

Beteron. A .v. liues de *Naples* a .j. caftiel c'on apiele *Beteron*.
Dont il avint iadis anciienement c'uns fenefcaus Nabu-

---

a. *A, B* Samarie. — b. *A, B* puis la refureccion. — c. *F*; ces *premiers mots manquent dans A, B, C.*

godonozor, qui rois eftoit de Perfe, afeia cel caftiel. Cil
fenefcaus avoit non Oliferne. Si furent mout à malaife
cil dou caftiel, quant il furent afegié, qu'il n'atendoient
nul fecours, fe de Diu non. Dont iunérent & fifent orifon
vers Damediu, qu'il les fecouruft. Noftre Sires Diex vit
lor iunes, fi oï lor orifons, fi les fecouru en tel maniére
com ie vous dirai. Car Diex mift en cuer & en talent à
une dame veve qui el caftiel eftoit, & avoit à non Iudit *,
qu'elle iffi hors du caftiel bien veftue & acefmée, & ala
en l'oft, & fift tant par fon fens & par art & par enging
& par le volenté Noftre Signour qu'ele, une nuit, Oliferne, qui fires eftoit de l'oft, caupa la tiefte, & porta el
caftiel & le fift metre en .j. pel four la porte del caftiel.
Quant cil de l'oft fe levérent l'endemain par matin, & il
efgardérent vers le porte du caftiel, fi virent le tefte lor
fegnour, fi tournérent tuit *b* en fuies. Et cil del chaftiel
s'en iffirent *c* tout apriès aus *d*, fi les caciérent & oci-
fent tant que iours lor dura. Enfi fecouru Damedieus cel
caftiel.

A deus liues de *Naples*, a une cité c'on apiele *Sabat*, Sébaſtι.
& eft en le voie fi c'on *e* va de *Naples* à *Nazareth*. A
celle cité fu li cors monfigneur faint Iehan Baptifte enfoïs.
Là le portérent fi defciple, quand Herodes li ot fait le
chief coper. Une piéce apriès, quant li feme Herode oï
dire qu'il eftoit enfouïs, fi envoia là & fift fes os traire
de tiere & ardoir & venter le pourre *f* ; & pour ce font
encore li enfant le nuit faint Iehan le fu d'os, pour che
que fi os furent ars.

Il a de *Naples* en *Iherufalem* .xij. *g* liues, & de *Naples*
en *Nazareth* .xij. *h* liues ; & fi eft *Naples* en mi voies
de *Nazareth* & de *Iherufalem*. Or a de *Naples* à *Cefaire*

a. *A, B* Iudif. — b. *A, B*. —   iffirent. — d. *A, B*. — e. *F* fi com
c. *A, B, F. On lit dans C:* tour-   on. — f. *A, B* la poudre. — g. *A,*
nérent en fuies, s'en tournérent &   *B, F; C* .ij. — h. *B, F; C* .ij.

four mer .xij.[a] liues, & de *Naples* au flun *Iourdain* .v.[b] liues, mais cil fluns n'eſt mie en cel endroit où lheſu Cris fu batiſiés, car il i a aſſés plus de *Naples* là ù il fu baptiſiés ; mais tout eſt .j. fluns.

a. *A, F; C* .ij. — b. *A, B, F* .vj.

FRAGMENTS RELATIFS A LA GALILÉE

(RÉDACTION ABRÉGÉE)

*

MANUSCRITS:

K. Paris, Bibl. Nat., fr. 770, vél., f. XIII, in-fol., f. 329 & f.
L.   »   »   12203,   »   »   f. 20 & f.
M.   »   »   24210, pap., f. XV, in-fol., f. 18 & f.

*   *

*

OR [a] vous lairons dou prince Renaut & de Salehadin ki l'avoit affegiét, & [b] dou roi ki s'en retorna arriére en Iherufalem, car il ne voloit [c] mie fi toft fecourre au [d] prince devant çou k'il [e] fuft un poi matés & k'il fe repentift dou mal k'il avoit fait. Et [f] vous dirai de cel [g] flum [le *Jourdain*] ù il naift [h], & comment il vait & ù il kiét. Cil fluns devife la tiere des creftiiens & des Sarrafins enfi com il court. La tiere des creftiiens ki de ça eft a non la *Tiere de Promiſſion*, & cele des Sarrafins a non *Arrabe*. En la *Tiere de Promiſſion* apiele on toutes les riviéres fluns à celui tans dont iou paroil [i] .   *Le Jourdain.*

Au pié dou *Mont Lybam* fourgent deus fontainnes dont l'une a à non [j] *Ier* & li autre *Dains*. Et de là naift li fluns ki eft apielés *Iourdains*. Cil *Mons Libam* dure bien [k] .iiij. grans iornées de lonc & vait dufques à un chaftiel ki eft [l]   *Mont Liban.*

a. *L* Si. — b. *L, M* & dirons.
— c. *L, M* vaut. — d. *L, M* le.
— e. *L, M* i fuft. — f. *L, M* or.
— g. *L, M* dou. — h. *L, M* & que
chou eft & ù il vait. — i. à celui...
paroil *m. d. L, M.* — j. *L* a
non. — k. bien *m. d. L, M.* —
l. eft *m. d. K.*

Archa. outre *Triple* ki a non *Arches*. Là fu faite li arche Noé fi comme li angles li *a* devifa. Cil mons devife la *b* païenime & la *b* chreftienté de *Sur* defli *c* outre *Triple* felonc le marine. Sor la riviére *d* funt creftiien & outre le mont *e* Sarrafin. En celui mont a mout de boinne terre & de boines viles dont Sarrafin *f* & creftien partifent moitié à moitié *g*, & tel liu i a k'ele eft toute de creftiiens & tel k'ele eft toute de *h* Sarrafins. Entre ces montaignes *i* a .j. grant valée c'on apiele le *Val* Val de Bacar. de *Bacar*, là ù li homme Alixandre alérent en fuerre quant il affeia *Sur*, dont on dift ou roumant rimé dou *Fuer j de Gadres* k'il eftoient alé el *Val de Yofaphas*. Ce n'ert mie li *Vaus de Yofaphas k*, ains eftoit li *Vaus de Bacar*, & eft encore.

Or vous avons dit de cel *mont Libam* dont ces .ij. fontaines Bélinas. fourdent au pié. Or vous dirons d'une cité ki eft el pendant dou mont four les fontainnes & a non *Belynas*. Ele fu ia de *l* creftiiens au tans Godefroi de Buillon; mais ie *m* ne vous fai à dire au tans de quel roi ele fu pierdue *n*, mais puis fremérent Le Thoron. il .ij. caftiaus priés d'illuec, dont on apiele l'un le *Thoron* & Saphet. l'autr *e Saphet*. Si eft li primiers le *o* roi & fiét à .v. liues de *Sur* & à .iiij. *p* liues de la cité; & li autres eft dou Temple & *q* fiét à .iiij. liues de la cité. Or vous dirons de *Belynas*, qués cités çou eft & comment ele ot non anchienement. Ele fu de *r* Phelippe, ki fréres fu *s* dou roi Herode, & la cités ot Céfarée de Phi- non *Cefaire Phelippe*; & fu cil meifmes Herodes ki faint Iehan lippe. Baptifte fift decoler *t*. Cil Phelippes quant il moru, Herodes fes fréres prift fa feme *u*; & pour çou que fains Iehans li blama & li dift ke il ne devoit pas *v* tenir la feme de fon frére, le fift Herodes decoler *x*. A cele meifmes *Cefaire y* fu çou que Noftre Sires douna à faint Piére les clés del regne des chieus & poefté de loiier & de defloiier. Cele cités eft priès de *Ga-lilée*, & fiét ou pendant dou *Mont Lyban*.

---

a. *L* comme Deus le. — b. la *m. d. L, M.* — c. *M* en. — d. *K* marin. — e. *L, M* mont font. — f. En celui ... Sarrafin *m. d. L, M.* — g. *L & M ajoutent:* à toutes les villes & à toz les caftiaus de celui mont encontre Sarrazins. — h. creftiens & ... de *m. d. M.* — i. *L* mons. — j. *L, M* feu. — k. Ce n'ert ... Yofaphas *m. d. L, M.* — l. *L, M* des. — m. ie *m. d. L, M.* — n. ele fu pierdue *m. d. L, M.* — o. *K* dou. — p. *L, M* .iij. — q. *L* fi. — r. *L, M* à. — s. *L* fu fréres. — t. *L* fift decoler f. I. B. — u. *L* De celui Phelippe prift Herodes fes fréres la feme. — v. *L, M* mie. — x. *L ajoute:* en cele cité meifmes. — y. *L* En cele meifmes cité.

Or vous dirons des .ij. fontaines qui corent viers la *Mer d* *Galilée :* anſçois k'eles entrent en la mer, aſſamblent li doi ruiſſiel tout à .j., dont li courans de l'une ot *a* à non *Ior* & *Le Jourduin.* pour çou l'apiele on *Ior*, ke de cele part vient li iors & de cele part aiorne. Et li autres courans ſi *b* vient de *Dain*. Et quant li doi courant vienent enſamble, ſi s'aſamblent li non & a non *Iordains*. Et la riviére de ces .ij. fontainnes entre en la mer par deviers *Belynas*, & court par mi la mer dou lonc duſques à un pont c'on apiele le *Pont de Tabarie;* & puis k'ele paſſe le pont, ſi entre en la *Tiere de Promiſſion*, dont apiele on toutes les riviéres fluns. Et quant on paſſe outre, ſi aſſamble li nons dou *c* flum avoec *Iordain*, & pour çou l'apiele on le flum *Iordain*.

Or vous lairons de ce : ſi vous dirons de cele mer quele *La Mer de Ga-* ele eſt. Sachiés k'ele n'eſt pas ſalée, ains eſt douce & boine *lilée.* pour *d* boire. Cele mers n'a ke .iiij. liues de lonc & .ij. de lé, & l'apiele l'Eſcripture *e* la *Mer de Galilée* & en un autre liu la *Mer de Tabarie*, pour çou ke la cités de *Tabarie* ſiét ſour la riviére de cele mer, & *f* par devers les creſtiiens en *g* .j. autre liu l'*Eſtanc de Nazarech* *h* . Sour cele mer ala Iheſu Cris à ſec pié ; & ſains Piéres ki en la mer eſtoit en une nef quant il le vit, il li proia k'il o lui le laiſſaſt aler. Et Iheſus *i* li tendi ſa main, & li diſt k'il veniſt, & il paſſa & cancela & douta & cria merchi à Noſtre Seignor qu'il le ſecouruſt ; & Noſtre Sires li tendi ſa main & diſt k'il veniſt *j* & ke petit avoit de foi. En cele mer peſcha ſains Piéres une nuit entre lui & ſes compaignons en .ij. nés *k* , & ne priſent nient *l* . Et Noſtres Sires vint la matinée ſor la rive de la mer & lor demanda s'il avoient point pris de poiſon. Et il diſent k'il avoient toute nuit peſchiét *m* & ſi n'avoient riens *n* pris. « Or gietés dont, » diſt Noſtre Sires, « vos rois à deſtre. — Sire, » diſt ſains Piéres, « nous avons toute nuit veillié & ſi n'avon mès riens pris, mais nanpourquant nous giéterons en voſtre non nos rois à deſtre *o* . » Dont les giétent *p* ; ſi emplirent

---

a. *L, M* a non. — b. ſi *m. d. L, M*. — c. *L* de. — d. *L* à. — e. *K* apielon Eſcripture. — f. & *m. d. L*. — g. *L* & en. — h. *L* Genezareth. *Après ce mot L ajoute :* & encore l'apiele l'Eſcriture le Notatore de Syloé. — i. *L* Iheſu Cris. — j. & il paſſa . . . . veniſt *m. d. K*. — k. en .ij. nés *m. d. L*. — l. *L, M* riens. — m. *L, M* vellié. — n. *L, M* & n'avoient point. — o. Sire... deſtre *m. d. L, M*. — p. *L* les i ietérent ; *M* les gettérent.

lor rois toutes plainnes de poiſſons & *a* emplirent lor .ij. nés.
Et nanpourquant tant en i ot ke lor rois rompirent. Sor
cele mer fu çou que Noſtre Sire fiſt de l'aighe vin, quant il
fu as noces de ſainte eglyſe *b*, mais non pas d'Archedeclin,
ſi com on diſt en ces rou_ans rimés. Archedeclins fu uns
Tibériade. aſaiéres de vins; nanpourquant *c* il eſtoit princes entre les
mengans; & ce fu fait en la cité de *Tabarie d*. Entre *Tabarie* &
La Table. Belinas a *e* .j. liu *f* c'on apiele *la Table g* & eſt près de la mer.
Et en cel liu fu che que Noſtre Sires repeüt .v. mil homes *h*
de .v. pains d'orge & de .ij. poiſſons, & ſour tout çou i demourérent .xij. corbeilles plainnes de relief. Et d'autre part
deſus la mer par deviers la païenime a une cité c'on apele
Capharnaüm. Carphanaon i, là ù ſains Piéres & ſains Iakemes furent né.
En tour cele mer fiſt Noſtre Sires maint biel miracle, ſi
comme d'enfers ſaner & de mors reſuſciter.

    Une fois ala Iheſu Cris *j* à une cité ki avoit *k* nom
Naïm. Naom l, & ſi deſciple o lui. Si k'*m* il aprocha de la porte,
il *n* encontra .j. vallet ke on portoit entierer. Et Noſtre Sires
li diſt k'il ſe levaſt. Et il ſe leva maintenant *o* ſus. Or avint
une autre fois ke Noſtre Sires aloit par *p* cele contrée; ſi
encontra un hor_me ki fors eſtoit dou ſens *q*, ſi ke caaine ne
loiiens de fier *r* ne le pooit tenir *s*. Cil de la vile cauroient
apriès pour lui prendre, por çou k'il ne s'alaſt noiier en la
mer. Et Noſtre Sires vint à lui, ſe li diſt k'il fuſt chois. Cil
s'arieſta maintenant & n'ala plus avant. Et Noſtre Sires diſt *t* :
« Di, va, tu ki iés là *u* dedens cel homme & ki ſi le travailles
& demaines, ki iés tu ? » Et li Anemis qui là *u* dedens eſtoit
parla & diſt : « Iou ſui d'une legion d'anemis ki ne pueent
durer s'en cors d'oume *v* non. » Dont li commanda Noſtre
Sires k'il *x* iſſiſt fors; & cil diſt à Noſtre Seignour ke dont
commandaſt lui & ſes compaignons k'il entraiſſent en autres
cors, car il ne pooient durer en autre liu. Illuec paſſoit *y* une
porcerie de pors. Et Noſtre Sire lor commanda k'il iſſiſſent

a. *L* & en. — b. de ſainte eglyſe
m. d. L. — c. *L, M* & nonpour-
quant. — d. en la . . . Tabarie *m.
d. L.* — e. a *m. d. L.* — f. liu *m.
d. K.* — g. *L* le chané de Galilée.
— h. & eſt . . . homes *m. d. K.* —
i. *L.* Capharnaon ; *M* Cafarnaon.
— j. *L, M* Noſtres Sires. — k. *L,
M* a. — l. *L* Naïm. — m. *L* comme.
— n. *L, M* ſi. — o. *L* errant; *M*
& faut. — p. *L, M* par mi. —
q. *L* del ſens eſtoit. — r. *L, M* ne
fiers. — s. *L, M* tenſer ne tenir.
— t. *L* diſt maintenant. — u. là
m. d. L, M. — v. d'oume *m. d. K.*
— x. *L* qu'il en. — y. *L, M* paſſa.

des cors des hommes & entraiſcent es cors des *a* pors. Et il ſi fiſent tout maintenant *b* . Et lors lues *c* k'il furent es pors, ſi s'en coururent en la mer, & entrérent ens, & li hom s'en ala tous ſains en *d* ſa maiſon. Ceſt miracle & *e* aſſés de plus biaus fiſt Noſtre Sires en tour cele mer. A .v. liues de *f* cele mer a une cité c'on apiele *Nazareth* & eſt à .vj. liues *Nazareth.* d'*Acre.* En *g* cele cité fu née ma dame ſainte Marie, & en cele cité meïſmes li aporta li angles les nouvieles que Noſtre Sires prendroit car & ſanc en *h* li & que *i* Dieus naiſtroit de li, & il s'i fiſt.

Quant ma *j* dame ſainte Marie fu enchainte dou fil Diu, ele ala en une montaigne ki eſt deſoz *k* *Nazareth*, ù une ſoie couſine germaine manoit ki *l* avoit non Helyſabeth & eſtoit ençainte de ſaint Iehan Baptiſte. Si ala là pour li veïr & pour li conforter & ſaluer & pour li compaignie faire. Lues que ele vint là, ſi ſalua Elyzabeth, & ſains Iehans oï la vois de ma dame ſainte Marie *m* al ſalu k'ele fiſt *n* : ſi s'eſioï dedens le ventre de ſa mére pour *o* la venue de ſon Seignour. Et en *S. Zacharie.* celui liu a une abeïe de griphons *p* c'on apiele *Saint Acarie* *q* , & eſt deſous *Nazareth* & pour çou l'apielon *Saint Acarie* *r* ke Yzacharias *s* i meſt. Et cil Yzacharias fu péres de ſaint Iehan Baptiſte & maris de *t* ſainte Elyzabeth.

Priès de *Nazareth* a un mout haut mont ki eſt à .ij. iornées de *Iheruſalem*, & c'eſt li mons ù li Anemis porta Noſtre Seignor. Et quant il l'i ot porté, ſe *u* li mouſtra toute la tiere & tout le païs & la contrée, & puis li diſt k'il li donroit toute la ricoiſe & toute la tiere *v* k'il veoit *x*, ſi *y* l'aouraſt. Et Noſtre Sires li diſt *z* k'il s'en alaſt & k'il gardaſt ke plus ne le temptaſt. Et li Anemis s'en ala, & *aa* dont deſcendirent li angle des chius là amont ki le confortérent & viſitérent. Deſos cel mont ra *bb* un autre mont ki n'eſt mie ſi haus, &

a. *L* as. — b. *L* fiſent maintenant; *M* firent eſrant. — c. lues *m. d. L, M.* — d. *L, M* à. — e. *M* eſt. — f. *L* priès de. — g. *M* Et. — h. *L* &. — i. que *m. d. M.* — j. *L* noſtre. — k. *L* deſus; *M* deſour. — l. *L, M* &. — m. *L ajoute :* el ventre de ſa mére. — n. k'ele fiſt *m. d. M; remplacé dans L par* de li. — o. *L, M* de. — p. *L, M* gris moines. — q. *L* Zacharie. — r. *M* Zacarie; *après ce mot, M ajoute :* & eſt deſſoubz Nazareth; *la phraſe* & eſt ... Acarie *m. d. L.* — s. *M* Zacharias. — t. de *m. d. L.* — u. *L, M* il. — v. *L, M* toute la terre & la ricoiſe. — x. *L* avoit veüe. — y. *L, M* &. — z. *L, M* commanda. — aa. *L, M* puis deſcendirent. — bb. *L, M* a.

Mont Thabor. pour çou di iou defous. Il a une mout biele plaigne entre ces [a] .ij. mons. Cel mont apielon *Mont de Tabour.* Sour cel mont mena Noftre Sires une fois faint Piére & faint Iakeme & faint Iehan. Dont dift fains Piéres à Noftre Seignour : « Sire, ci feroit boin faire trois tabernacles, un pour toi & un pour Elye & un pour Moyfen : fi remanrons chi, car ci fait [b] mout boin eftre & manoir. Et quant fains Piéres ot enfi parlé à Noftre Seignor, une vois vint [c] dou ciel & [d] defcendi aufi com uns tounoirres [e] entriaus & dift cele vois ke çou eftoit fes fius k'il [f] avoit envoié en tiere, dont il avint ke quant li apoftle ki là eftoient oïrent çou, il orent fi grant paor de la vois k'il caïrent afdens tout pafmé ; & quant il fe levérent de pafmifons, il fe regardérent & ne virent nului fors feulement Noftre Seignor ki eftoit o iaus. Adont s'avalérent [g] de la montaigne aval el [h] pendant.

Le Jourdain. Or vous dirai [i] dou flun *Iourdain* comment il court & [j] ù il chiét puis k'il ift de la *Mer de Galilée.* Il court viers miedi & fi court bien .iiij. [k] iornées de lonc & chiét en la mer c'on

Mer Morte. apiele [l] la *Rouge mer.* Et cil dou païs l'apielent la *Mer dou dyable ;* & Efcripture l'apiele la *Mer falée,* pour çou k'ele eft tant faufe & tant [m] amére ke nule riens n'eft tant fauffe ne tant amére k'ele [n] , à l'amertume de li ne à la faufece fe puiffe comparer & fi n'a point de cours, ains eft toute coie aufi com uns eftans, & fe n'i a nul poiffon, car il n'i poroit [o] durer, & fi fu ia tout [p] terre. Et eft cele mers entre une cité c'on apiele

Le Crac. *Saint Abreham* & le *Crac.* Or vous dirai ù li *Cras* fiét & ù il eft [q] avant que iou plus vous parolle de cele mer. Il eft en *Arabe ;* apriès eft li *mons Synay* priès del *Crac* & eft en [r] la

Mont Sinaï. terre le feignour del *Crac.* Et fus le *Mont Synay* a une abeïe de Grius. Mais li maiftres [s] ciés [t] de cele abeïe [u] n'eft mie

---

a. ces *m. d K.* — b. *L* il i fait. — c. *L* vient. — d. *L, M* qui. — e. *K* tounoiles; *M* tonnoires. — f. *L, M* qu'ele. — g. *L* s'en alérent. — h. *L, M* le. — i. *L, M* dirons. — j. *K* ne. — k. *L* .xiiij. — l. la mer c'on apiele *m. d. L, M.* — m. tant *m. d. L.* — n. *La phrafe* ke nule ... k'ele *m. d. L; la fuite fe lit ainfi dans ce mf.:* tant qu'à l'amertume de li nulle fauffece ne fe puet comparer .... *Dans M,* n'eft tant... k'ele *eft remplacé par* plus que. — o. *L* n'i porroient; *M* ne porroient. — p. *L, M* toute. — q. *L, M* eft & où il fiét. — r. *La phrafe depuis* apriès *eft ainfi changée dans L:* & fiet priès dou mont de Synai; & eft chil mons de Synai; *on lit dans M:* & fciét priès li mont de Sinai, &c. — s. maiftres *m. d. L.* — t. *M* qui eft. — u. *L, M* l'abeïe.

là, ains eſt deſous el pendant del mont. Là ſunt *a* li abes & li
couvens, & ſi ne puet en le mont monter à cheval ne porter
viande là ſus dont il puiſcent tout vivre. Là ſus a .xiij. mou-
gnes ki mout vivent durrement, car on lor porte dou pain
ſans plus; & ſi i a teus ki ne maniuent que trois fois la ſe-
maine; & à ces trois *b* fois pain & aighe & non plus; & teus
ia ki maniuent avoec lor pain des hierbes crues k'il ahanent
là ſus el mont. Sour celui mont ieüna Moyſès .xl. iors duſc'à
tant ke la lois li fu dounée toute eſcrite en unes tables; & ſi
eſt priès de la *Rouge mer c*. Sour *d* la rive de cele mer fiſt   *Mer Rouge.*
faire li princes Renaus .v. galies; & quant il les ot faites, ſi
les fiſt metre en mer *e* & bien garnir de chevaliers & de
fierians & de viandes, por çou k'il voloit ſavoir qués gens
manoient d'autre part ſor cele mer. Et quant il orent tans, il
ſe partirent d'illuec & alérent là ù Diu plot, mais onques
puis n'en oï on parler ne ne ſot on k'il devinrent: enſi furent
pierdu.

Or vous lairons de çou eſter : ſi vous dirons de la cité
Saint Abrehan ki eſt outre la *Mer del dyable*, & ſi eſt la *Tiere*   *S. Abraham.*
de Promiſſion. Cil lius ù la cités eſt a nom *Ebrom*, & là con-   *Ebron.*
verſa ſains Abrehans & meſt, il & ſes anchieſtres, quant il fu
venus de *Haimans* u il fu nés, ke l'Eſcripture apiele *Aram*...
. . . . . . Or *f* vous lairons de chou *g* eſter, & *h* ſi vous
dirons de *Naples* comment ele ſiét & comment ele fiſt au tans   *Naplouſe.*
ke Noſtre Sires ala par terre; car à celui tans n'eſtoit encore
mie *Naples*. Là ſe herbregiérent premiers li Samarithain.
Naples ſiét entre .ij. montaignes, dont les gens del païs apielent
l'une la *Montaigne Chayn* & l'autre la *Montaigne Abel*. Et par   *Monts Caïn &*
deviers ſoleil levant tient *i* une montaigne c'on apiele la   *Abel.*
Montaigne j Saint Abrehan. En ſom cele montaigne a un
liu ke l'Eſcripture apiele *Bezel k* . Cil lius eſt li propres lius ù   *Mont Bethel.*
ſains *l* Abrehans mena ſon fil Yſaach *m* por faire ſacrefiſſe,
quant Dieus li commanda; & là li ot apareillié li angles *n* un
aigniel pour *o* faire ſacrefice en liu de ſon fil. En la coſtiére
de la montaigne par deviers ſoleil levant avoit une cité quant

---

a. *L*, *M* eſt. — b. trois *m. d. L*,
M. — c. *L ajoute :* Et ſour celui
mont giſt li cors de ma dame ſainte
Katerine. — d. *L*, *M* Et ſour. —
e. *L*, *M* la mer. — f. *L* Si. — g. *L*
atant de che. — h. & *m. d. L*,
M. — i. *L*, *M* a. — j. *L*, *M* le
mont. — k. *L* Bethel; *M* Beſel.
— l. ſains *m. d. L.* — m. *L* Yſaac
ſon fill. — n. *L*, *M* li angeles apparellié. — o. *L*, *M* el liu de ſon
fill.

Noftre Sires ala par tiere c'on apieloit *Samaire* [a], & defous cele cité avoit une plaigne c'on apieloit *Sorfem* [b]. Là avoit .j. puch que Iacob fift faire & le douna à Yofeph fon fil, là ù cil de la cité aloient à l'aighe. Dont il avint un iour ke Ihefu Cris aloit de *Galilée* en *Iherufalem* & vint à celui puch pour atendre fes defciples ki eftoient à *Chycar* pour acater à mangier, & trouva illuec une Samaritane ki eftoit venue de la *chité de Samaire* à l'aighe. Dont li proia Ihefu Cris k'ele li dounaft à boire; & ele dift : « Tu iés Iuis & ie fui Samaritane; il ne me foufift mie ke tu boives à mon vaiffiel. » Dont li dift Ihefu Cris : « Se tu feüffes ki cil eft ki te demande à boire, tu li defiffes k'il te dounaft aighe vive à boire. » Dont li dift la Samarithane : « Sire, dont me dounés de l'aighe [c] vive à boire, fi k'il ne me couviegne mais chi venir à l'aighe, car la cités eft trop haute & li pus eft trop parfons : fi me fait mout mal à venir ichi à l'aighe [d]. » Dont li dift Ihefu Cris k'ele alaft querre fon mari. Ele [e] dift k'ele n'en avoit point, & Noftre Sires dift ke ele difoit voir. Nanpourquant ele en avoit eüs .v., ne cil n'eftoit mie fes maris k'ele avoit ore, cil meîfmes ki o li eftoit. Affés li dift Ihefu Cris plus de paroles ke ie ne vous raconterai, car iou ne les vous poroie mie toutes raconter.

Adont [f] laiffa la Samarythaine fes vaiffiaus & ala criant par toute la cité de *Samaire* ke tout veniffent apriés li, car ele avoit trouvé le plus vrai prophete ki onques fuft, & que tout li avoit dit çou k'ele avoit fait. Un poi apriès vinrent li apoftle de *Chicar*, ù il avoient acaté à mangier & difent à Noftre Seignor k'il maniaft; & il lor dift k'il avoit [g] mangié de tel viande dont il ne favoient mot. Dont difent li apoftle entriaus [h] ke la Samarithaine li avoit douné à mangier, & mout s'efmierveilliérent ke [i] il l'avoient là trouvé feul à feul [j] entre lui & la Samarithaine. Et cil pus eft à demie liue de *Naples* . . . .

Cele cités de *Samarie* fu toute [k] abatue & deferte [l], puis la furrection Ihefu Crift, en celui tans que Vafpaffiens fu en la tiere ; ne onques puis n'i ot fors feule-

Puits de la Samaritaine.

Samarie.

a. *L* Samarie. — b *L, M* Sorem. — c. *L, M* Sire, doune moi aighe. — d. car la ... l'aighe *m. d. L, M.* — e. *L, M* Et elle. — f. *L, M* Dont. — g. *M* avoient. — h. entriaus *m. d. L, M.* — i. *L, M* de che que. — j. feul à feul *m. d. L, M.* — k. *M* toute fu. — l. *L, M* defiertée.

ment un mouftier ke li Samaritan i ont, ù il font lor facre-
fiffes à la *a* Paske. Ne en autre liu ne pueent facrefiier ke là,
nient *b* plus ke li Iuis ne *c* pueent facrefiier en autre liu ke
ou *d Temple de Iherufalem.* Là viénent li Samarithain de la
tiere d'*Egypte* & de la tiere *e* de *Damas* & de toute la *f* païe-
nie; & en quelconques liu k'il maignent, là viénent il au iour
de la *g* Pafque, & *h* lor Pafque eft *i* quant la Pafque des Iuis
eft. Là font il lor facrefiffe à cel mouftier ù *Samarie j* fu iadis.
A *k* .v. liues de *Naples* a un caftiel c'on apiele *Bethunti l* ....
. . . . . Or vous lairons de che *m* efter, & *n* fi vous dirons de *Naples* comment ele fiét entre .ij. mons. Et fachiés
que mout eft faine *o* tiere. Si a un caftiel de ioufte *p* ke on   *S. Paul.*
apiele *Saint Pol,* & là fu fains Pols conviertis; & priès de là
fiét une cités c'on apiele *Baruch* à .x. liues d'*Efcalone,* & là   *Béryte.*
fift Dius maint biel miracle. A *Baruch* fu çou ke li rois Pharaons *q* cacha nos péres *r* & là vinrent il quant il orent paffé
la mer; & Moyfès les menoit. Là defous *s* a une vile ki a non
Sabath, là ù li cors faint Iehan fu entierés, quant la feme He-   *Sébafte.*
rode le fift defterrer *t* & ardre les os. Et pour çou font *u*
encore li enfant le fu d'os. Defous *Baruch* a un caftiel ke *v*
uns fenefcaus dou roi Nabugodonofor fift faire *x* , & fu provos
de *Pierfe.* Et une feme de cel caftiel iffi fors, & Nabugodonofor vint à li & la feme li colpa la tefte, puis *y* l'emporta ou
caftel. Et quant il trouvérent lor feignour mort, fi touchié-
rent *z* en fuies & laifiérent tout *aa*. Enfi fecouru Noftre Sires
cel caftiel *bb*. A *cc* .j. iour avint ke une feme avoit une fille ki
avoit efté malade; fi le fift la *dd* mére fainier, & moru de cele
fainie. Et fi com on le portoit *ee* entierer en cele vile ki
eftoit *ff* apielée *Sabath,* & fa mére en faifoit tel doel ke plus

a. *L, M* lor. —b. *L, M* non. —
c. ne *m. d. L, M.* — d. *L, M*
en la terre de. — e. & de la tiere
m. d. L. — f. toute la *m. d. L,
M.* — g. *L, M* lor. — h. *L* fi eft
quant. — i. *M* fi eft. — j. *L, M*
fainte Samaire. — k. *L, M* Et à.
—l. *L, M* Bethouti. — m. *L* lui.
— n. & *m. d. l, M.* — o. *L,
M* haute. — p. *L, M* d'encofte.
— q. *K* Phariiens. — r. *K, M*
creftiiens. — s. *L, M* deioufte. —
t. *M* decoler. — u. *M* font il. —
v. *L* que li rois Nabugodonofor fift
fremer. — x. *M* fremer. — y. *L,
M* & puis le porta. — z. *L, M*
tornérent.—aa. *L,M* le laifiérent.—
bb. Enfi . . . caftiel *m. d. L.*—cc.
A *m. d. L, M.* — dd. *L, M* fa.
— ee. *L* devoit. — ff. *L* eft.

ne pooit, ele vit devant li paſſer Iheſu Criſt ; & cele que on portoit entierer ſe leva *a* & li cria mierchi. Et Noſtre Sires *b* li diſt qu'ele s'en *c* alaſt à ſa maiſon. Et ele ſi fiſt   . . . .

a. *La phraſe* & cele ... ſe leva   leva. — b. *K* il. — c. *L, M* ra-
eſt remplacée dans K par : dont ſe   laſt en.

VI

LES PELERINAIGES
POR ALER EN IHERUSALEM

[v. 1231]

MANUSCRITS:

P. Paris, Bibl. Nat., fr. 9082, vél., XIII f., in-f., f. 343 & f.
V. Vienne, Bibl. Imp., 2590, vél., XIV f., in-f., f. 96 & f.

LES PELERINAIGES

POR ALER

EN IHERUSALEM

*   *   *

[*Puis que vous aves oï de la conqueſte de la terre d'Outremer, vous deviſerai ie les ſains lieus & les pelerinages de la terre.*]

I

P f. 343 a.

V f. 96 a.

REMIEREMENT l'en va d'*Acres*[a] à *Cayfas* où il a .iiij. lieues. Après[b] d'iqui eſt la montaigne du *Carme* où[c] monſeignor ſaint *Le Carmel.* Denis eſt, qui[d] fu nés à une ville qui eſt apelée[e] *Francheville*, auquel lieu eſt une chapele deſouz[f] l'autel[g] en une petite caverne où il fu nés, & encore i pert le lieu. Emprès la chapele a[h] une petite valée; au giét d'une pierre a[i] une fontaine de monſeignor ſaint Denis, laquele i trova & fiſt de ſes propres mains, &[j] i a mout biau lieu & eſt le plus ſain lieu de toute la montaigne por[k] cors d'ome.

En cele meïſme montaigne eſt l'abaïe de *Sainte*[l] *Ste-Marguerite.*

a. d'Acre *m. d. P.* — b. *V* Et ſieit près d'illuec la. — c. *V* où le leuc de m. — d. *V* c'eſt à ſavoir là où il fu. — e. *V* s'apele. — f. *V* & ſouz. — g. *V* l'autel caverne où monſeignor ſaint Denis fu. — h. *V* en. — i. *V* eſt la. — j. *V* & ſachiez qu'il i a. — k. *V* à. — l. *V* ma dame S. M.

Marguerite laquele eſt de moines griex *a* où il a auſi biau lieu. En *b* cele abaïe a de *c* bones reliques, & au pendant eſt le lieu où ſaint Helyes habita, u quel lieu il a une chapele *d* en la roche. Emprès de *e* cele abaïe de *Sainte Marguerite* en la coſtiére de cele meïſme montaigne a .j. mout biau lieu & deliteus, où habitent li hermitain latin que l'en apele fréres du *Carme*, où il a une petite *f* ygliſe de Noſtre Dame & par tout ce lieu a on *g* grant plenté de bones eves qui iſſent de meïſme la roche de la *h* montaigne, & *i* a une lieue & demie de l'abaïe des griex iuſques as hermitains latins.

Chapelle d'Elie.

V f. 96 b.

II

Entre *j* *Sainte Marguerite* & les fréres du *Carme* a *k* un lieu en ſus de la mer qui a non *Anne*; ilueques *l* furent fait li clou dont Noſtre Sire fu crucefiés, & encore i apert *m* le lieu où il furent forgiés *n*, & *o* près de cele montaigne du *Carme* devers *p* les hermitains latins & *q* par devers *Chaſtiau Pelerin* a *r* un lieu que l'en apele *Saint Iohan de Tire*. Iluec a un moſtier de griex, où il a de mout beles *s* reliques, & fiſt iluec *t* ſaint Iohan de *u* mout beles miracles. Emprès d'iqui *v* vers *Chaſtiau Pelerin* a *x* une ville que l'en apele *Capharnaon*; iluec *y* furent batus les deniers dont Diex *z* fu vendu.

Anne.

P f. 343 b.

St-Jean de Tyr.

Capharnaüm.

a. *V* grés. — b. *V* Et en. — c. *V* de mult bons ſaintuaires. Deſouz cele abaye au pendant. — d. *V* bele chapelette entre roiches en l'entrée. — e. de *m. d. P.* — f. *V* mult bele. — g. on *m. d. V.* — h. *V* cele. — i. *La phraſe eſt intervertie dans V*: De la quele abaye des grés iuſques as hermites latins a une liue & demie. — j. *V* Après a .j. leu aval à plain en ſus de la mer entre. — k. *V* a .j. capel qui. — l. *V* illuec ſi con l'en dit. — m. *V* pert. — n. *V* fait & forgié. — o. après. — p. *V* à la percie des h. — q. *V* a le caſtieus de Chaſteau P. — r. *V* ſi a. — s. *V* bons ſaintuaires. — t. *V* & la fiſt. — u. de *m. d. V.* — v. *V* Après celui leu. — x. *V* ſi a. — y. *V* où furent faiz. — z. *V* Noſtre Sires.

De *Cayfas* à *Chaſtiau Pelerin* a .iij. lieues & ᵃ ſiét ſus *Château-Pèlerin.*
la mer, & eſt de la maiſon du Temple, & giſt ᵇ iluec
ſainte ᶜ Eufemie, virge & martire.

III

De *Chaſtiau Pelerin* à la cité de *Ceſaire* a .v. ᵈ lieues, *Ciſarie.*
laquele cité ᵉ eſt ᶠ ſus la mer & eſt d'un baron du
roiaume. Dehors les murs de la ᵍ cité a une chapele où
ſaint Cornille, qui ſaint Pierre baptiza, giſt, liqués ʰ fu
après monſeignor ⁱ ſaint Pére arceveſque de cele ʲ cité.
Après ᵏ cele chapele ˡ a une mout bele pierre de marbre ᵐ grant & longue, laquele on apele la table Iheſu-
criſt ⁿ, où ᵒ il a .ij. ᵖ petites pierres qui ſont roondes,
groſſes deſous & agües ᵠ deſus, que l'en dit les chandeliers Noſtre Seignor. En cele chapele ʳ giſent les .ij. filles
V f. 96 c. de monſeignor ſaint Phelippe, qui ˢ converti & baptiza
enuchum, & quant il l'ot ᵗ baptizié, Dex ᵘ le ravi & ᵛ
l'emporta à *Aſſur* ˣ; & de *Aſſur* vint prechant le non
Noſtre Seignor iuſques à la cité de *Ceſaire*.

Près d'iqui ʸ à main ſeneſtre près d'une ville qui a non
Peine Perdue eſt ᶻ une chapele ᵃᵃ de Noſtre Dame, qui eſt *Peine perdue.*
ſus ᵇᵇ .j. marès, où l'en va mout ſouvent de *Ceſaire* ᶜᶜ
en pelerinage, car il i a mout bel ᵈᵈ lieu & mout de-
vot ᵉᵉ; ou quel marès a mult de cocatriz, leſquex i miſt
.j. ſires de *Ceſaire*, qui les fiſt aporter d'*Egypte*.

<hr>

a. *V* li qués chaſteaux. — b. *V*
là giſt. — c. *V* ma dame ſ. E. —
d. *V* .iiij. — e. *P* ville. — f. *V*
ſiét. — g. *V* cele. — h. *V* d'illuecques. — i. monſeignor *m. d. V.*
— j. *V* cele devant dite. — k. *V*
En après de. — l. *V* chapelette ſi
a. — m. de marbre *m. d. V.* —
n. *V* de Noſtre Seignor. — o. *V* &
ſi i a. — p. *V* .ij. autre teles de
cele marbre comme la table qui
ſont totes r. — q. *V* longues. —
r. *V* chapelette giſoient. — s. *P*
qu'il; *V* liqués Phelippes. — t. *P*
les ot. — u. *V* Noſtre Sires. —
v. *V* & porta. — x. *V* Arſuf. —
y. *V* Après. — z. *V* ſi a. — aa. *V*
chapelette. — bb. *V* ſor les marès.
— cc. *V* em pelerinage de Ceſaire.
— dd. *V* ſaint. — ee. & mult de-
vot *m. d. V*; *la phraſe* ouquel…
d'Egypte *m. d. P.*

IV

Assur. De *Cesaire* à *Assur* a *a* .ix. lieues; lequel chaftel eft *b* un petit près de la mer fus .j. tertre de fablon, liqués chaftiaus fu *c* de l'Ofpital; auquel chemin par defus eft une roche tailliie, & i a *d* un mauvès pas, & là fe hebergent mauvaifes gens aucune foiz, por defrober & *e* por taillier le chemin à ceus qui vont a *Iaffe*.

Iaffa. D'*Affur* à *Iaffe* qui eft ville & chaftiaus, a *f* .iij. lieues, & fi eft le chaftel fus la mer, & *g* eft une conté. A *Iaffe* trove l'en, fus un chaftel en l'yglife Saint Pére, le perron Saint *h* laque de Galifce.

Afcalon. De *Iaffe* à *Efcalone* a .viij. *i* lieues, & *j* fiét fus la mer, & de là foloit on appeler l'evefque de *Bethleem*, evefque d'*Efcalone*; mès por la dignité du lieu de *Bethleem* fu tranflaté l'evefque d'*Efcalonie* *k* au faint leu de *Bethleem*; & encores i eft li fiéges de l'avefq[ue] en l'yglife de monfeignor faint Poul, avefques de totes fes apartenances.

Gaza. D'*Efcaloine* à *Gaʒres* fi a .iij. lieues laquele ville fiét fus la mer qui a non *Gaʒres*, dont Sanfon li fors brifa les portes, & les porta fus .j. mont bien loing de la ville.

V

Rama. De *Iaffe* à *Rames* fi a *l* .iij. lieues: *Rames* eft *m* cité & evefquié. Au plain de *Rames* li *n* rois Baudoin, rois de *Iherufalem*, o *o* .v^c. homes à cheval ala *p* contre Salaha-

P f. 343 c.

f. 96 d.

---

a. *V* fi a. — b. *V* fi eft. — c. *V* fi eft. — d. & i a *m. d. V.* — e. por defrober & *m. d. V.* — f. *V* fi a. — g. *V* & fi eft contez. — h. *V* de monfeignor faint. — i. *V* fi a .vij. — j. *V* laquele ville. — k. d'Efcalonie .... loing de la ville *m. d. P.* — l. fi a *m. d. P.* — m. *V* fi eft. — n. *V* defconfift li. — o. *V* ovec. — p. ala *m. d. V.*

din, qui *a* avoit .xxx^m. homes à cheval, & là fu portée la
fainte vraie Crois où Noftre Seignor foffri mort en *Iherufalem*; & *b* là fu veü monfeignor faint Iorge apertement en cele bataille *c*, quant le roi *d* feri premiérement
fus les Sarrafins, laquel bataille fu faite le ior de la
fefte *e* fainte Katherine.

De *Rames* à *Betenuble* a *f* .v. lieues : *Betenuble* eft   *Betenoble.*
une grant ville *g*.

De *Betenuble* à la *Monioie* a *h* .v. lieues. Sus la *Mon-*   *Montjoie.*
ioie eft *i* l'yglife Saint Samuel le prophete *j*; fi a .iij.
lieues iufques en *Iherufalem* *k* à entrer par la porte
S. Eftiéne, & doit eftre par droit iluec le *Saint Sepulcre*
de Noftre Seignor.

VI

    Emprès d'iqui *l*, ce eft à favoir au cuer où eft le *Com-*
pas de Noftre Seigneur, & fi eft aufi le lieu où Nicho-   *Le S. Sépulcre.*
demus & Iofeph ab Aramatie miftrent fon beneet cors,
quant il fu enfevelis après fa beneete paffion. A l'iffue
du cuer, à la feneftre main, eft *m* li mont de *Calvaire*,
V f. 97 a. où *n* Dex fu mis en *o* crois, & par *p* defous eft *Golgata*,
où *q* le precieus fanc de Noftre *r* Salveor chaï *s* fus la
tefte d'Adam. Emprès *t* la tribune *u*, de cofté le maiftre
P f. 343 d. autel, defouz monte *Calvaire* eft *v* la colompne où Noftre

a. *V* atot molt bien. — b. & *m.
d. V.* — c. *V* en cele bataille apertement. — d. *V* il feri. — e. fefte
m. d. V. — f. *V* fi a. — g. Betenuble... ville *m. d. V.* — h. *V* fi
a. — i. *V* fi eft. — j. le prophete
m. d. V. — k. *Toute la fuite depuis* Iherufalem *jufqu'à* Emprès *eft
allongée dans V* : De la Monioie
vait l'en tot droit à la fainte cité
de Iherufalem par foloil levant fanz
aler ça ne là. Qui droitement vieut
entrer en Iherufalem entre tot droit
par la porte S. Eftienne, & doit
querre les fainz leus : Premiérement
le S. Sepulcre de Noftre Seignor. —
l. *V* d'iluec. — m. *P* u mont. —
n. *V* li leus où. — o. *V* en la. —
p. par *m. d. V.* — q. *V* li leus où le
fanc. — r. *V* noftre verai. — s. *V*
perça la roiche & chai. — t. *V* En
après derriére. — u. *V* tribune du
maiftre. — v. *P* en.

Sire *a* fu liés & batus : iluec *b* a une defcendue de .xl.
degrés, & eft le lieu où ma dame fainte Helene trova la *c*
vraie Crois. Emprès le cuer à l'iffue à main deftre du *Se-*
pulcre d, eft la prifon de Noftre Seignor, & là doit *e*
eftre une chaiene dont il fu liés.

Chapelle des Grecs.   De l'autre part, à l' *f* entrée du *Sepulcre* fi a .xlij. *g*
degrés iufques *h* à la *Chapele des grex* : en laquele cha-
pele foloit eftre la fainte vraie Crois, qui fu trovée &
l'image de Noftre Dame *i* qui parla à Marie l'Egyptiéne
& la converti

   Après par *devers j* cele iffue du *Sepulcre* par dehors,
S. Carifto.   devers bife *k*, eft l'yglife de *Saint Carifto*, & là aufi doit
eftre fon cors. Par *l* devers midi, près d'iluec, eft l'yglife
Ste Marie Latine.   de *Noftre Dame de la Latine*, la premiére yglife qui
onques fuft des Latins en *Iherufalem*, & por ce a non *la*
Latine m. Et eft de moines noirs *n*. Près d'iqui *o* eft la
maifon de l'ofpital de Saint Iohan.

VII

   Par devant *p* le *Sepulcre*, tant comme .j. arc puet *q* à
Le Temple.   .ij. foiz geter vers orient, eft le *Temple Domini* où font
.iiij. entrées & .xij. portes. Em mi le *Temple* eft la grant
Roche Sacrée où eft l'arche de Noftre Seignor, ou tens David *r*, & là eftoit le Viel Teftament, & la Verge de Aaron,
& li .vij. Candelabre d'or, & la Huche où eftoit la Manne

a. *V* Sire Ihefu Crift verais Dieu & verais hons. — b. *V* & illuecques de cofte. — c. *V* la fainte. — d. *V* En après dou cuer à l'iffue dou fepulchre à main deftre eft. — e. *V* doit là. — f. part à l' *m. d. V.* — g. *V* .xl. — h. *V* contreval iufques. — i. de N. D. *m. d. V.* — j. devers *m. d. V.* — k. *V* boire. — l. *V* De l'autre entrée dou fepulchre par. — m. la premiére.... latine *m. d. P.* — n. *V ajoute :* Et li leus où Ste Marie Magdaleine & Ste Marie Cleophé defrompirent lor cheveous, quant Noftre Seignor Ihefu Crift morut en la croix. — o. *V* Et illuecques en cofte eft. — p. *V* Devant. — q. *V* portoit traite à .ij. foiz vers levant eft. — r. où eft . . . David *m. d. P.*

qui venoit dou ciel & le Feu qui foloit devorer le facrefice que l'en faifoit *a*, & les Tables du Viel Teftament *b*,
V f. 97 b. & l'Uile qui degoutoit, dont li roi & li prophete *c* eftoient
enoint. D'en cofté *d* la roche fu le filz Diex offert, & illuec
vit Iacob l'efchiele qui tochoit iufques au ciel, & là vit
li les angres monter & defcendre. A deftre de la roiche
apparut li angres à Zacharie le prophete *e*, & là defous
eft *Sancta Sanctorum.* Iluecques pardona Noftre Seignor
le pechié à la fame qui fu prife en avoutire. Iluec fut
anuncié faint Iohan Baptifte : & en celui aorent endreit
li Sarrazin. Et auffi dift l'en que illuec eftoit .j. autel, où
faint Abraham fift là facrefice à Dieu *f*, & là près eft *g*
l'yglife faint Iaque le premier evefque de *Iherufalem.*
Dehors le *Temple* eft .j. autel où Zacharies le filz Barachie *h* fu occis. C'eft *i* entre le *Temple* & l'autel. A l'entrée du *Temple* eft la *Porte Spiziouze j* vers ponent, &
P f. 344 a. vers orient eft le *Temple Salomon.*

VIII

D'en cofté le *Temple Salomon k* par devers levant eft
le *Baing Noftre Seignor l* au canton de la cité. Du
Temple Domini, vers le levant, eft la porte que l'en dit *Portes de Jérufa-lem.*
Iherufalem, & là dehors vers cele iffue *m* perent li pas de
l'aneffe que Dex *n* chevaucha le ior de Pafques flories,
& là defus font *Portes Oires o*.

Au *Temple*, à l'iffue vers bife, eft la *Porte de Paradis*
& la fontaine; de cele iffue de cofté le mur du *Temple*

a. & la Huche ... faifoit *m. d.
P*. — b. & les ... teftament *m. d.
V*. — c. *V* prophete de Noftre Seignor. — d. *V* Illuecques encofte
fus. — e. *V* & iiluec ... prophete
m. d. P. — f. & en ... Dieu *m.
d. P.* — g. *P* la près de. — h. *P*
Baramathie. — i. *V* & c'eft. —
j. *V* devers orient que l'en dit Spe-
cioufe vers ponant. — k. *P* de cofte
Salomon. — l. *V ajoute*: Et illuecques fu fon lit & de Noftre Dame.
— m. *P* ifle, *V* enz es degrez. —
n. *V* Noftre Sires. — o. *P* aurées.

Ste Anne. eſt *Probatiqua Piſſina.* llueques près eſt ᵃ *Sainte Anne* &
Piſcine probatique. ſon monument, & ᵇ afferment aucuns que c'eſt *Probatiqua Piſſina.*

Sur *Sainte Anne* eſt l'ygliſe *Sainte Marie Magdalene.*

IX

Mont Syon. Vers midi ſur la cité de *Iheruſalem* eſt *Monte Syon* :
là ᶜ fu la grant ygliſe qui eſt abatue, où Noſtre Dame treſ- V f. 97 c.
paſſa, & d'iluecques l'emportérent li apoſtre à ᵈ *Ioſaphas,*
& iluec devant eſt ᵉ une chapele où Noſtre Sire ᶠ fu
iugiés & batus & flacillez ᵍ & d'eſpines tormentés & ʰ
coronés; ce fu le *Pretoire Cayfas* & ſa maiſon. Sus la
Chapelle grant ygliſe abatue eſt la *Chapele du Saint Eſperit.* lluec
du St. Eſprit. deſcendi li Sains Eſperis ſus les apoſtres. lluec eſt le lieu
où Noſtre Sire lava les piés de ſes apoſtres; encore ⁱ i eſt
la pile. Là ʲ entra Diex portes ᵏ cloſes ſus ſes apoſtres ˡ , &
lor diſt : « Paiz ſoit o vous ᵐ ! » (Iohan., **XX**, 26.) Adonc
diſt il à ſaint Thomas : « Met ci ta main & ton doi en
mon coſté ⁿ & ne ſoies pas ᵒ meſcreant. » (Iohan., **XX**,
27.) U ᵖ *Mont de Syon* fu enoint le roi Salomon.

X

Natatoria Siloé. Puis amont ſus la cité eſt *Natatoria Sileé,* & là près
Archeldema. eſt �q ſaint Yſayes mis. Emprès ʳ d'iqui eſt *Acheldemac;*
c'eſt le lieu qui fu acheté .xxx. deniers deſqués Noſtre
Sire fu vendu ˢ : & c'eſt la ſepulture où l'en met les
pelerins.

a. *V* En cele voie eſt illuecques près. — b. *V* & là. — c. *V* là eſt li leus de la grant ygliſe abatue. — d. *V* en. — e. *V* a. — f. *V* Sire Iheſu Criſt. — g. *P* tormentés. — h. tormentés & *m. d. V.* — i. *V* & encore. — j. *V* Illuec. — k. *V* à portes. — l. ſur ſes apoſtres *m. d. P.* — m. *P* Pax vobis! — n. en mon coſté *m. d. P.* — o. *V* mie. — p. *V* En. — q. *V* ù. — r. *V* ſus Natatoria Syloé eſt. — s. *V* fu venduz Noſtre Sires.

Defous *Portes Oirres* [a] en la valée court .j. ruiffel que l'en apele *Cedron* : ilueques cuilli David les .v. pierres [Le Cédron.] dont il occift Golias, & ilueques eft *Iofaphas* où [b] Noftre Dame [c] fu mife, emprès [d] *Iecemani*, le lieu où Dex fu [Gethfemani.] pris. Ilueques pérent les [e] .x. dois de Noftre Seignor en une pierre; ilueques laiffa [f] faint Pierre & faint Iaque & les autres deciples & [g] apoftres, quant il ala orer à Dieu le pére, & iluec tant come le trait d'une pierre, eft le lieu où Diex aoura à Dieu le pére [h], & adonc fua il goutes de fanc qui decouroient à terre, & iluec furent mis faint Pierre [i] & faint Iaque & faint Symon & Zacharie le prophete.

Au pendant de cele valée eft la fepulture du roi Iofaphas, dont la valée eft ainfi nommée, & au defus vers levant eft *Mont Olivete*: & [j] fachiés que defus [Mont des Oliviers.] *Mont Olivete* monta Ihefucrift u ciel le ior de l'Afcenfion, où [k] la forme de fon pié deftre i apert encore en une pierre, & commanda à fes deciples [l] qu'il alaffent prechier l'Evangile à toutes creatures, & là defous eft une croute où gift faint Pelage martir. De cofte [m] vers midi eft une chapele où Ihefucrift fift la Patrenoftre. [Chapelle du Pater Nofter.]

<h2 style="text-align:center">XI</h2>

Entre [n] *Mont Olivete* & *Bethanie* eft *Belfaé* où [o] Noftre [Bethphagé.] Sire commanda faint Pierre [p] & faint Iaque & les autres deciples por [q] aler querre l'aneffe & fon poulain.

A une lieue de *Iherufalem* eft la maifon Symon le

a. *P* Mont Olivete. — b. *V* li leus où. — c. *V* dame Ste Marie. — d. *V* Emprès illuec eft. — e. *V* li doiz où Noftre Seignor mift fa main en une pierre. — f. *V* leffa Noftre Seignor. — g. deciples & *m. d. V*. — h. & iluec tant.... le pére *m. d. V*. — i. S. Pierre *m. q. V*. — j. *V* que de Mont Olivet monta. — k. *V* donc. — l. *V* apoftres & dit : « Alez prefchier. — m. *V*. Près d'illuecques. — n. *V* Et entre. — o. *V* donc. — p. *V* S. I & S. P. — q. & les . . . deciples *m. d. V*; por l'aneffe & por fon.

leprous, où Noſtre Sire pardona à Marie Magdalene ſes pechiés, & là reſuſcita le Ladre *a* en ſon monument.

La Quarantaine.   De *Iheruſalem* à *b Carentene* a .vij. lieues; iluec iuna Noſtre Sire .xl. iors *c* ; près d'iqui eſt *Ierico.*

Le Jourdain.   De *Ierico* au flun *Iordain* a .vij. *d* lieues, & iluec fu Noſtre Sire baprizié de ſaint Iohan Baptiſte.

XII

Le Mont Synaï.   Du flun *Iordain* au *e Mont de Synay* a .viij. iornées; ilueques dona Noſtre Sire la loi à Moyſe; en celui mont P f. 344 c. giſt ma dame ſainte Katherine en une mout bele ſepulture de marbre, laquele ſepulture eſt ſi ſainte qu'il en iſt V f. 98 a. eſpeſemment huile de quoi mout de malades gariſſent, & la vertu de Dieu eſt ſignant, laquele mout de beſtes ſauvaiges qui ſont ſus celui mont ne vivent d'autre choſe fors de lechier ſoulement la ſepulture de ma dame ſainte Katerine, & de la manne qui chiét ſus le mont *f* .

S. Elie.   De *Iheruſalem* vers midi ſi a .j. lieue iuſques à *Saint Helye*; après *g* eſt le *Champ flori*, & defors cele voie eſt la ſepulture Rachel *h*, la fame de Iacob *i* .

XIII

Bethléem.   En contre celui liu *j* d'autre part ſus .j. mont eſt *Bethleem*, & là eſt creche *h* où Noſtre Sire fu mis quant il fu nés & envolepés de petis drapiaus. Là eſt le lieu *l* de la

---

a. *V* ſaint Ladre & en. — b. *V* à la. — c. *Le texte eſt allongé dans V*: Et deſouz eſt li iardins de ſaint Abraham, & près de là eſt Ierico. — d. *V* .ij. — e. *V* iuſque au. — f. *Toute cette longue phraſe depuis* en celui mont *juſqu'à* ſus le mont *ſe réſume ainſi dans P*: & i giſt ſainte Katherine virge & martire. — g. *V* là près un poi ſi eſt Champ. — h. *V* ſaint Rachel. — i. *P* Iob. — j. liu *m. d. P.* — k. *V* eſt la cité de Bethleem; à .ij. lieues de Iheruſalem eſt la preſepe où.

nativité & le lieu où li troi roi, qui ^a vindrent d'Orient ^b, aorérent Noftre Seignor, quant il offrirent or & encens & mirre: Iafpar, Balthazar & Melchior ^c. Ilueques de cofte le cuer, à main deftre, eft la cité où ^d le puis eft où l'eftoile chaï qui conduifoit les .iij. rois. Devers la feneftre partie ^e gifent li innocent. Defous le cloiftre eft le fepulcre faint Ieroime. Defouz ^f *Bethleem* eft une chapele où Noftre Dame fe repofa, quant ele dut enfanter ^g .

XIV

De cele chapele ^h prent l'en le chemin ⁱ por aler à *Saint Abraham* en *Ebron* ^j .

Hébron.

Iluec ^k fift Noftre Sire Adam & Eve, & près d'iqui eft la maifon Chaïn & Abel. Emprès d'iqui fe demonftra Noftre Sire en forme de la Trinité à faint Abraham, & faint Abraham vit .iiij. perfonnes, fi en aoura une.

Vers orient eft le lieu où Noftre Dame ^l falua faint Helizabeth, & iluec fu né faint Iohan Baptifte & Zacharie fon pére. D'iqui ^m à .ij. lieues eft un chaftel que l'en

V f. 98 b. apele *Emaüs*; iluec aparut Noftre Sire à faint Luc & à *Emmaüs.* Cleophas après fa furection ⁿ .

XV

Devers *Iherufalem* vers ponent fi a une ^o lieue iufques à la *Sainte Crois* : iluec crut l'abre dont la fainte crois fu faite.

a. qui *m. d. V.* — b. *V* d'Orient &. — c. *La phrafe* quant il . . . Melchior *m. d. P.* — d. la cité où *m. d. V.* — e. partie *m. d. V.* — f. *V* Souz. — g. *V ajoute* : Noftre Seignor Ihefu Crift. — h. *V ajoute* : où N. D. fe repoufa. — i. *V* la voie. — j. en Ebron *m. d. V.* — k. *La phrafe eft abrégée dans V* : Si comme il eft efcrit, faint Abraham vit .iiij. perfoines & aore une. — l. *P* fire. — m. *V* De ça. — n. *V* refurrection. — o. *V* une petite.

Naplouse.   De *Iherusalem* à *Samarie* *que* l'en apele *Naples*, si a
Puits de la Sama-   .xij. lieues; iluecques parla Nostre Sire à la Samaritaine
ritaine.   au puis de Iacob *, d'illuecques a .ij. lieues iusques à la
Sébaste.   cité de *Sebate*; illuecques fu saint Iohan Baptiste decolé,
& de *Sebate* au *Mont de Tabor* si a .x. lieues.

XVI

Or lairons à parler de la sainte terre de *Iherusalem*
Acre.   & * du païs entor, & vendrons à * *Acre.* Là * sont
li pelerinage que l'en doit requerre* par ordre; qui
droitement les veut requerre, si doit * droitement aler P f. 344 d.
d'*Acre* en *Nazareth*, où il a .vij. lieues : en ce chemin
Safran.   est *Safran* où il a d'*Acre* * .iij. * lieues, à laquele montaigne est l'yglise *S. Iaque* & *S. Iohan*, où il furent nés,
Saphorie.   & i apert encore la * trace; & * du lieu de *Safran* à
Nazareth.   *Saphorie* a .iij. lieues, & * d'iqui a une lieue à *Nazareth*.

Illueques * vint Nostre Sire en la Virge Marie, & i est
le lieu où l'angele li anunça, c'est assavoir en cave
roche qui est dedenz l'yglise à la main senestre *, & en V f. 98 c.
celui lieu est faite une * chapele en l'onor de Nostre
Dame. Après d'iqui à un trait d'arc, est la fontaine de
Saut de N. S.   *Saint Gabriel.* De *Nazareth* au *Saut* *Nostre Seignor* si a
une lieue; & * en cest chemin en la costiére a un chapele
St-Zacharie.   de *Saint Zacharie* qui est d'Ermins; & si est beau lieu.

a. *V* Sama. — b. *Toute la phrase jusqu'à* lieues *est remplacée dans* P *par :* de qui à Monte Thabor a .xij. lieues. — c. *V* & des sains leus d'autor. — d. *V* en Acre pour aler à Nazareth. — e. *V* Ce. — f. par ordre . . . requerre *m. d. V.* — g. *V* doit aler premiérement. — h. d'Acre *m. d. V.* — i. *V* .ii. — j. *V* la roiche & li leus où il furent nez. — k. *V* du Safran à. — l. *V* & d'iluec vait l'en à Nazareth où il a une lieue. — m. *V* Et iluec N. S. — n. c'est . . . feneftre *m. d. P.* — o. *V* une petite chapele; & près d'iluec con a un trait. — p. & en . . . . lieu *m. d. P.*

XVII

De *Nazareth* à *Cane* [a] *Galilée* a .iij. lieues [b]. A *Cane* Cane. *Galilée* furent faites les noces de Archedeclin, & à celes noces fist Dex [c] de l'eve vin; encore [d] i pert le lieu où les noces furent faites. De *Cane Galilée* a bien .j. trait d'arc iusques au puis où l'eve fu prise qui fu portée as noces Archedeclin.

XVIII

De *Nazareth* à *Monte Thabor* a .iij. lieues, sus lequel Mont Thabor. mont se transfigura Nostre Sire [e] devant ses deciples, & i a .j. mostier de moines noirs latins [f]. De *Monte Thabor* à *Mont Hermon* a une lieue; illuecque est la cité de *Naym*; iluec resucita Nostre Sires le fil à la veve fame de- Naïm. vant la porte de la vile [g]. Après [h] delà vers orient, si a .iij. lieues iusqu'à la *Mer de Galilée*.

En coste sus la mer est la cité de *Tabarie* où Nostre Tibériade. Sire fist [i] mout de miracles. Iqui [j] fist Nostre Sire ieter les rois en la mer à monseignor saint Pierre, & à saint Andrieu, qui estoient en une bargue [k], & par desus cele mer ala Nostre Sire à pié iusques à saint Pierre & [l] saint André & en une barge; & adonc ot monseignor Seint

---

a. Cane *m. d. V.* — b. *V ajoute*: Illuecques fu nez saint Iaques de Galilée, &. — c. *V* Nostre Sires. — d. *V* & i pert encores là où les noces furent faites de l'Archedeclin & le leu où les .vj. udres estoient. — e. *V* sire Ihesu Crist. — f. *V ajoute*: Et en celui moustier pert li leus où Nostre Sires se transfigura, &, d'illuec felonc ce que l'evangile dist, apparut à la face de Nostre Seignor ausi comme li soloil, & li vettement furent blanc comme noif, don li desciple furent molt esvahi. — g. illuecque..... vile *m. d. P.* — h. *V* Près devers à .iij. lieues est la. — i. *V* se herberia, & mult de miracles i fist. — j. *V* Iluec. — k. qui .... barque *m. d. V.* — l. *On lit dans P:* Andrieu, qui estoient en la bargue; adonc ot paor S. P., car il cuidoit.

Pére poor, & quant il vit venir à lui fus l'eive à pié, car il cuidoit que ce fuft fantofme.

V f. 98 d.

XIX

Capharnaüm.
Lac de Genezareth.

Après *a* d'iqui eft *Capharnaon*, & d'autre part eft l'*Eftanc de Genezareth*; enfus de l'*Eftanc de Genefareth b* à main deftre eft un mont qui eft plain de fain, où Noftre Seigneur precha à la tourbe de gens, & près de là fi eft li leus où Noftre Sires *c* faoula .v. mile homes de .v. pains & de .ij. poiffons. En fus près d'iqui *d* eft la prifon où Noftre Sire fu mis iufqu'à tant qu'il ot paié le *e* treuage de fon paffage, & fu adonques, quant Dex *f* commanda à faint Pierre à pefchier .j. poifon, & quant il l'out pris *g*, Noftre Sire commanda qu'il fuft ouvert, & en traïft l'en *h* .j. denier d'argent, duquel *i* Noftre Sire paia fon treuage.

P f. 345 *l.*

XX

Saphet.

De *Tabarie* à *Saphet* a .iij. lieues; en ce *j* chemin eft le puis où Iofeph fu geté, quant il fu vendu as Yfmaeli- teins. A *Saphet* eft la *Cave Thobie*, où il enfeveliffoit les mors; & eft fus le *Pont dou Sapheth* la pierre où Noftre Dame fe repofa *k*.

De *Saphet* iufques *l* à *Saint Iorge* a .v. lieues; fi eft une yglife de moines noirs. De *Saint Iorge* à *Acre* fi a

Tibériade.

.iiij. lieues. A *Thabarie* eft li tyfons *m* que li Iuif getérent

---

a. *V* En après d'iluecque & d'autre part fi eft C. — b. en fus .... Genefareth. *m. d. P.* — c. *La phrafe & près .... Sires eft fimplement remplacée dans P par &.* — d. *V* d'iluec. — e. *V* fon. — f. *V* il. — g. *V* & pris le poiffon. — h. l'en *m. d. V.* — i. *V* lequel fu paiez por le treuage & einfi fu fait. *V ajoute:* Mout d'autres mi- racles furent faites en cele contrée que l'en ne puet mie fi bien favoir comme l'en voudroit. — j. *V* ce meifmes. — k. & eft fus ... repofa *m. d. P.* — l. iufques *m. d. V.* — m. *P* la derifion.

après Noſtre Seignor, quant lor monſtra comment il devoient faire la tainture; & *a* le tiſon tint à .j. mur, & *b* crut maintenant en un grant arbre.

XXI

Et d'*Acre* à *Sardenai* *c* a .iij. iornées & demie, & paſſe l'en par mi *Damas*, car c'eſt demie iornée outre *d* . Et ſachiés que il i a une table de Noſtre Dame qui degoute huile ſans eſtal *e* , de la quele huile mout de malades gariſſent.

Et à *Tortouſe* eſt la premiére ygliſe de Noſtre Dame, & là *f* furent li apoſtre, & eſt faite l'ygliſe *g* à la ſemblance de cele de *Nazareth*, & cetera *h* .

Sardenay.

Tortoſe.

V f. 99 a.

a. *V* celui tyſon ſe tint en un.— b. *P* & i crut maintenant .j. arbre grant. *V* ajoute : A Thabarie ſont li baniz de Noſtre Dame qui ſe chaufent par eus meiſmes. — c. *V* Ardenay. — d. & paſſe... outre *m. d. P.* — e. ſans eſtal *m. d. V.* — f. *P* la firent faire. — g. & eſt faite l'ygliſe *m. d. P.* — h. & cetera *m. d. V.*

LES SAINS PELERINAGES

QUE L'EN DOIT REQUERRE EN LA

TERRE SAINCTE.

[Cheltenham, 6664, XIVᵉ f., vél.]

*   *   *

I

(16)
Safran.   CE font les fains pelerinages que l'en doit requerre en la *Terre Sainte* par ordene. Qui droitement les veut requerre, fi doit aler premiérement d'*Acre* à *Nazaret* ᵃ, où il i a .vij. lieues. En ce chemin eft *Safran*; il i a .iij. liues, [en] la quele montaigne eft une eglyfe de mon fegneur *Saint Iaque,* f. 35 v. où il fu nés; & i pert encore la roche & le leu.

Saphorie.   De *Safran* à *Safourie* il i a .iij. liues, & illueques fu née ma dame fainte Anne, la mére noftre dame fainte Marie, *Nazareth.* & d'illueques vait l'on à *Nazaret*, où il i a une liue; & illueques vint Noftre Segneur Ihefu Crift en noftre dame fainte Marie, & là eft le leu où l'angele Gabriel l'anunça, ce eft à favoir en une quaverote qui eft dedens l'eglyfe à la main feneftre, & en celui leu fi eft faite une petite chapele, & près d'illueques come à .j. rait d'arc, fi eft la *Fontaine de Saint Gabriel.*

Saut de N. S.   De *Nazaret* au *Saut de Noftre Segneur* Iefu Crift, il i a .j. liue; & en ce chemin eft une chapele de *Saint Zacarie* qui eft des Hermins, & fi a mout beau leu.

II

Cana.   (17) De *Nazaret* à *Quane Galilée* il i a .ij. liues, & ilueques fu né faint Iaque de Galilée & à *Quane Galilée* furent faites

---

a. *Mf.* Nazarel, *partout.*

les noces de Archedeclin. En celes noces fiſt Noſtre Segnor de l'aigue vin; & i pert encores là où furent les noces faites de Archedeclin; & le leu i pert où les .vj. ydres eſtoient. De *Quane Galilée* a bien .j. trait d'arc iuſques au puis où fu priſe l'aigue qui fu aportée as noces de Archedeclin, à *Quane Galilée*, la quele aigue, ſi com dit l'Evangile, Noſtre Sires la mua en vin, quant il fu as noces aveuc ſa benoite mére, dont Archedeclin fu mout esbahis, quant il but de cele aigue qui eſtoit muée en vin.

f. 36

III

(18) De *Nezaret* à *Monte Tabor* il i a .iij. liues, for le quel mont ſe transfigura Noſtre Sires Iheſu Criſt devant ſes apoſtles, & i a .j. moſtier de moines noirs latins. Et en celui moſtier pert le leu où Noſtre Sires ſe transfigura, & illueques, ſelonc ce que l'Evangile dit, aparut la face Noſtre Segnor auſi come le ſoleil, & ſes veſtimens furent blans ſi come noif, dont les deſciples furent mout esbahis.

Mont-Thabor.

De *Monte Tabor* à *Mont Armon* à .j. liue, illuec trovés la cité de *Naïm*. Illuec refuſcita Noſtre Sires le fils de la veve feme devant la porte de la vile. Près de là vers orient, à .iiij. liues, ſi eſt la *Mer de Galilée* & d'en coſte ſur la mer, ſi eſt la cité de *Thabaːie* où Noſtre Segnor ſe herberga, & mout de miracle i fiſt. Et illuec fiſt Noſtre Sires ieter la roie en la mer à mon ſegnor ſaint Pierre & ſaint Andreu; & par deſus cele mer [ala] [a] Noſtre Sires à pié ſus iuſques à ſaint Pierre & à ſaint Andreu, qui eſtoient en une barque [b]; & a donques ot mon ſegnor S. Pierre paor, quant il le vit venu a lui for l'aigue à pié; car il cuidoit que ce fuſt fantoſme de *Capharnaom*.

Naïm.

f. 36 v.

Tibériade.

IV

(19) En près d'ileuques d'autre part ſi eſt *Capharnaon* & d'autre part eſt l'*Eſtanc de Genezareth*. En ſus de l'*Eſtanc de*

a. *Mſ.* &. — b. *Mſ.* brache.

Multiplication des pains.   *Genezareth* à main deftre eft .j. mont qui eft plain de fein, où Noftre Segnor preefcha à la torbe des gens ; & près de là fi eft le leu où Noftre Segnor, faoula .v. mile homes de .v. pains d'orge & de .ij. poiffons.

Prifon de N. S.   En fus près d'ileuc, fi eft la prifon où Noftre Segnor fu mis, iufques à tant qu'il ot paié le treuage de fon paffage. Ce fu adonques quant il manda à mon fegnor faint Pierre à [f. 37] pefchier .j. poiffon ; & quant il ot pris le poiffon, Noftre Sires comanda qu'il fuft overs & trait .j. denier d'argent, & qu'il fuft por le treuage ; & enfi fu fait. Mout d'autres miracles furent faites en cele contrée qu'on ne puet fi bien favoir come on voudroit.

V

Safet.   (20) De *Thabarie* au *Safet* il i a .iiij. liues, & en ce meïfmez chemin eft le puis où Iofeph fu ieté, quant fes .xij. fréres le voloient tuer, por la vifion qu'il vit que .xij. eftoiles & le folell & la lune l'aoroient ; & fes fréres oïrent la vifion qu'il difoit à fon pére, domt priftrent confell entre aus d'ocire Iofeph ; & Ruben fon frére dit : « Metons le en ce puis, & ferons entendant à noftre pére que beftes fauvages l'ont devoré. » A *Safet* eft la *Cave de Tobie.* A *Safet* eft la pierre où Noftre Dame fe repofa.

A *Thabarie* eft le tifon que les iuis ietérent après Noftre Segnor, quant il lor moftra comment il devoient faire la tainture, & le tifon fe tint en .j. mur & crut tout maintenant un grant arbre. A *Thabarie* font les *Bains de Noftre* [f. 37 v.] *Dame* qui s'efchaufent par eaus meïfmes.

Dou *Safet* à *Saint George* fi a .v. liues ; fi eft une eglyfe de moines grés. De *Saint George* à *Acre* a .iiij. liues.

VI

(1) Qui veut aler en *Iherufalem*, fi puet aler de ci en là, & qui ne veut, fi reviegne en *Acre* & noue d'*Acre* à *Cayphas*, où il i a .iiij. liues. Et fi a près d'iluec une montaigne où le leu de mon fegnor *Saint Denis* eft, ce eft à favoir là

où il fu nés, & encor i pert le leu. En près la chapele a une
petite valée; à .j. iet d'une pierre eſt la *Fontaine de mon*   *Fontaine*
ſegneur ſaint Denis, laquele il trova & la fiſt de ſes propres   *de S. Denis.*
mains, & ſachiés qu'il i a mout beau leu, & eſt le plus ſain
leu de toute la montaigne à cors d'ome.

En cele meïſme montaigne eſt l'*Abaïe de Sainte Margue-*   *Ste Marguerite.*
rite, la quele eſt de moines noirs, où il a auſi beau leu ; & en
cele abaïe a de bons ſaintuaires. Deſoz cele abaïe en pendant,
f. 38   eſt le leu où ſaint Helyes abita. En quel leu a une bele
chapelete entre la roche dou leu où les hermitains dou
Carme abitent. Après cele abaïe de *Sainte Marguerite,* en la   *Le Carmel.*
coſtiere de cele meïſmes montaigne, a .j. mout beau leu &
deliteus où habitent les hermitains latins que on apele fréres
dou *Carme.* Il i a une mout bele petite *Eglyſe de Noſtre Dame,*
& par tout celui leu i a grant plenté de bones aigues, qui
iſſent de meïſmes la roche de cele montaigne. Il i a .j. leu
aval en ſus de la mer.

VII

(2) Entre *Sainte Marguerite* & les fréres dou *Carme* ſi a .j.
cazal qui a non *Anne.* Iluec, ſi com on dit, furent forgiés   *Anne.*
les clous dont Noſtre Sires fu crucefiiés, & encore i pert le
leu où il furent forgiés. Près de cele montaigne dou *Carme* a
la partie des hermitains latins. A la coſtiere devers *Chaſteau*
Pelerin, ſi eſt un leu que on apele *Saint Iohan de Tire;* là y   *S. Jean de Tyr.*
a un moſtier de greus où il a mout de bons ſaintuaires, & là
fiſt ſaint Iohan mout de beles miracles.

VIII

f. 38 v.   (3) Après vait l'en de *Chaſteau Pelerin* à *Ceſaire* la cité où il i
a .v. liues, ou quel chemin l'en trove *Pain perdu* & les ſa-   *Pain-perdu.*
lines à main deſtre ſur la mer. En après à main ſeneſtre,
près de *Pain perdu,* ſi eſt une chapele de Noſtre Dame qui eſt
for le marais qu'on apele *Noſtre Dame dou Marais,*   *N. D. du Marais.*
où l'en vait mout ſovent en pelerinages de *Ceſaire,* car il y a
ſaint leu. Ou quel marais a mout de quoquatris, les quels i
miſt .j. ſegnor de *Ceſaire* qui les fiſt aporter de la terre
d'*Egypte.*

IX

Roche Taillie. (4) Après vait on de *Cefaire* à *Arfuf* où il a .ix. liues, ou quel chemin par defus fi eft *Roche taillie*, un mauvais pas, & là fe herbergent males gens aucune foiz por tolir le chemin à ceaux qui vont à *Iaphe.*

Iaffa. Après vait on de *Arfuf* à *Iaphe* où il a .iij. liues, ou quel chemin l'en trove .j. leu que l'en apele le *Molin des Turs.* A *Iaphe* troeve l'en, fus au chaftel en l'*Eglyfe de Saint Pierre*, le *Perron* de *Saint Iaque.*

X

(5) Lors de *Iaphe* vait l'en à *Rames*, à *Bethenuble.* De *Bethenuble* à la *Montioie* & de la *Montioie* à la fainte cité de *Iherufalem* tout droit par folell levant fans aler ne çà ne là.

Jérufalem. Qui droitement veut entrer en *Iherufalem*, entre tout droit f. 39 par la *Porte de Saint Eftiene*, & doit querre par droit les fains leus dou *Saint Sepulcre.* Premiérement doit requerre le verai *Saint Sepulcre* de Noftre Segneur Dieu Ihefu Crift.

XI

(6) Après eft ou cuer le *Compas* de Noftre Segnor. Et fi eft le leu où Nichodemus & Iofeph (&) ab Arimathie miftrent le cors Ihefu Crift por laver. Après à l'iffue dou cuer à *Le Calvaire.* feneftre eft *Mont de Calvaire*, où Ihefu Crift fu mis en la fainte vraie croiz, & par defous eft *Golgathas*, là où li fans Ihefu Crift perça la roche & chaï fus le chief Adam.

En après derrier la tribune dou maiftre auter eft la *Co-* *Colonne de la Fla-gellation.* *lombe* où Noftre Segnor fu liié & batu par devant Pylate; & illueques fu il batu por nos tous, & encofte a defcendues de .xj. degrés. Là eft li fains où fainte Elaine trova la fainte veraie crois, & après eft li trefors là où la veraie crois foloit eftre, qui fu perdue en l'oft. Après en cofte à la *Chapelle des Grecs.* defcendue dou *Sepulcre*, à .xj. degrés aval, eft la *Chapele des Grifons*, là où l'ymage Noftre Dame eft qui parla vifablement f. 39 v. à la fainte Egiptiene & la converti.

Et par cele iffue dou *Sepulcre* irez à *Saint Carito.* Devant le *Saint Sepulcre* devers l'entrée de miedi, eft li *Hofpitaus de Saint Iohan,* & après font les *Nonnains de Sur.* En cofte après eft la fontaine où Noftre Dame & les Maries defchiroient lor chemifes & lor beaus cheveus, quant li filz Dieu morut en la fainte veraie crois. *[Hôpital de S. Jean. Fontaine des Stes Maries.]*

XII

(7) Et d'ilueques loins le trait d'un arc .ij. fois vers orient, eft li *Temples* Noftre Segnor (li), où il a .iiij. entrées & .xxij. portes, & laiens eft la *Roche beneite* où pert le pas Iacob, & illuec fu li filz Dieu offert. A la deftre part de la roche s'aparut l'angle à Zacarie, & defous la roche, dit on *Sanſta Sanſtorum,* où Noftre Sires efcrit en terre & pardona les pechiés à la feme qui fu prife en advoutire. *[Le Temple.]*

XIII

f. 40 (8,7,8) La porte qui eft vers le folel levant dit on *Ierufalem,* & par devers cele iffue for les degrés apérent les pas de l'afneffe Noftre Sire; & par defous font les portes qui font apelées *Portes Oires.* La porte dou *Temple Domini* qui eft vers le couchant, eft la porte qui eft apelée *Porte Efpecieufe,* & cele qui eft vers le vent de boire qui eft apelé vent de bife, cele eft la *Porte de Paradis.* Et là eft la fontaine c'on dit *Fontaine de Paradis.* Et vers cele iffue lés le mur dou cloiftre eft la *Probatique pifcine* où li angeles de Dieu defcendi & movoit l'aigue & fanoit tous les malades for qui l'aigue chaoit; & cele part poés aler à *Sainte Anne,* & là troverés autre pifcine. Retornés en *Iherufalem* au *Temple.* *[Portes. Pifcine probatique.]*

Devers le *Temple Domini* vers miedi, eft le *Saint Temple Salemon,* & en l'anglet defouz vers la cité cele part troverés le faint baing là où Noftre Sire fu baignié en la pile. Devers la *Tour David,* en cofte troverés une chapele à degrés *[Tour de David.]*

f. 40 v. où font les reliques de Saint Iohan Bouchedor & de faint Demitre & de faint Martin, & après .j. petit eft l'*Eglyfe des Hermites,* où faint Iaque de Galice fu decolés.

XIV

Mont Sion. (9) Et par là irés en *Monte Syon*, & ilueques en l'eglyfe qui eft abatue, trefpaſſa la Mére Dieu. Et illueques devant a une chapele là où Noſtre Sires fu iugiés & batus & flaelés & de *Maiſon de Caïphe.* ſpines coronés; & ce fu la *Maiſon de Caïphas* & li pretitoires.

Deſus la grant eglyfe eſt la *Chapele dou Saint Eſperit*, & illuec deſcendi il ſus ſes apoſtles & lor lava lor piés mout doucement, & entra es portes clofes & lor dit: « Pax vobis! » Sous *Monte Syon* eſt la valée; a une chapele à degrés, *Gallicantus.* c'on apele *meſire Saint Pierre en Galilée*. Illueques s'en fui il au coc chantant.

XV

Piſcine de Siloé. (10) Sus *Monte Syon* en la cité eſt *Nataterie Syloe*; illuec vit l'avugle qui onques n'avoit veü que Dieus enlumina, & illueques fu mis *Yſayes* li prophetes, & par deſus troverés *Hacheldama. Alcedemac* où le metent les pelerins, & ce fu li champ qui [fu] f. 41 achatés des .xxx. deniers dont Dieu fu vendus.

XVI

(12 *fin*) De *Iheruſalem* à *Saint Elyes* a une lieue & après *Champfleuri.* .j. poi troverés *Champ fleuri*. Après lés le chemin en la voie de *Bethleem* eſt li *Saint Sepulcre Rachel*.

XVII

Bethleem. (13) Et illueques en *Bethleem* a une eglyfe. Illuec fu nés Iheſu Criſt de la Virge. A l'iſſue dou cuer de l'eglyſe à deſtre eſt li puis là où l'eſtoile chaï; à feneſtre giſent les Innocens, & defous l'encloiſtre eſt le *Sepulcre Saint Geromie*.

De *Bethleem* as *Paſtors* a une lieue. Illueques s'aparut l'angele Dieu as *Paſtors* la nuit que Dieus fu né & diſt: « Gloria in excelſis Deo! »

S. Abraham. De *Bethleem* à *Saint Abraham* a .vj. lieues. Illueques fu il mis & Yſaac & Iacob; illueques fiſt Diex Adam.

XVIII

(11 *fin*) Or retornés en *Iherusalem*. Desous *Portes Oires Josaphat*. en la valée est *Iosaphas*, la sainte sepulture Nostre Dame. Après en coste est *Yessemani*, le leu là où Diex fu pris, & *Gethsémani*. illueques pérent li dois de Ihesu Christ ou mur, & d'illuec le iet d'une pierre est l'*Eglyse Saint Sauveor* où il aouroit son pére.

Sous cel pui est *Mont Olivet*, là où Diex monta ou ciel. *Mont des Oliviers*. Illueques pert ses benois pas, & après en coste a une chapele où gist saint Pelage a l'estroit pas [où] Diex fist ia pater nostre. *Pater Noster*.

XIX

(11) Et d'illueques en *Bethanie* a une lieue, & illuec resus- *Béthanie*. cita Dieus saint Ladre & pardona la sainte Madelaine ses pechiés en la maison Symon le leprous.

Et d'illueques iusqu'à la *Quarantaine* a .vj. lieues; & illuec ieüna Nostre Sires .xl. iours. Après .j. poi est *Ierico*, le leu où Diex enlumina les angeles. [A] .iiij. lieues de *Ierico Jéricho*. court le flum *Iordain* & depart la terre de *Ydom* & de *Galilée* & de *Iherusalem*.

De *Ierico* au flum *Iordain* a .xij. lieues, & en ce flum fu li filz *Le Jourdain*. Dieu baptifiés de saint Iohan Baptiste, & oï la vois de son pére.

XX

f. 42 (12) Et dou flun *Iordain* iusques à *Monte Synay* a .viij. *Mont Sinaï*. iornées, & illuec dona Diex la loi à Moïsès, & illueques gist le cors de sainte Katerine.

XXI

(15) Retornés en *Iherusalem*. De *Iherusalem* à la Crois a *La Croix*. une lieue, & illueques crut l'arbre dont la sainte croiz fu faite. De *Iherusalem* à *Esmaüs* a .iij. lieues, & illueques s'aparut *Emmaüs*. Nostre Sires à ses defciples come pelerin puis sa refurrexion.

De *Iherusalem* à *Napeles* a .xij. lieues. Illuec est li *Puis Le Puits Jacob*. *Iacob* où Dieus parla à la Samaritane, & d'illueques au *Sabaut* a .ij. lieues, & là fu saint Iohan Baptiste decolés. Dou *Sabaut* à *Monte Thabor* a .x. lieues, & illueques se transf- *Mont Thabor*. figura Nostre Sires devant ses apostles.

VII

PHILIPPE MOUSKET

DESCRIPTION RIMÉE DES SAINTS-LIEUX

[v. 1241]

14

MANUSCRIT:

Paris, Bibl. Nat., fr. 4963, vél., XIII f., in-f., f. 68 & f.

EDITION:

Chronique rimée de Philippe Moufkes, éd. Reiffenberg (Bruxelles, 1836,
in-4), v. 10466-11063, t. I, pp. 406-427.

PHILIPPE MOUSKET

DESCRIPTION

DES

SAINTS-LIEUX

[Extrait de la *Chronique rimée*.]

* *

*

OR oiès & iou vos dirai
Les fains lius, & devifferai:

En Iherufalem, *la cité,*
A .j. faint lia d'antiquité,
De mout precioufe manière;   *Pierre de Salomon.*
Et fi eft couriers d'une piére   10470
U Salemons efcriut, fans tence,
Tout le livre de Sapience.

Mout priès de là s'a .j. liu tel,   *Pierre de Zacha-*
Droit entre le temple & l'autel,   *rie.*
U li fans fu de Zakarie
Efpandus, le fil Barracie,
Tout droit el marbre par devant;
Voirs eft & fel trouvons lifant.

Illuekes priès fi eft la piére   10480 *Mur des Juifs.*
U li Iuif, faifant proiére,

Une fois cascun an venoient,
Et cele piére si oignoient
D'olie d'olive tout plorant,
Grans lamentafions faifant,
Et tout plorant s'en repairoient,
Et grant triftece demenoient.

Maifon d'Ezé-chias.

  Priès de là fi eft, ce liffons,
Li louaus ù fu la maiffons
10490 Le roi de Iudé[e] Ezechie,
A qui Dieux aflonga fa vie
.Xv. ans treftot entirement.
Ce fu miracles voirement;
S'ele fu biele, affés plus grans
I fift Diex, li pius, li foufrans.

Maifon de la Na-tivité de la S. Vierge.

  En Egipte, affés priès de là,
Fu la maifons, & mout dura,
U la doure fainte Marie
Fu conciute, née & norie,
10500 Tant qu'ele ot .xiiij. ans d'eage,
Et fu aprife comme fage;
Et cascun iour à Dieu prioit,
Selonc çou qu'ele apris avoit.

Maifon de l'An-nonciation.

  Apriès eft li lius & li angles
Là où fains Gabriaus, li angles,
En l'oratorie ù ele fu
Li aperta le vrai falu,
Quant il dift : « Ave Maria,
De gratia Dei plena !
10510 Li fains Efpirs venra en toi:
Ne t'efmaiier, iou t'en caftoi. »
Et la puciele refpondi :
« A Dieu m'otròi, en Dieu m'afi,
Si face de moi fon commant;
De par moi li dites ceft mant. »

Lieu du mariage de la S. Vierge.

  Puis eft li lius ù la puciele,
Ki s'iert dounée à Dieu anciele,
Tout enfi com le manda Dieux,
Fu mariée des Iudeus.
10520 Adont teus la couftume eftoit
Que feme ki baron n'avoit,

Ed., p. 408.

S'ele fuſt groſe ne ençainte,
Tantoſt com ele fuſt ataint̄e,
Si fuſt arſe par iugement.
Ia n'i euïſt arieſtement.
Si vos dirai comment ſa mére
Oſta Dieux de mort ſi amére.
Pour çou que ce fuſt amendé,
Si ot Dieux as Iuïs mandé
Par une vois, qu'il ſe haſtaſent,   10530
Et la puciele mariaſent.
Lues ſi furent tot aſanblē ;
Si leur a pleüt & ſanblē
Mout bon que caſcuns en ſa main
Teniſt une verge, al demain
En qui main ele floriroit,
La puciele à moullier avroit.
Ioſep d'Egipte i fu venus,
Ki tous eſtoit vious & cenus,
Que pour lor ban, que pour le cri,   10540
Ne s'[en]oza maitre en detri,
Ne de moullier n'avoit talent.
Venus i fu le pas mout lent ;
El renc des autres fu aſis,
Aukes laſes & mout penſis.
Une verge li ont dounée,
Ki toute eſtoit ſece & pelée.
Li damoiſiel, li baceler

Ed., p. 409.
Mſ., f. 69 b.

Le commencièrent à gaber
Pour çou qu'il iert venus as hans,   10550
Qua; il avoit bien .cc. ans.
Caſcuns ſa verge en ſa main ot,
Et la Iozep, ſi com Dieu plot,
Toute ſecce en ſa main verdi,
Et ot eſkorce, ſi flori.
Et quant li Iuï l'eſgardèrent,
La puciele avant amenèrent.
Si fu par la loi deviſee
Marie à Ioſep mariée,
Et ſains Ioſes ki l'eſpouſa   10560
Droit en Belleem l'en mena.

Et la puciele al cuer entir
Fu lues plainne del faint Efpir.
Iofep, ki n'ot à li toucié,
Si mefcreï d'aucun pecié :
Si fe penfa k'il s'enfuiroit
Par nuit, & la virgene lairoit.
Adont li vrais Dieux s'avança,
Et par fon angle li nonça
10570   *Que la puciele nete & fainne*
Eftoit ia del faint Efpir plainne,
Mais la puciele bien gardaft,
Bien le fiervift & ounoraft.
Et il fi fift mout doucement
Iufqu'al iour de l'enfantement.
Bethléem.   *Belleem, ce trovons efcrit,*
Si fu cités au roi Davit,
U noftre fire Dieux fu nés.
Là meïfmes, c'eft verités,
10580   *Viers la coftiére de midi,*
S'a une eglife, iel vos di,
Sor bieles colonbes de marbre ;
Et s'a entor maint diviers arbre.
Là eft li lius ù Dieux nafqui,
Si eft l'eglife faite en ki
Virgene conciut, virgene enfanta,
Virgene remeft, virgene alaita.
Li lius eft defors Belleem,
A dieftre viers Iherufalem,
10590   *U l'angles as paftors nonça*
La naiffence que Diex prift là.
Et fi lor dift, à fa vois clére,
Que nés eftoit li vrais Sauvére,
Ki, par fa douce humilité,
S'eftoit mis en humanité,
Pour defconfir le mors amer,
Et pour fes amis mors amer,
Qu'Adans ot mis & fa feme Eve
D'infier en la parfonde greve ;
10600   *Quar tot cil qui lores moroient*
Sempres à infier s'en aloient.

Ed., p. 411.

En Belleem *fi eft la crepe,*
Ki mout eft precioufe & nete,
U noftre fire Ihefu Cris
Fu par devant les beftes mis.
Adont s'aparu li eftoile
Plus clere que folaus en voile;
Et li troi roi s'aceminérent:
Or & mire & encens portérent
Et, pour aourer le fil Dieu, 10610
S'en alérent tant qu'en .j. lieu
S'afanblérent tot troi enfanble,
Si com Dieu pleft & bon li fanble,
Ki lor denonça fa naiffence,
Et fon plaifir & fa confence.
   Herodes adonqes regnoit,
Qui for tous rois eftre quidoit.
Li troi roi font à lui venu:
Si li difent qu'iert avenu,
Et que nés iert li rois del monde, 10620
En qui tous bien neft & abonde;
Sel queroient pour aourer
Et pour fiervir & ounourer.
S'avoient l'eftoile veüe
Ki for aus eftoit aparue.
Herodes leur a commandé
Qu'il voifent là ù font mandé,
Par tel quant il le trouveront
Que tout par lui s'en revenront.
   D'Erode font li roi parti, 10630
De Dieu querre tout aati;
L'eftoile four aus aparu,
Si les mena droit là où fu.
Là s'ariefta ù Dieu tenoit
La mére, ki mout cier l'avoit.
Aourét l'ont & denonciét.
A la viefprée font couciét;
Mais noftre fires lor manda
Par .j. fien angle & commanda
Que par Herode n'en ralafent, 10640
Mais autre voie s'en tornafent.

S. Crèche.

Mf., f. 69 d.

Ed., p. 412.

Et il fi fifent al demain.
Quant il furent levét bien main,
Herodes s'eft apierceüs
Que par les rois iert deceüs,
Et fu plains de forfenement.
Si commanda tot efranment
Sergans & cevaliers aler
A tous les enfans decoler,

10650   Pour cel enfant ocire avoec,
C'on li dift ki fu nés aluec.
Mais fains Iofes, ki l'oï dire,
En fu coureciés & plains d'ire:
De paour en fofpire & tranble,
Quant, par l'anoncement de l'angle,
La mére & l'enfant en mena
En Egipte ù Dieux l'affena.

    Li enfes crut & devint grans;
Dous fu & humles & foufrans.
10660   Par la tiere .xxx. ans ala,
Saint Piére en la mer apiela
Et fes apoftles un & un;
Si devifa fa loi chafcun.
Apriès fift il de l'aigue vin
As noces faint Arcedeclin.

    Mout a buens lius en Belleem.

Jérufalem.

Or dirai de Iherufalem,
Qui cités eft douce & faintifme,
Et facrée de Dieu mefme.
10670   Priès de là, tant com vous porois

Temple de Salo-
mon.

Traire d'un bougon à .ij. fois,
Viers orient, fi eft li Temples,
Ce nos tiefmogne vrais exenples,
U Salemons l'autel fonda,
U Noftre Dame prefenta
Son fil à offrande par non
Es mains del viellart Simeon,
Ki forment s'en eftaieça,
Et tout efranment commença:
10680   « Nunc dimittis me, Domine,
Servum tuum eftre in pace. »

Ed., p. 413.

Mf., f. 70 a.

A diestre de cel temple là,
Salemons son Temple *fonda.*
Et, entre ces .ij. temples, fist
Rois Salemons, si com on dist,
.I. porce sour rices coulonbes
De fin marbre droites & longes.
    Tout droit à seniestre de çà,
S'est Probatica *pissina :*
C'est une aigue, par verité ;
Tot li malade ièrent sané
Quant ù angles Dieu le movoit,
U il neïsmes i venoit.
    Priès de Iherusalem *avoit*
.I. castiel & Dieu là pasoit.
Un asne i fist prendre & monta ;
Viers Portes Ores *cevauça*
U mout de gent encontre alèrent,
Qui rains portoient & cantèrent :
« Ozanna filio Davit ! »
Ensi l'ont toute iour servit.
    Assés priès en l'ostel Simon,
Si qu'en l'evangille truevon,
Sist Nostre Sires al mangier.
Là vint à lui sans nul dangier
Marie, c'on dist Mazelainne,
Ki d'ors peciés iert tote plainne.
Desous la table se muça,
De ses larmes plorant lava
Les piès Ihesu *k'il ot mout biaus,*
Et resua de ses cheviaus,
Et puis les oinst d'un ongement
Qu'ele avoit gardët longement.
Et Nostre Sires *li douna*
Tel don que il li pardouna
Tous ses peciés entirement,
Quar ele ot ouvré loiaument.
    Ne gaires lonc .j. liu si a,
Là ù Nostre Sires *lava*
Les piès saint Pière *& saint* Simon,
Assés priès de sa passion,

Temple de Salomon.

Piscine probatique.

Bethphagé.

Béthanie.

Maison de la Cène.

10690

10700

10710

10720

Et avoec aus fist à la çainne :
Et puis apriès, sans nule painne,
Les piés de cascun i lava.
Encor voit le liu ki là va.
    Priès de là si est Getzeman,
Ce nos dient li païssan.
C'est une vile ù Dieux fu ia
Et mainte cose i deviza.
    D'autre part si est li cortius,
Qui mout est encore biaus lius,
C'on dist Trans torrentem Cedron,
U Iudas fist la traïsson,
Et Dieu, son signour, i vendi
.Xxx. deniers qu'on li rendi.
    Apriès, ne gaires lonc de là,
C'est li lius ù il le baissa,
Et li Iuif tout esranment
Le saisirent mout cruelment.
Mainte arme i orent aportée,
Et sains Piéres i traist s'espée :
A l'un d'aus l'orelle trença,
Mais nostre sires le sana.
Puis noia Piéres son signour,
Quant il vit le besoing grignour,
Ainc que li cos euïst kanté
Tierce foies, par verité.
    Deviers seniestre par deçà,
Est li lius ù on le mena
Devant Pilate, & priès d'enki
Si est la Cartre, iel vos di,
U Dieux fu mis en la prison,
Quant il fu pris à mesprisson.
    Apriès, à la porte de Naple,
Si est li Pretores Pilate
Et là fu Ihesu Cris iugiés
Des Iu's priestres renoiiés
Et des princes de cele loi
Par traïson & par besloi.
    Apriès cel liu qui mout est bas,
Si est la Maiffons Kayfas,

Gethsemani.

Jardin des Oli- 10730
viers.

10740

Maison de Pilate.

10750

10760

Maison de Caïphe.

Mf., f. 70 c.

Ed., p. 416.

U la coulonbe est & l'estace,
U Ihesu Cris à simple face
Fu par mains & par piés loiiés,
Batus de verges & deplaiiés
De cief en cief, de grant corgies,
Et si fu couronnés d'espines
Dures & aspres & poignans,
Dont contreval couru li sans.

Ne gaires lonc de là, pour voir,
Ce nos fait li livres savoir,
Si est, pour acomplir l'afaire,
Golgata, li mons de Cauvaire.
Et là fu Dieux crucefiiés,
Et de la lance cloficiés.
Longis le feri el costé,
Et, quant il ot le sanc tasté,
A ses ious touça, s'ot veüe,
Qu'il onques mais n'avoit eüe.

Là droitement si est li lius
Ki n'est oribles ne eskius,
U sains Iehans fu & sa mére,
Qui cele mors fu mout amére.
Mais al fil Dieu ensi avint
Que l'amers en douçor revint,
Quar ses gens furent asopli
Ki par cel furent raempli
De grasse & de misericorde,
Si com l'evangilles recorde.

Et là tout droit u li Iudeu
Crucifiièrent le fil Deu,
Fu Adans, li premiers om, mis
Et entierés & soupoulis,
Et Eve, sa feme, avoec lui,
Par qui nos euïmes l'anui
De la pume qu'Adans manga,
Dont li fius Dieu puis nos venga
Par la grant painne qu'il soufri,
Quant le sien cors à mort offri.

Illuec tout droit sacrefia
Abrehan & glorefia

A Dameldieu premiérement,
Ce set on bien certainnement.
   Priès de là, le giet d'une piére,
Viers occident, ce m'est aviére,
Est li lius ù Iosep requist,
Por les saudées qu'il i fist,
Le cors Dieu à ensevelir;
Et Pilate sans nul ayr,

10810   *Boinement congié l'en dona.*
Iosep fors de la crois l'osta,
En .j. sepulcre le coucha
U nus om onques n'atouça.
Et là vinrent les .iij. Maries,
Ki por Dieu furent trop maries ;
Mais li angles, al iour de Pasques,
Qui de plorer les vit mout lasqes,
Lor dist k'il iert resurrexis ;
Sel deïsent à ses amis.

10820   *D'ilueques priès si est la glïse,*
Si com l'escriture devise,
Que Coustentins fist metre à somme,
Ki fu emperéres de Roume
Et de Coustentinoble ausi.
Sa mére Elainne, al cuer masi,
En aporta maint saintuaire,
Quant ele se mist al repaire.
   Del mont de Cauvaire si a
.Xiij. piés, sans plus, iusques là,

10830   *U la moitiés de tot le mont*
Est en largaice & en reont.
   Tout droit, par deviers Occident.
Ce dist on anciienement,
Priès del Sepucre, à diestre part,
Si que li Temples le depart,
Si est li Moustiers de Latin
Fais en l'ounour & el destin
La douce mére Dieu saintisme,
Et là fu sa maisons meïsme.

10840   *En cel moustier mesme si a*
.I. rice autel c'on i fonda,

Le Sépulcre.

S. Marie Latine.

Mf., f. 71 a.

Ed., p. 419.

U ma dame sainte Marie,
La mére Dieu, s'estut marie,
Et la Marie Cleofe
Od la Marie Solomé,
Toutes .iiij. plorans & dolans
Por les painnes, por les ahans
Qu'eles virent Nostre Signor
Soufrir en la crois, à cel ior
Par la cruele gent amére,   10850
Quant Diex dist à sa doce mére :
« Femme, femme, vois ci ton fil. »
Et puis à saint Iehan dist il
Et al peule : « Vois ci ta mére ; »
De la crois ù il pendus ére.
    Et d'ilueqes, viers Orient,
A demie liue ausement,
Est la montagne d'Olivet,
U Dieux de cuer & piu & net,
Dist à son pére & [a]ora :   10860
Pater noster, & cetera.
    Tout droit illueques, en la piére,
Si escriut il à sa maniére,
La patenostre de sa main :
Encor l'i voient li Tamain.
Et là à ses apostles dist,
Et l'ensegnement lor en fist
K'il nonçasent à toute gent
La voie de lor sauvement.
Et les langages lor aprist,   10870
Par quoi cascuns l'afaire enprist,
D'illueques monta il es cious,
Od lui Gabriel & Mikious,
Al iour c'on dist l'Assension,
Si qu'en l'evangille dist on.
    A diestre, entre mont Olivet
Et cel Temple saintisme & net,
Si est li Vaus de Iosafas,
Dont iou ramenbrance vous fas,
Car illuec fu sainte Marie   10880
Des apostles ensevelie.

Ed., p. 420.

MS., f. 71 b.

Mont des Oliviers.

Vallée de Josaphat.

Ed., p. 421.

En cele valèe mèïsmes
Si venra Dieux, li roi autìsmes,
Iugier tot le mont al iuïse,
Si com l'escriture devise.
Là tranblera iuftes & faus,
Quant Diex i iugera les faus.
   Près de là, ce dift l'escriture,
Si est encor la Soupouture
La boine profete Yzaie,
Ki nonça mainte profefie.
   D'illuecques, à liuwe & demie,
Si est li lius en Betanie,
U Ihefu Cris, quant il vint là,
Saint Lazaron refufcita,
Frère Marie Magdelainne :
Ki .iiij. iours, à dure painne,
Avoit en la tiere geü,
U il tous mors enfouois fu.
   Avant de là, viers Ierico,
.Xx. miles i a, mains mout po,
Est l'arbres fikamors ù fus
Monta li petis Zacheüs,
Por Ihefu Crift à reguarder
Ki par illuec devoit pafer.
Et Dieux le rouva ius defcendre,
Et volt od lui fon oftel prendre.
Et cil eftoit uns fors pecière ;
Si fus liés de fi grant manière,
Que la moitié de quank'il ot
Rendi por Dieu, al mious qu'il pot.
Et s'il à nului rien toli :
A .iiij. doubles li rendi.
Et là dift Diex qu'il iert venus
Sauver celui ki iert perdus.
Ce n'eft pas mençogne ne gille,
Ainc le trueve on en l'evangille.
   Une milaite apriès de çà,
Si est la Fontainne & fourt là
Del buen profete Elizei,
Que il fainna & beney,

Et mist sel en senefiance
D'aigue benoite, à ramenbrance
De cele c'on encore fait;
Encore i sourt ele entresait.
    A .v. miles priès de cel plain,
Si est, por voir, li fluns Iordain
U sains Iehans Dieu baptisa;
De Iursalem .viij. en i a.

    Mout priès de là si est li lius   10930
Precious, dignes & soptius,
Dont Elyas en fu tous vis
Par les angles ès cious ravis.
    Treze iornées tot à plain
Si a, por voir, del flun Iourdain,
Desi qu'al mont de Synay.

D'Alixandre, iel sai de fi,
Portérent là, à ioie fine,
Li angle sainte Katerine,
Quant Maxenses l'ot decolée,   10940
Et droit là fu ele entierée,
Et si rent oile à grant fuison,
Dont li malade ont garison.
    Droit sur le mont de Synay,
S'aparu Ihesu Cris ausy
A Moyset, en .j. buisson
Tout ardant, par avision;
Et là tout droit li fu donnée
La lois escriute & devisée.
    Alueques si est li vasciaus   10950
Mervillous & rices & biaus
Que nous apielons ydria.
Et saciès de fit qu'il i a
D'olie d'olive adiès afsés,
Ia tant n'en prendra on son fés.
En cel vasciel l'Arcedeclin
Fist Dieux servir d'aige fait vin.

    Mons de Tabour à iij. iornées,
Tout par mesure devisées,
Si est priès de Iherusalem,   10960
A diestre part de Belleem.

Là devant .iij. de ses desciples,
Se transfigura Nostre Sires.
    Droit sour cel mont fu devisee
La première messe & cantée   Ed., p. 424.
De Nostre Signour Ihesu Crist,
Et le sacre i nota & fist.   Mf., f. 72 a.
    Et al piet del Mont de Tabor,
Mer de Tibiriade.   *Ce nos dient li ancissour,*
10970   *Si est la* Mers de Galelie
Et l'autre mers de Tabarie,
Ki n'est mie mers mais estans,
Grans & parfons & quois estans;
Et de cel estanc nest li flons
Que nous de Iourdain *apielons.*
    D'autre part [à] *.i. poi de là,*
Sardenay.   *Une ymage painte si a*
De ma dame sainte Marie,
En une aisciele bien taillie;
10980   *Et de cele ymage sourt oles,*
Si le reçoit on en ampoles.
Se mil pelerin i venoient
De cel saint oile assés avroient,
Et s'uns tous seus en i venoit
Ia plus de l'olie n'en istroit.
Por çou qu'ele est en bosc formée,
S'est l'ymage Ycoine apielée,
Et croist & forme cascun iour
En car, çou sevent li plusiour,
10990   *Et l'oiles devient cars ausi,*   Ed., p. 425.
Tout par verité le vos di.
Cele ymage est à Sartenai
Mout bien guardée, bien le sai.
    A diestre part, en verité,
Mont Sion.   *De* Iherusalem, *la cité,*
Tant com uns ars traire poroit,
S'uns om en sa main le tenoit,
Si esta li Mons de Syon.
Là ot faite por Salemon
11000   *Une eglise, & dedens auteus.*
Là manga Nostre Sire Diex

Avoec ses apoſtles par non,
Par devant ſa grant paſſion.
    Droit là deſcendi tos entirs
Sour les apoſtles ſains Eſpirs,
En guiſe de flame & de feu,
Et tout, par le plaiſir de Dieu,
Diviers langages i parlèrent
Et par la tiere s'en alèrent.
    Là droit ſi tranſi Noſtre Dame
Et li angle emportèrent l'arme,
Et de là ſon cors em portèrent
Li apoſtle & ſi l'entierèrent :
Tout droit el Val de Ioſafas
Portée l'orent à lor bras.
Et là tenra Dieux ſon iuiſe,
Qui mout ſera d'eſtrange guiſe.
Viel & iovene là reneſtront
Et fourme de .xxx. ans aront;
S'avront infier li faus loudis,
Et li boin avront paradis.
    Droit al piet de Monte Syon
S'eſt la fontaine, ce diſt on,
C'on apiele de Siloé,
Dont li riu ſont de bien loé,
Et ſourt de tiere, non de roce;
Mais il n'i a poiſſon ne roce.
    Mouſt priès de là, viers Belleem,
Eſt li lius c'on nomme Sichem.
Là vint Ioſep querre ſes frères
Par Ebron, es grandes vallées.
    Là eſt la vile ke Iakop
Douna Ioſep k'il ama trop,
Por çou k'il ert des autres fius
K'il avoit tous li plus gentius.
Et là fu Iacop entierés
Trés dont k'il fu à fin alés.
    D'illuec à une mile auſi
Si eſt li lius de Sichay
U Diex parla, ſans nule painne,
A la feme ſamaritainne.

Mout priès d'enki li lius esta
U l'angeles à Iacob luita   Mſ., f. 72 c.
Mout vistement por lui saüer,
Mais Diex lor fist mout tos laisier.
   Là, ce dient li paiſſan,
Si eſt li caſtiaus Abrehan,
C'on apieloit adonc Tochor,
Et enſi a il non enker.

S. Abraham.

11050   *Et en cel caſtiel, iel vos dï,*
Furent ciſt troi enſeveli
Abraham, Yzac & Iacop
Et lor feme q'amèrent trop.
   A ſenieſtre, mout priès de là,
Si eſt li hus c'on apiela
Dont & or Dominus vidit,
Et là, çou faciés vous de fit,
Volt Abrehan ſacrefiier
Son fil à Dieu, qu'il ot mout cier,
11060   *Yſaac, mais Diex li manda*
Par ſon angle, ki li noncha,
Que il laiſaſt cel ſacrefiſſe;
Si feſiſt autre ki ſoffiſce.

VIII

ITINÉRAIRE

DE LONDRES A JÉRUSALEM

attribué à *Matthieu Paris*

[v. 1244]

LÉGENDES

DE LA PARTIE CONSACRÉE A LA TERRE SAINTE

PREMIÈRE RÉDACTION.

A. Londres, Muf. brit., Lanfd., 253.
B. » Reg. 14 C VII.

SECONDE RÉDACTION.

C. Cambridge, Corp. Chrift. Coll. XXVI.
D. » » » XVI.

Nota. — Un cinquième manufcrit, le manufcrit de Londres (Muf. brit., Cott. Tib. E VI), a été prefque détruit dans l'incendie de la bibliothèque Cottonienne; les fragments qui en reftent, trop défectueux pour être utilifés dans cette publication, permettent cependant de conftater que le manufcrit appartient à la feconde rédaction.

*

Les différents paragraphes du texte font difpofés dans les manufcrits de la manière fuivante :

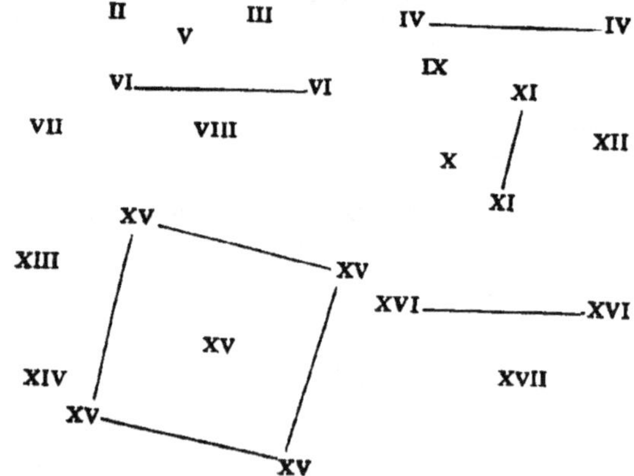

ITINÉRAIRE
DE LONDRES A JÉRUSALEM

attribué à Matthieu Paris

LÉGENDES

DE LA PARTIE CONSACRÉE A LA TERRE SAINTE

* * *

I

A. Cefte terre eft loing vers bife. Ci mainent les nefs lignées ke li rois Alifandre enclot *Gog* e *Magot*. De ci vindrent celes gentz k'em apele *Tartarins*, ço dit hon ki tant unt les muntaines, tut foient eles de dure roche, cicellé e tranché à force, ke iffue

I. — *B: Ibid.*

C. L'enclos des muntz *Montz Cafpiens.* d[e] *Cafpie*. Ci meinne[n]t les gius ke Deus encloft par la priére le roi Alifandre, ki ifterunt devant le iur de iuïfe e frunt grant occife de tutes manéres de gentz. Il funt enclos es muntaines hautz & grant, ne poent iffir. — C'eft par...t devers

I. — *D:* Ci enclot Deus le gius par la priére le roi Alifandre, ki ifterunt devant le iur de iuïfe e frunt grant occife de gent, tant il pleft à Deu. Les mu[n]tz funt hauz e durs. — *Montes Cafpiorum* inacceffibiles & intranfmo[nt]abiles.

unt cunquis, e mut unt grant terres cunquis e deſtrut *Inde* numéement.

jus.... regaᵣd de *Ieruſalem.* Mais mut eſt loing vers northeſt de *Acre* e de *Ieruſalem.*

II

Arménie.
Arche de Noé.

A. En *Hermenie* eſt l'*Arche* *Noé.* Vers ceſtes parties, ço eſt à ſaver veirs boire, de *Ieruſalem* à vint iurnées eſt *Armenie,* ki eſt chreſtiene, ù l'*Arche Noé* eſt, k'uncore dure. Là meint Ioſeph Carcaphila ki vit ù hon mena Noſtre Seignur à crucifier; Ananie ki baptiza ſeint Poil le baptiza.

C. Vers ces parties, ço eſt à ſaver vers boire, de *Ieruſalem* à vint iurnées eſt *Armenie* ki eſt chreſtiene ù l'*Arche Noé* ſe repoſa après le deluvie, e uncore i eſt areſtée es muntaines en la ſauvagine. — L'*Arche* ù nuls ne puet avenir pur le deſert e la vermine. — E ſace hon ben ke ceſte terre marchiſt à *Inde.* — *Ermenie.* — *Ninive la grant.* — Ionas. Coco[drile].

III

Syrie.
Damas.

A. Albana. Farfar. — *Damaſcus.* Civitas *Damaſcenorum* valet domino ſuo cotidie tringentas libras

C. Albana Farfar. D[a]m[a]s. Ceſte cité of ſes apurtenances, ço eſt à ſaver les ortz e gardins, vaut à

II. — *B: La première phraſe* En.... Noé *manque ſeule.*

III. — *B change* « *Damaſcus* » *en* « *Damas* » *& ajoute: Noſtre Dame de Sardaine.* — *Les turz de* [Da]mas. — *Porta Sancti Pauli.* — *Ci diſt hon fu fait; ci terre cutiva.*

II. — *D:* [Ar]*cha e montes Armenie* altiſſimi.

III. — *D: Noſtre Dame de Sardanai. Albana e Farfar, flumen.* De m... ci fu ſeint Pol meüs...... (*la ſuite manque*).

argenti. Cefte cité of les purtenances vaut chafcun iur au feignur de la vile cinc cenz livres de efter-lings. — Le chemin de *Damas* à *Ierufalem* : cinq iurnées.

feingnur de la cité cinc cenz livres d'argent. Tute la ewe ke i vent eft deri-vée e enbuc[e] es ortz e es gardins. [L]à fu Adan fait, noftre premier pére, e la terre cutiva e labora.

IV

A. Munt Liban. — Ior. Dan. — Flun Iordan. — La Mer morte. — Mons Tha-bor. — Naȝareȝ. — Mons Oliveti. — Beethleems. — Le Kaire.

C. Liban. — Ior. Dan.— La Mer morte. — Munt Thabor. — Naȝareth.—Ie-richo. — Beethleem. — La ville de Rabit.—Le Kair[e].

Palefiine.

V

A. Hic converfantur optimi mercatores qui ante tempus Machometi Mercu-rium, dominum mercato-rum, coluerunt.

C. Ci en a mut des ri-ches marchantz, e cift de ceftes parties funt riche de or e d'argent, de péres preciufes e foie e efpecerie,

Marchands fy-riens.

IV. — *B ajoute:* iij leuée[s] *entre* « Mons Thabor» & « Beethleem » & *entre* « Beethleem » & « Ierufalem, » *fupprime* « Nazareth » & *ajoute de nouveau auprès de* « Le Kaire »: un braz du flum e cocatri[x].

V. — *B: Ibid.*

IV. — *Manque dans D.*

V. — *D:* Ci mainnent e con-verfent mut rich[es march]anz ki vi-vent entre Orientaus e Occiden-taus. Riches funt de or e argent, péres preciufes e dras de foie e de efpecerie, de chameus, bugles, muls e afnes e chevaus egneus e ki mut poent maus fufrir, e funt les iu-mentz plus abrivées ke les chevaus mafles. Furment unt, mais d'aillurs fe vint, e oille unt affez, vin poi, peif-

de bugles, muls, chameus
e chevaus igneus e ki mut
poent travaus fufrir, e les
iumentz plus que les che-
vaus mafles. Furment unt
ki d'ailurs vent, vin poi,
peiffun de mer point ;
pleinté unt de oille, ale-
mandes, figes e zucre : de
ço funt lur beivres. Tant
unt de femmes cum poent
fuftenir. — Camelus. —
Bubalus. — Mulus.

VI

Affaffins. *A.* Tute cefte terre ki
grant eft e riche, eft en la
feignurie des Sarrazins, e
entres les autres poiffantz i
meint li Veuz de la Mun-
tainne, ço eft à faver li
fuverins de *Hautz affis* ki
portent les cuteus & ocient
celui dunt il [unt] cummande-
ment de lur fuvereint,

C. Tute cefte terre ki
grant eft e riche, eft en la
feingnurie as Sarrazins, e
entre les autres poiffantz i
meint li Veuz de la Mun-
tainne, ço eft à favoir li
fuvereins de *Hautz afis*, ki
portent les cuteus e ocient
celi dunt il unt cumande-
ment de lur fuverein, e

fun point ; de zucre e de efpeces
funt lur beivres. Serfs funt à lur
fevereins (à lur fuvereins). Vils
lecchéres funt, e tant unt femmes
cum poent fuftenir. Pur ço héent
femmes la loi Mahum.

VI.—*D: Toute la légende fe réduit
à : « Saffat » & fe confond avec le
§ VII.*

VI. — *Les deux mots les fauvera
manquent dans A & font empruntés
à B, qui pour le refte ne diffère pas
de A.*

e cele obedience, ço dient, [les fauvera]. — *Saphat.*

cele obedience, ço dient, les fauvera. Il févent tuz languages, cuntementz e mefters. [E]n paenime a un calif ki meint au *Mech* e un autre grant prelat de lui ici à *Baudas.* Si ad defcord entre ces deus e le terz ki eft kalif de *Egipte.* Dunt li uns des Sarrazins funt circuncis, l'autre nent. Mut i a en paenime haut foudans: de *Perfe*, de *Babel*[oine], de *Halap*, de *La Chamaille*, de *Damas.*

VII

A. Hic, fed procul verfus boream, manet Vetus de Monte.

C. L'abitaciun le Veil de la Muntaine, ù il fait fes enfanz nurir e aprendre.

Le Vieux de la Montagne.

VIII

A. Hic abundant cameli, bubali, muli & afini quibus utuntur inftitores inter Orientales & Occidentales tranfmeantes.

C. La légende fe confond avec celle du § V, & eft remplacée ici par une nouvelle : Ceft païs eft inhabitee de *Bedewins*

Bédouins.

VII. — *B: Ibid.*
VIII. — *B: Ibid.*

VII. — *D:* Paenime. — Hic manet Vetus de Monte. Ci meint li Veuz de la Muntainne, ki eft fires de *Hautz afis* cutelers.

VIII. — *D: La légende fe confond avec celle du § V.*

e de vileins muntains, ki
fe turnent cum fait li ro-
feus au vent, kar quant les
creftiens unt victoire, il fe
tenent as creftiens e lur
funt grant femblant de
amor e leauté; e quant li
païen unt la fuveraine
mein, dunt porfuent il les
creftiens, e mut malement,
car il févent tuz lur cun-
feilz e les defcovrent. Mais
ne pue[t] chaler, il funt
pur teus cunuz, e pur ço
funt e de ça e de là vius
e ferfs tenuz.

IX

Terre d'Outre-Jourdain.

A. Tutes ceftes parties,
ki ore funt en la fubiecciun
des Sarrazins, furent iadis
tutes creftienes par la pre-
dicacium feint Iohan euvan-
gelifte e des autres apoftles
e difciples Deu; mais puis,
par l'entufchement Mahu-
meth ki nule honefteté ne
enfeignera ne reddur de
vertu, mais delices char-
neles e ke pleft au cors, eft
ia tute corrumpeue e paf-
ture au diable.

C. Tutes ceftes parties,
ki ore funt en fubiecciun
des Sarrazins, iadis furent
chreftienes par la predi-
caciun feint Iohan euvan-
gelifte e des autres apoftles,
ki favoient tuz fens e tuz
languages e ki avoient grace
du fent Efperit ki plus fu;
mais ke l'entufchement
Machometh, ki nul honef-
teté ne enfeingna ne reddur
de vertu, mais delices char-
nels ki au cors plefent, eft

IX. — *B : Ibid.*

IX. — *Manque à D.*

ia tute cefte grant terre cor-
rumpue e au diable apro-
priée cum eft une pafture
as pafturs.

X

A. Cefte terre eft apelée
Terre Seinte e *Terre de pro-
miffiun*, kar Noftre Seignur
i nafqui e mort fufri pur
tut le mund reftorer ke
perdu fu. De cefte terre
en furent rois David e Sa-
lomons e li autre grant roi
ancien ke Deus tant [ama].
E[n] cefte terre fift Deus les
granz vertuz e miracles e
precha e les apofthles apela.
Pur ço eft ele la plus digne
terre ke foit. — *Arfur*.

*C. La partie correfpon-
dante à celle de A fe confond avec le § XI.*

Terre Sainte.

Mut i a des merveilles
en la *Terre feinte*, dunt li
.... ne funt men-
tiun. A *Sardainne* ki eft à
meïmes de *Damas* ad une
tablette de trois pez u quatre de lung e meins lée ke
[g]rant; e i a une ymage
peinte de Noftre Dame of
fun enfant à ovre grezefche,
dunt oille en curt, e quant
eft vée[e], devent gumme u

Sardenay.

X. — *B : Ibid.*

X. — *Manque à D.*

char : ceſt oille eſt ſeinte e meſcinale.

De l'autre part un grant chanp i a, ù hon trove unes péres qui ſenblent chiches. Pur ço ke quant Noſtre Seingnur converſa en terre e vit un vilain ſemmer, il li demanda e diſt : « Prudem, ke ſemmes tu ? » E ciſt reſpundi par eſchar : « Péres. » E Noſtre Sire diſt : « E péres ſoient ! » E tutes les chiches ke li vilains ſemma u out à ſemmer devindrent chiches ki ſunt une manére de pois : la culur e façun i ·emeint, mais dureſce unt de pére. — *Arſur*.

XI

Jéruſalem.   *A.* Civitas *Ieruſalem,* civitas omnium civitatum digniſſima. — *Mons Syon.* — *Vallis Ioſaphat,* ubi eſt *Sepulchrum* beate Virginis. — *Siloé.* — *Templum Salom[onis].* — *Sepulchrum.* — *Templum Domini.*

C. Ieruſalem, civitatum digniſſima omnium, tum quia in ipſa morti addictus eſt Dominus, tum quia in medio mundi eſt, tum quia primum habitacio fuit. — *Vallis Ioſaphat,* ubi *Sepulchrum* eſt beate Marie. — *Templum Salomonis.* —

XI. — *B: Ibid.*

XI. — *Manque à D.*

Cefte cité ki ad nun *Ie-rufalem* eft la plus digne cité ki foit, ke tant dit *Ierufalem* cum une [cité] de pès; là fufri Deus mort e là eft le midlui du mund.

Sepulchrum. — Templum Domini.

Ierufalem eft le plus digne cité e liu du mund, kar ço eft le chef du païs Noftre Seignur, ù li plout neftre e mort, pur nus tuz faveir, fufrir. E là eft le midliu du mund, cum li prophete Davi e plufurs autres avoient avant dit ke là nefteroit le Sauvéres. David, li granz rois à Deu pleifanz, e fi fiz Salomun, ki tant fu de fens eftorez, en fu rois e plufurs autres de grant renumée, e la cunverfa Dous e precha e fift le granz vertuz, e cela apela il tuz iurs à cuftume en la neu loi fa cité demeine.

XII

C. Ço eft l'arbre de obedience, apelée pur ço ke quant Noftre Dame feinte Marie s'en fuï en *Egipte* of fun enfant e Iofeph, avint ke la dame out talent de manger du fruit : l'arbre eftoit haute e le fruit au fumet. Li enfes acena

Egypte.

A. La Masceir. — Un bras de flum. — Gaʒeres. — Ci est le chemin d'aler de Gaʒeres en Babiloine par mi la Berrie. — Alisandre ki set sur mer. — Le chemin de Damiette en Alisandre.

l'arbre e sun fruit, e l'arbre os tut sun fruit s'enclina e se abessa cun si ele debonairement sun fruit li tendist e dunast; e pus se redresça, e au repairer cele arbre s'enclina à li, cun si ele la saluast, e dunc remist curbe.

La Masceir. — Alisandre sus mer. — Le chemin de Iaphes à Alisandre.

XIII

Antioche.

A. Antiocha, domus Nigrimuntis. — Ceste cité ki est de grant renumée est vers northz northcest de Acre, ù il i a patriarche e prince; e est Acre à [...] iurnées.

C. Le Noire Mointainne. — Antiochia. Ceste est la renumée cité de Antioche, ke Antiochus iadis funda. Seint Pére la cunverti e euveske i fu. Ele fu apelée Cartaphilis pur ço ke cele fu la premére grant cité ke à Iesu Crist se turna. E il i a patriarche de la cité e prince.

XII. — *B ajoute :* O est le flun, si i meinent corant.

XIII. — *B ajoute en tête le mot :* Domus.

XII. — *Manque à D.*

XIII. — *D :* L'abbeie de *la Noire Muntainne.* — *Antioche.* — ..... à une... vers *Antioche.*

XIV

A. Ceſte eſpace s'eſtent mut devers le northz devant k'en munte vers biſe à *Antioche*. E mut i a ſur la marine munement, citez e viles e chaſteus avant; mais la meillur eſt *Sur*, ki eſt apelée *Tyrus*, e pus *Saete*, ço eſt *Sydon*.

C. Ceſt eſpace dure mut loing vers le north avant k'em munte vers biſe à *Antioche*. E mut i a ſur la marine renumées cité[s] e v[i]les e chaſtés cum *Baruth* e aut.es pluſurs ki ne porroient eſtre fait ne nis eſcrites ne marchées; mais la plus renumée e forte cité eſt *Sur*, ki eſt apelée en latin *Tyrus*, e pus i eſt un[e] autre ki eſt apelée *Sydon*, ço eſt *Saete*. E ſace cheſcun ke Noſtre Seignur, quant en terre fu cunverſant, mut repaira vers cele[s] parr.es, ſi cum hom lit en la euvangile. *Sur* eſt de mut g[ra]nt force, kar ele [eſt] mut encloſc de mer. — *Sur, Tyrus.* — *Saete* ki en latin eſt apelée *Sydon*.

XV

A. La vile de *Acre*. En latin eſt ceſte cité apelée *Tolomaïda* e *Achon* e *Acaron*.

C. La cité de *Acre*. — *Acre.* *Domus militum Sancti Lazari.* — C'eſt le *Burg* ki

XIV. — *B ajoute au bas:* Li vile S[u]r.

XIV. — *Manque à D.*

— *Domus militum ecclesie Sancti Lazari,* ki ſunt in bello perambuli. — Ço eſt le *Burg,* ki eſt apelé *Munt Musard;* ſi eſt tut le plus inhabité de Anglois. — *La maiſon de l'hospital Seint Iohan.* — *La porte devers Seint Nicholas.* — *Le cimitire Seint Nicholas,* ù hon entere les mortz. — *La tur maudite.* — *Le chaſtel le roi de Acre.*—*L'oſpital des Alemans.*—*La porte par devers le molin de Dokes :* le chemin devers la cité e la terre de *Damas.* — *L'oſpital des Alemanz.* — Deus iurnées de ci ke à *Iafes.*— *La maiſun au cuneſtable.* — *La tur de Geneveis.* — *La tur de Piſanz.*

Ceſte cité ki ore eſt ape-

eſt apelé *Munt Muſard;* c'eſt tut le plus inhabi[t]é de Engleis. — *La maiſun de ſeint Thomas le mar[tir].* —*La maiſun de l'hoſpital.*— *La porte vers Seint Nicholas.*—*Le cimitire Seint Nicholas,* ù hom enterre les mortz.— *Sepulchres.*— *La tur maudite.* — *Le chaſtel le roi de Acre.* — Ço eſt la *porte vers le molin de Dokes.* — *L'oſpital des Alemans :* deus iurnées deci geſk'à *Iaphe.* — *La maiſun de cuneſtable.* — *La maiſun le patriarche.* — *La chaene.* — *Le Temple.*— *La tur as Geneveis.* — *La tur de Ge-[neveis].*

Ceſte cité ki ore [eſt] apelée *Acre,* fu iadis apelée *Tholomaïda;* c'eſt le refui lée *Acre*, fu ia apelée *Tholomaïda*; ele eſt eſperance e refui à tuz creſtiens ki en la *Terre Seinte* vunt e remenantz ſunt, pur les ſucurs k'ele a de la mer, k'i li vent de tute *Europe* & de tutes les iſles k'en la mer ſunt e creſtienes ſunt.

Ceſte vile vaut à ſun ſeignur cheſcun an cinquante mile livres d'argent.

des creſtiens en la *Terre Seinte* par la mer k'ele ad vers Occident, parque ila navie i vent of force de gent e de vitaille e de armes. E unt tuit ciſt k'i i mainent grant ſolaz des iſles ki ſunt en la mer. E de tute la gent de la creſtienté i repaire; dunt Sarrazins pur lur marchandiſes i rep[é]rent, e i ſunt mut de lur eſpleit, e l'autre mut gent de religiun diverſe, ki unt lur grant recès de tute creſtienté par qui mut en eſt plus riche e renum[ée].

[C]eſte vaut à ſun ſeignur cheſcun an cinquante mile livres d'argent. Co en quiſt li quens Ric[ars] de Templers e Hoſpitalers.

XVI

A. Kaifas. — Chaſtel Pelerin. — Ceſaire. — Iafes : le chemin de Iafes à Ieruſalem. — Eſcaloine. — Le Darun. — Damiette.

C. Kaifas. — Chaſtel Pelerin. — Ceſaire. — Iaphes. — Aſcaloinne. — Le Darun. — Damiette, ki [eſt] en terre d'Egipte. Côte de Paleſtine.

XVI. — *B: Ibid.*

XVI. — *Manque à D.*

XVII

Afrique.   *A.* Cefte terre ki eft à deftre, ço eft à faver devers le fu, ke *Aufrike* eft apelée, ki eft la terce partie du mund, embrace mut de *Inde* & de *Mauretainne,* ki eft *Ethiope, Egipte, Barbarie, Bugie* e tute la terre l'emir Mumelin, ki mut cumprent de efpace de terre vers Orient e Occident, kar lunge eft à ço fen ademefure; nurit e tent diverfes gentz e males Sarrazins fanz lei e fei e peis; e mut funt chaudes e deftremprées, e la gent s'acordent au païs, e en ceus lius i meinent gent ù li folailz les paffe deu[s] feiz par an, par qu'il funt ufléz e noirs e laidz par qu'il mainent en boves fufterines de iurs e travaillent en lur gaïnnages de nuitz. Defleüs funt les uns es autres e luxuriufes e medlifs e cumbatillereufes ne mie per chevalerie, mais per darcz entufchéz e per poi-

C. Cefte terre ki eft à deftre, ço eft à faver devers le fu, ki *Aufrike* eft apelée, eft la terce part du mund, ambrace mut de *Inde* e de *Maureretaine* e de *Egipte* e de *Barbarie* e de *Bugie* e de *Alifandre* e de *Ethiope,* ù funt gent fauvage e munftres, e tute la terre l'amiral Murmelin k'em apele Miramumelin, e la terre de *Marroch* ke fue eft, ki mut comprent de efpace vers Orient e Occident, mais ne mie tant de lé. Mut nurit e tent diverfes genz e males Sarrazins fanz lei e fei e peis, dunt li plufur meinnent en boves fufterine[s] pur la chalur, kar li folailz eft tuz iurs près de fus eus, ki adès eft en fu; e teus i a ke li folailz les paffe deus foiz par an, per qui il funt hafléz, hufléz, noirs e laidz. De nuitz travaillent, e de iurs tapiffent e repofent.

XVII. — *B*: *Ibid.*   XVII. — *Manque à D.*

funementz e fu grezeifc, e
femment péges, e funt
foles cumme lunerafces à
deceivre chafcun, autre ne
funt penfifs d'autre paraïs
for des delices de ceft
mund. Poi unt blé, kar la
terre ne puet verdur[e]
nurir ne fuffrir. Poi unt
peiſun u de mer u de ewe
duce, kar la mer eft loing;
el[e] es[t] fi chaudes cum
eft une ewe ù hon fe bai-
gne; fer unt poi e poi
mairiein. De efpices mut
vivent e de chars des beftes
ki là funt: elefans, bugles,
chameus, muls e afnes unt
à plenté, chevaus poi; plus
volentiers chevauchent les
iumentes ke il apelent fa-
rifes, ke le[s] chevaus mafles. Soie unt mut, e de foie
fe veftent, e malement funt
herbergéz. Chévres unt
mut e bukefteins ki pef-
fent as muntainnes. Berbiz
unt poi e velues. Marchanz
funt de or e péres pre-
ciufes.

Defleüs funt e luxurius,
medlifs e cumbatillerus,
ne mie per chevalerie mais
per dartz entufchéz e per
poiffuns e fu gregois, e
femment péges e funt fof-
fos cum lunerafces à deceivre chefcun autre. Ne funt
penfifs d'autre paraïs fors
de delices de ceft mund.
Poi unt blé ke la terre ne
puet verdur[e nurir] ne
fuffrir. Poi unt vin ke vinne
ne poet te[n]ir. Peffun n'unt
point de mer ne de fluvie:
pur la chalur n'i poet peffun durer. D'efpeces e de
chars vivent e de ewes
zucrées e cunfites de ef-
peces.

IX

•

LE CONTINUATEUR ANONYME

DE

GUILLAUME DE TYR

(DIT DE ROTHELIN)

LA SAINTE CITÉ DE IHERUSALEM

LES SAINTS LIEUX

ET

LE PELERINAGE DE LA TERRE

[1261]

MANUSCRITS:

A. Rome, Vat. Chriſt., 737, vél., XIII ſ., in-ſ., ſ. 339 & ſuiv.
B. Bruxelles, 9045, vél., XIV ſ., in-ſ., ſ. 242 & ſuiv.
C.   »   9492-9493, vél., XIII ſ., in-ſ., ſ. 377 & ſuiv.
D. Turin, Athen., LII 17, vél., XIII ſ., in-ſ., ſ. 311 & ſuiv.
E. Lyon, Académ., 29, vél., XV ſ., in-ſ., ſ. 289 & ſuiv.
F. Paris, Bibl. Nat., fr. 2825, vél., XIV ſ., in-4, ſ. 310 & ſuiv.
G.   »   Bibl. Didot, vél., XIV ſ., in-ſ., ſ. 292 & ſuiv.
H.   »   » Nat., fr.   9083, vél., XIII ſ., in-ſ., ſ. 302 & ſuiv.
I.   »   »   »   » 22495, vél., XIV ſ., in-ſ., ſ. 271 & ſuiv.
J.   »   »   »   » 22497, vél., XIV ſ., in-ſ., ſ. 155 & ſuiv.
K.   »   »   »   » 24209, vél., XIV ſ., in-4, ſ. 304 & ſuiv.

LE

CONTINUATEUR ANONYME

DE

GUILLAUME DE TYR

(DIT DE ROTHELIN)

* * *

I

En quel eſtat la cité de Iheruſalem eſtoit à cel iour.

Pour ce que li plus des bonz Creſtienz parollent & oient volantierz par-
ler ᵃ de la ſainte cité ᵇ de Iheruſalem *& des Sains Leuz où Noſtre Sirez ᶜ*
fu morz & viz, nous dironz ᵈ coument ele ſeoit ᵉ au iour que li Sarrazin
& Salehadinz ᶠ la conquiſtrent ſuer les Creſtienz. Aucunes genz porront ᵍ
eſtre qui le porront ʰ oïr ⁱ . Cil cui ʲ il deſplera ᵏ porront tréſpaſſer ceſt leu.

HERUSALEM eſt ˡ citéz la plus ᵐ glorieuſe
& la plus principal del monde. Ele ſiét prèz
de *Damas* à .iij. iournées ⁿ.

(I) Ele ne ſiét pas en cel leu où ele ſeoit
quant Noſtre Sirez ᵒ Iheſu Criz fu crucefiéz.
Ele ſeoit adonques ᵖ ſuer le *Mont de Syon ;* *Mont Sion.*
mès ele n'i ſiét ore pas. En cel leu n'avoit au iour que ᵠ li

a. *C, D, E, G, H, K* parler vo-
lentierz. — b. *A* terre. — c. *A, E*
où Noſtre Sire Iheſu Criſt; *C, G,*
H, I, J, K où Iheſu Criſt. — d. *A,*
B, D vous dirons; *C* vous dirons
nous. — e. *A* ſeoit adonques. —
f. *B, C, D, E, I, K* Saladins & li
Sarrazin; *H* Salehadins & li autre
Sarrazin. — g. *G, H, I, J, K* por-
rent. — h. *C* bien le vodront; *D*
voudront; *G, H, I, J, K* voudrent.
— i. *On lit dans B:* porroient eſtre
qui le porront avoir en anuy & les
autres non. — j. *B* Ceulx à qui;
C Et cil cui; *G, H, I, J, K* Cil à
cui. — k. *C* ne plaira ; *G, H, I, J,*
K deſplaiſoit. — l. *G, H, I, J, K*
eſtoit. — m. plus *m. d. J.* — n. *G,*
H, K ajoutent : & près d'Acre à .iiij.
iornées. — o. Noſtre Sirez *m. d. C,*
G, H, I, J, K. — p. *La phraſe à*
.iij. iornées...... adonques *m. d. B.*
— q. *C, G, H, I, J, K* n'avoit
quant.

Sarrazin la conquiſtrent que une eglyſe & une abaïe de
moinnes *a*. Et là fu la meſſonz *b* où Iheſu Criz cena avecques
ſes apoſtres, & fiſt ſe ſacrement de l'autel. En cel mouſtier
meïſmes eſtoit li leuz où il s'aparut à ſes apoſtres le *c* iour
de Paſques quant il fu reſucitéz. En cel mouſtier meïſmes *d*
eſtoit li leuz où il mouſta ſes *e* plaiez de ſes piéz & de ſes
mainz & de ſon coſté *f* à ſaint Thoumas *g*, aus octaves de
Paſques. Là meïſmes s'aparut *h* il le iour de l'Aſcencion à ſes
apoſtrez, & ſe diſna ovec elx *i*, & quant il l'orent convoié

Aſcenſion. iuſqu'au mont d'*Olivet*, de là il *j* s'en *k* monta *l* es cieux. En
cel leu meïſmes retornérent il & atendirent le ſaint Eſperit,
ſi comme Noſtre Sirez meïſmes *m* leur avoit promis que il
leur envoieroit *n*. En *o* cel leu meïſmes leur envoia Iheſu
Criz le ſaint Eſperiſt le iour de la Pantecouſte. En cel
mouſtier meïſmes eſtoit *p* li leuz où madame *q* Sainte Marie
treſpaſſa. Et de cel leu *r* meïſmes *s* l'emportérent enfouïr *t*
el *Val de Ioſaphas*, & miſtrent ſon ſaint *u* corz en .j. ſepulcre *v*.

(II) Là où li ſepulcrez medame *x* Sainte Marie eſtoit, avoit
N.D. de Joſaphat. .j. mouſtier qu'en apeloit *y* madame *Sainte Marie de Ioſaphas*,
& ſi *z* avoit une abaïe *aa* de noirz moinnes. Li *Mouſtierz del
mont Syon* avoit *bb* non li *Mouſtiers* *cc* madame *Sainte Marie
de monte Syon*, & s'i *dd* avoit abaïe *ee* des moinnes. Ces .ij. abaïes
eſtoient forz des *ff* murz de la cité, l'une el mont & *gg* l'autre
el val. L'abaïe de *Monte Syon* eſtoit à deſtre *hh* par deverz

a. *La phraſe eſt modifiée dans C, G, H, I, J, K:* que une abaïe; & en cele abaie avoit .j. moſtier. — b. la meſſonz *m. d. A.* — c. *J* quant il reſucita le iour de Paſques. — d. meïſmes *m. d. C, G, H, I, J, K.* — e. *A* les; *E* les plaies de ſon coſté & de ſes piéz & de ſes meins. — f. *C* ſes coſtez. — g. *D* Tomas l'appoſtre. — h. *H, K* aparut. — i. *C, G, H, I, J, K* & manga avec eulz. — j. *A, B, D, F, H, I, K* de là où il. — k. s'en *m. d. C, H, I, K.* — l. *E* monta d'illec. — m. meïſmes *m. d. C.* — n. En cel . . , . envoieroit *m. d. G, H, I, J, K.* — o. *I* Et en; *E* Et il leur envoia ſans faille le. — p. *G, I, J, K* eſtoit meïſmes. — q. *C, D* noſtre dame. — r. *E* En ce leu; *K* De lieu. — s. meïſmes *m. d. G, H, I, J, K.* — t. *C* l'emportérent li apoſtre anfoïr ou; *G, H, I, J, K* l'emportérent li apoſtre ou. — u. ſaint *m. d. C, G, H, I, J, K.* — v. *H, I, J, K* ſepulture. — x. *C* noſtre dame. — y. *E* ajoute après ce mot: le Moſtier. — z. *A, C, E, G* ſi i avoit; *D* là avoit; *K* il avoit. — aa. *E* un moſtier. — bb. *H, I* ſi avoit. — cc. li Mouſtiers *m. d. C, D, G, J.* — dd. *C, D, E, G* S'i i. — ee. *E* .ij. abayes; *G, H, K* une abeie; *I* ravoit une abbeie. — ff. *G, H, I, J, K* dehors les. — gg. & *m. d. E.* — hh. a deſtre *m. d. I.*

midi *a*, & cele del *Val de Iosaphas* estoit par *b* deverz soleil levant, entre *Mont Olivet* & *Mont Syon*.

(III) Li *Sepulcre* Nostre Seigneur *c* & le *Mont de Calvaire d* estoient forz des murz de la cité *e*, quant Ihesu Criz fu cruscefiéz. Or sont dedenz. La cité pandoit verz le *Mont d'Olivet*, qui est *f* deverz *g* soleil levant desor le *Val h* de Iosaphas.

S. Sépulcre & Calvaire.

II

De ce meïsmes.

(IV) Il ot en la cité de *Iberusalem* .iiij. mestrez *i* portes en croiz, l'une en droit l'autre, entre *j* les posternes. Or les vous nommerai coumant *k* eles seoient *l*. La *Porte David* estoit verz soleil couchant, & estoit à la droiture des *Portes Ores m* qui estoient verz soleil levant de derriérez le *Temple Domini*. Cele porte si *n* tenoit à la *Tor o David p*. Quant l'en estoit devant *q* cele porte, si tornoit l'en à main destre en une rue par devant *r* la *Tor David*. Si *s* pouoit l'en aler el *Mont de Syon t* par une posterne, qui là estoit en cele rue *u* à main senestre. Einsinc *v* comme l'en issoit horz *x* de la posterne, avoit .j. *Moustier y* de *z* mun seigneur *aa* saint Iaque de Galice *bb*, qui frérez estoit mon seigneur *cc* saint Iehan l'Esvangelistre. Là disoit on *dd* que sainz Iaques out la teste coupée, & por ce fist l'en *ee* le moustier là *ff*.

Portes de Jérusalem.

Eglise S. Jacques.

(V) La grant rue, qui aloit de la *Tor gg David hh* droit as

Rue de David.

a. *C, H, I, J, K* en droit midi. — b. par *m. d. C, G, J*. — c. *I, K* Nostres Sires. — d. *A, D, E, F* Escalvaire. — e. *G, H, I, J, K* hors de la cité, c'est à dire des murs. — f. *G, H, I, K* estoit. — g. *C, G, H, I, K* vers. — h. *E, I* mont. — i. mestrez *m. d. E*. — j. *G* sanz. — k. *B* & commant; *E* & dirai comant. — l.. *C, E* siéent; *H* servent. — m. Ores *m. d. B; E* Aires; *H, I, J, K* Obres. — n. si *m. d. C, G, H, I, J, K*. — o. *A, B, C, D, F, G, H, I, J, K* porte. — p. *C ajoute :* & pour ce l'apeloit on la Porte David. — q. *A* devers; *C* dedens. — r. *H* devers. — s. *K* Quant si. — t. *E, F* Synai. — u. en cele rue *m. d. C, I*. — v. *C* Ains que l'en issist fors. — x. *K* où il soit hors. — y. *H, I, K* de la posterne ou moustier. — z. de *m. d. I, K; A, F* de pierre Saint Jaque. — aa. mon seigneur *m. d. D;* monseigneur saint *m. d. A*. — bb. de Galice *m. d. I*. — cc. mon seigneur *m. d. C*. — dd. *C, E* l'en. — ee. *G. J* on. — ff. *C* là le moustier. — gg. *C, E* porte.—hh. de la Tor David *m. d. I*.

Marché au blé. *Portes Oires* [a] , apeloit l'en [b] la *Rue David,* de ci [c] iuſqu'au *Change.* A main [d] ſeneſtre de la *Ter David,* avoit une grant place où l'en vandoit blé [e] ; & quant l'en avoit .j. pou avalée celle rue, qui avoit [f] non la *Rue David,* ſi trouvoit l'en une rue à main [g] ſeneſtre, qui a non [h] la *Rue le* [i] *Patriarche,* pour l'amor de ce que [j] li patriarches demouroit [k] au chief de [l] cele rue. Li patriarchez avoit une porte [m] par où [n] l'en [o] entroit en la maiſon de l'*Oſpital.* Aprèz ſi avoit une [p] porte par où l'en [q] entroit [r] el mouſtier del *Sepulcre;* mès n'eſtoit [s] mie la meſtre. Quant l'en venoit au *Change,* là où la *Rue David* defailloit [t] , ſi trouvoit [u] l'en une rue, qui avoit non la *Rue de* [v] *Monte Syon* [x]. En [y] l'iſſue del *Change,* trouvoit l'en une rue couverte à voute, qui avoit non la *Rue des Herbes* [z]. Là endroit [aa] vandoit l'en toutes [bb] les herbes & tous [cc] les fruiz de la ville & toutes [dd] les eſpices. Au chief de cele rue avoit .j. leu où [ee] l'en vandoit le poiſſon. Et derriérez [ff] le marchié là [gg] où l'en vandoit le poiſſon [hh], avoit [ii] une mout [kk] grant place [ll] où [mm] l'en vandoit les froumaiges, & les poulles & les annes [nn]. A main [oo] deſtre de cel marchié, eſtoient li leu as [pp] orfévrez *Surienz.* Et ſi i [qq] vandoit l'en les [rr] paumes que li paumier aportent [ss] d'Outre mer. A [tt] main ſeneſtre [uu] de cel marchié eſtoient les eſchopes des

Rue du Patriarche.

Maiſon de l'Hôpital.

Change.

Rue de Mont Sion.

Rue des Herbes.

Grand Marché.

---

a. *F, H, K ajoutent*: la grant rue; *A, B, C, D, I, J ajoutent* : la grant.— b. *G* devant la Rue David & aloit juſque au. — c. de ci *m. d. A, B, C, D, F, H, I, J, K.* — d. *B* la main. — e. *A, D, E, I, K* le blé. — f. *B* a. — g. main *m. d. E, I.* — h. *C, H, I, K* qui avoit non; *E* qu'en apeloit. — i. *A, C, E, G, H, I, J, K* au. — j. *B, C, G, H, I, J, K* pour ce que. — k. *A, C, D, E, G, H, I, J, K* manoit. — l. *A* d'une rue. — m. *E ajoute* : en ſon manoir. — n. *H, I, J, K* de là où. — o. *B* a ici un bourdon & lit : il entroit ou mouſtier del Sepulcre. — p. *E* une autre. — q. *I* de là où on. — r. en la maiſon . . . . entroit *m. d. K.* — s. *B, C* ce n'eſtoit. — t. *B, C, H, I, J, K* failloit. — u. *I* tournoit en en. — v. la Rue de *m. d. G.* — x. *C ajoute* : quar elle ioingnoit à la Rue du Mont de Syon. — y. *E, I, K A; H* Et en. — z. *C* des Eſtres. — aa. en droit *m. d. C, G, H, I, J, K.* — bb. toutes *m. d. E.* — cc. tous *m. d. E.* — dd. toutes *m. d. E, G, H, I, J, K.* — ee. *C* là où. — ff. *E* Par derriére. — gg. là *m. d. C, E.* — hh. derriérez ..... poiſſon *m. d. G, H, I, J.* — ii. *K* & avoit. — kk. mout *m. d. G, H, I, J.* — ll. *C, G, H, I, J, K ajoutent* : à main ſeneſtre. — mm. *E* là où. — nn. *B* auwes; *E, G, H, I, J, K* oes. — oo. main *m. d. D.* — pp. *B* des. — qq. i *m. d. B, H, I.* — rr. les *m. d. F.* — ss. *J* aportoient. — tt. *B* A la. — uu. *A, C, E, G, H, I, K* deſtre.

orfèvrez *Latinz* a. Au b chief des eschopes avoit une abaie de nonnainz que l'en apeloit *Sainte Marie la Grant*. Aprèz c de d cele abaie de nonnainz e, trouvoit on une abaie de moinnes noirz f que l'en apele g *Sainte Marie la Latinne*. Aprèz trouvoit h l'en la maison de l'*Ospital* à i main destre. *Ste Marie la Grande. — Ste Marie Latine.*

III

De ce meïsmes.

(VI) De la j droiture de l'*Ospital* estoit la mestre porte del *Sepulcre*. Devant cele porte del *Sepulcre* k avoit une mout bele place & l pavée de marbre. A m main destre de n cele porte del *Sepulcre* o, avoit .j. moustier que l'en apeloit *Saint Iaque des Iacobinz*. A p main destre tenant q de cele r porte del *Sepulcre*, avoit unz degréz par où l'en montoit el *Mont de Calvaire* s. Là sus en som t le mont, si u avoit une mout bele *Chapele*, & si avoit .j. autre huis en cele chapele v par où l'en entroit el moustier del *Sepulcre*. Et x avaloit l'en y par unz autrez degréz qui là estoient, tout einsinc comme l'en z entroit el mostier del *Sepulcre* aa. De bb desouz *Mont de Calvaire* si cc estoit *Golgatas*. A main destre estoit li *Closchierz* dd del *Sepulcre*. Et si ee avoit une chapele que l'en apeloit *Sainte Trinité* ff. Cele chapele estoit gg mout grant, car l'en i espousoit toutes les fames de hh la cité. Et là estoient les fonz où l'en baptizoit ii tous jj les enfanz kk. Et cele chapele si estoit tenanz au *Grand portail du Sépulcre. — S. Jacques des Jacobites. — Le Calvaire. — Le Golgotha. — Ste Trinité.*

a. *E* les escharpes que li Latin vendoient. — b. *C* Et au. — c. *A, E* Près de. — d. de *m. d. B, C, G, H, I, K.* — e. de nonnainz *m. d. A.* — f. *I* une autre abbeie de nonnains noires. — g. *C, E, G, H, I, J, K* apeloit. — h. *E* i trovoit. — i. *B* à la. — j. *A* En la; *G* A la. — k. del Sepulcre *m. d. B.* — l. & *m. d. B, C.* — m. *B* A la. — n. *G, I, J, K* de cel Sepulcre. — o. del Sepulcre *m. d. A.* — p. *B* A la. — q. *K* devant. — r. *C* à cele; *E* à la. — s. *A, C, D, E, F* Escauvaire, *ici & ailleurs.* — t. en som *m. d. B; E* en sus. — u. si *m. d. D, G, H, I, J, K.* — v. & si.... chapele *m. d. F.* — x. *E* Et s'en; *G, H, I, J, K* Et y. — y. l'en *m. d. A.* — z. l'en *m. d. H; K* c'on. — aa. Et avaloit..... Sepulcre *m. d. C.* — bb. De *m. d. C, H, I, K.* — cc. *B, H* qui si. — dd. *C* cloîtres. — ee. *C, E, G, I* Et si i. — ff. *I* chapelle de Sainte Trinité. — gg. *J, K* si estoit. — hh. *F* de de. — ii. *C* il bauptisoient. — jj. tous *m. d. F.* — kk. *G, H, I, J, K* ajoutent: de la cité.

Sepulcre, si que *a* il i avoit une porte par où l'en *b* entroit el moustier *c*.

Le Monument.   (VII) A la droiture de la *d* porte estoit li *Monumenz* *e*. En cel endroit là où li *Monumenz* estoit *f*, estoit *g* li moustierz tout reonz *h*, & si estoit ouverz par desore senz *i* couverture. Et dedenz cel *j* *Monument* estoit la pierre del *Sepulcre* & li *Monumenz* couverz à voute. Au chevèz de cel *Monument*, comme *k* au chief de l'autel par desorz, a un autel *l* c'on apele *m*

Le Chevet.   *Cavet* *n*. Là chantoit l'en chascun iour au point del iour. Il i *o* avoit mout bele place entor *p* le *Monument* & toute pavée, si comme l'en aloit à processionz *q* tout entor *r* le *Monu-*

Le Chœur.   *ment* *s*. Aprèz verz *t* oriant estoit li cuerz del *Sepulcre*, là où li chanoinne chantoient *x*, si estoit lonc *v*. Entre *x* le cuer où *y* li chanoinne *z* estoient *aa* & le *Monument*, si *bb* avoit .j.

L'autel des Grecs.   autel là où li Grieu chantoient. Mès entreclosture *cc* avoit *dd* entre .ij., si en i avoit une, par où l'en aloit de l'une à l'autre. El mi leu del cuer aus *ee* chanoinnes, avoit .j. letrun de marbre que l'en apeloit le *Compas*; lassus list l'en l'Epistre.

(VIII) A main destre del grant *ff* autel del cuer estoit *Mont*

Le Calvaire.   *de Calvaire*; si que, quant l'en chantoit messe de la Resurrection, li diacrez, quant *gg* il chantoit l'Esvangile, se tornoit *hh* verz *Mont de Calvaire* quant il disoit *crucifixum*. Aprèz se *i* tornoit verz le *Monument*, & *ii* il disoit: *surrexit* *kk*. *Non est hic*. Si monstroit au doi: *Ecce locus ubi posuerunt eum*. Et puis se *ll* retornoit, si redisoit son Euvangille *mm*.

a. *K* comme. — b. *H, I, J, K* dont on. — c. *I* Sepulchre. — d. *H, I, K* A l'endroiture de cele. — e. *G ajoute*: de Nostre Seigneur. — f. là où..... estoit *m. d. B*. — g. estoit *m. d. H, K*. — h. *E* tout li mostiers toz roons. — i. *I* sans nulle. — j. *E, H, I* ce; *K* c'est le. — k. *C, G, H, J, K* aussi comme. — l. a un autel *m. d. tous les mss.*, *ajouté d'après Ernoul*. — m. *C, G, J, K* apeloit. — n. cel monument .... Cavet *m. d. I*. — o. i *m. d. H, I, K*. — p. *H, I, J* tout entour. — q. *C* à la procession. — r. le Monument..... entor *m. d. H, I*. — s. le monument *m. d. I*. — t. verz *m*.

d. *E*. — u. *E ajoute*: &. — v. si estoit lonc *m. d. C*. — x. *A, B* Outre. — y. *C, H* là où. — z. chantoient ..... chanoinne *m. d. I*. — aa. *A, B, C, G* chantoient. — bb. si *m. d. G, H, K*. — cc. *B* entreclosure; *C* entrecloft; *G, H, I, J, K* un autre clos. — dd. *A* i avoit; *G* i en avoit. — ee. *B* des. — ff. *G, H, I, J* maistre. — gg. *G* qui chantoit. — hh. *H, I, J, K* si se tornoit. — ii. *G, H, I, J* si se. — jj. *E, G, H, I* quant. — kk. *G, H, I, J* resurrexit. — ll. *E* s'en. — mm. *C* & disoit s'Evangille; *E* si disoit son Esvangile; *G, H, I, J* retornoit au livre, si pardisoit son Euvangile.

(IX) Au chevèz du cuer avoit une porte par où *a* li chanoinne entroient en leur officines à main deftre. Entre cele porte & *Mont de Calvaire*, avoit .j. mout *b* parfont foffé où l'en avaloit à degréz *c*. Là avoit une place que l'en apele *d Sainte Ste Hélène. Helainne.* Là trouva fainte Helainne la croiz & *e* les clous & *f* le martel & la couronne. En cele fofce, el tenz que Noftre Sirez *g* fu enterréz *h*, gitoit *i* on les corz des *j* larronz, quant il *k* eftoient crucefiéz *l* ; quant on les pandoit *m* ou *n* quant on leur coupoit ou *o* pié *p* ou poing, ou tefte, ou l'en en feffoit aucune iuftice, en la faifoit el *Mont de Calvaire.* Pour ce l'apeloit l'en *Mont de Calvaire q* que *r* l'en i faifoit les iuftices & ce que les *s* loiz aportoient, & que l'en i efchauvoit *t* les mambrez que l'en i *u* iugoit *v* à perdre aus malfaiteurz. Tout aufinc comme li chanoinne iffoient del *Sepulcre*, à main *Logis des cha-* fenestre eftoit leur *x* dortouerz, & à main deftre leur refrai-*noines.* torz, & tenoit à *Mont de Calvaire.* Entre ces .ij. officines *y* eftoit leur cloiftrez & leur praiaus. El mi leu de cel prael *z* avoit une grant ouverture, dont l'en veoit en la *Chapele aa Sainte bb Helainne,* qui defus eftoit, car autrement n'i veïft *cc* on goute.

IV

De ce meïfmes.

(X) Devant *dd* le *Change* tenant à la *Rue des Herbes* a une *Rue Malcuifinat.* rue *ee* que l'en *ff* apeloit *Mel Cuifinat.* En cele rue cuifoit l'en

a. *H, I* par là où. — b. *l* trés. — c. à degréz *m. d. A, D, E, F.* — d. *C, E, G, H, I, J, K* apeloit. — e. & *m. d. E.* — f. & *m. d. E.* — g. *C, G, H, I, K* que Ihefu Crift; *D, E* que Noftre Sire Ihefu Crift. — h. *D* par terre. — i. *B* y gitoit on. — j. *K* de. — k. *G, H, I, J* qui. — l. quant il eftoient crucefiéz *m. d. E.* — m. *A, B, C, D, E, G, H, I, K* defpendoit; *A ajoute:* ou le cors des larons. — n. *H, I, K* &. — o. ou *m. d. C, D, E.* — p. ou pié *m. d. G, H, I, K.* — q. Pour ce…Calvaire *m. d. G,* *H, I, J, K.* — r. *J* quer. — s. les *m. d. I.* — t. *B, C, G* oftoit; *E* copoit; *H, I, K* gitoit. — u. i *m. d. A, C, D, G, H, I, J, K.* — v. *E* qui eftoient iugié. — x. *E* li. — y. *K* offices. — z. *G, H, I, J, K* du preel. — aa. *G, H, I, J* chambre. — bb. Sainte *m. d. A, B, C, D, E, G, H, K* veoit. — cc. *A, B, E, G, H, I, J, K.* — dd. *C, G, H, I, J, K* Li changes eftoit; *A, B, D, F* Li change fi eftoient. — ee. a une rue *m. d. tous les mff.; ajouté d'après Ernoul.* — ff. que l'en *m. d. J.*

la viande *a* as *b* pelerinz que l'en leur *c* vandoit. Et fi i lavoit on les chiés, & fi aloit l'en de la rue au *Sepulcre*. Tout au devant de *d* cele *Rue de Mal Cuifinat* avoit une rue *e* que l'en

Rue Couverte.

apeloit la *Rue Couverte*, là où l'en vandoit la draperie, & eftoit toute à voute par defore. Et par cele rue *f* aloit l'en au *Sepulcre*.

(XI) Cele *g* rue dont l'en *h* aloit des *Changes* as *Portes Ores*,

Rue du Temple.

avoit à *i* non la *Rue del i Temple*; & *k* pour ce l'apeloit l'en la *Rue l del Temple m* que on venoit ainçoiz au *n Temple* que as *Portes Ores o*. A main feneftre fi comme l'en avaloit cele rue *p* à aler *q* au *Temple*, là eftoit la boucherie où *r* l'en vandoit la char *s* de la vile. A main deftre avoit une autre rue par où *t* l'en aloit *u* à l'*Ospital*. Et icele rue fi avoit *v* non la

Hôpital & rue des
Allemands.
S. Gilles.

Rue x aus y Alemenz. A main feneftre fuer le pont avoit .j. *Mouftier de monfeigneur z faint Gile*. Au chief de cele rue trouvoit l'en *aa* unes portes *bb* que l'en apeloit *Portes Pre-*

Porte Précieufe.

cieufes. Et pour ce les apeloit l'en *Portes Precieufes cc*, que Noftre Sirez *dd* Ihefu Criz par ces portes entroit *ee* en la cité de *Iherufalem*, quant il aloit *ff* par terre. Ces portes fi *gg* eftoient en .j. mur qui eftoit entre la cité & le mur *hh* des *Portes Ores*.

V

De ce meïfmes.

Le Temple.

(XII) Entre le mur de la cité & le mur des *Portes Ores*, fi *ii* eftoit li *Temples*. Et s'i *jj* avoit *kk* une grant *ll* place, qui

---

a. *C* les viandes. — b. *B* des. — c. leur *m. d. C, H, I, J, K.* — d. *C, H, I, J, K* Tout avant de; *G* Tout au bout de. — e. rue *m. d. I.* — f. cele rue *m. d. G.* — g. *E* De cele. — h. l'en *m. d. K.* — i. à *m. d. B, H.* — j. del *m. d. C, G.* — k. & *m. d. I, K.* — l. *I, J, K* Porte. — m. & . . . Temple *m. d. A, C.* — n. *I* du. — o. Ores *m. d. B.* — p. *F ajoute:* à main feneftre. — q. à aler *m. d. H; I* pour aler; *A* fi comme à aler de la ville. — r. *H, K* là où. — s. *H, I, J, K ajoutent:* de la boucherie à ceus. — t. *I, J, K* par là où. — u. *C* avaloit. — v. *C, G, H, I, J, K* Cele rue avoit. — x. la rue *m. d. H, K.* — y. *B* des. — z. monfeigneur *m. d. C, G, H, I, J, K.* — aa. *E* avoit unes. — bb. portes *m. d. A.* — cc. Et pour . . . Precieufes *m. d. G, H, I, K.* — dd. Noftre Sirez *m. d. C, G, H, I, J, K.* — ee. *C, E* entroit par ces portes; *B, I* par ces portes entra. — ff. *I, J* ala. — gg. fi *m. d. D.* — hh. *A* les murz. — ii. fi *m. d. C.* — jj. *E, I, J* fi i. — kk. *D* fi eftoit. — ll. grant *m. d. E.*

plus eſtoit que une *a* traitie de lonc & le giét d'une pierre de lé, ainz que l'en veigne *b* au *Temple*. Cele place ſi eſtoit toute *c* pavée, dont l'en apeloit cele place *d* le *Pavement*. A main *e* deſtre, ſi comme l'en iſſoit *f* de ces portes, eſtoit li *Temples Salemon*, là où li frére del *Temple g* manoient *h*. A la droiture des *Portes Precieuſes* & des *Portes Oirez* eſtoit li mouſtiera del *Temple Domini*. Et ſi eſtoit en *i* haut ſi comme il monta aus degréz hauz *j*. Et quant l'en montoit ces *k* degréz, ſi trouvoit l'en une grant place toute couverte de marbre & *l* mout large. Et cel *m Pavement* ſi *n* aloit tout entor le moſtier del *Temple*. Li mouſtierz del *Temple* ſi *o* eſtoit touz roonz, & à main ſeneſtre del haut *Pavement del Temple* eſtoit l'officine de l'abé & des chanoinnes. Et de cele part avoit unz degréz par *p* ou l'en montoit au *Temple*, del bas *Pavement* el haut *q*.

Abbaye du Temple.

(XIII) Deverz *r* ſoleil levant, tenant au mouſtier del *Temple*, avoit *s* une *Chapele de monſeigneur ſaint Iaque l'apoſtre le Menor t*. Pour ce eſtoit illeuc *u* cele chapele *v* qu'il i *x* fu martiriéz, quant li Iuif le gitérent de *y* deſuer le *Temple* à val. Dedenz cele chapele eſtoit li leuz où Noſtre Sirez *z* Iheſu Criz delivra la pechareſſe que l'en *aa* menoit *bb* martirier, pour l'amour de ce qu'ele *cc* avoit eſté priſe à *dd* avoutire. Au chief de cel *Pavement*, par deverz ſoleil levant ravaloit *ee* on unz degréz à aler aus *Portes Oirez*. Quant on les avoit avaléz, ſi trouvoit l'en une *ff* grant place *gg*, ainçoiz *hh* que l'en veniſt aus portes. Là ſeoit li *Aitres* que Salemon fiſt; par ces portes ne paſſoit nus, ainçoiz *ii* eſtoient

S. Jacques le Mineur.

Porte Dorée.

a. *A*, *C*, *E*, *G*, *H* avoit d'une; *I*, *J*, *K* eſtoit d'une. — b. *E* veniſt. — c. toute *m. d. C, G, H, i, J, K.* — d. *F* l'apeloit. — e. *A, B* la main. — f. *G* aloit. — g. del Temple *m. d. B.* — h. *B* demouroient. — i. en *m. d. C.* — j. *C* ſi quan i montoit à degréz. — k. *C* les. — l. une grant . . . . & *m. d. H, I, J, K; remplacé dans G par: une voie.* — m. *I* ciſt; *J, K* cis. — n. ſi *m. d. C, G, H, I, J.* — o. ſi *m. d. C, G, H, I, J, K.* — p. par *m. d. I.* — q. *C ajoute:* pa-

vement ou haut. — r. *A* Devant. — s. *C* ſi avoit. — t. *B* le mineur & appoſtle; *I, D* le menor apoſtre. — u. *F* ainſi; *K* ilec quant. — v. *E* chapele apelée. — x. i *m. d. E.* — y. de *m. d. K.* — z. Noſtre Sire *m. d. C, G, H, I, J, K.* — aa. *K* qui. — bb. *G* vouloit. — cc. *C, G, H, I, J, K* por ce qu'ele; *A* que avoit. — dd. *B, E, K* en. — ee. *B* ravoit on. — ff. *A* en une. — gg. *G, H, I, K* une place grant. — hh. *C, H, I, J, K* ains. — ii. *C, J* ains.

muréez, & fi n'i paffoit nus *a* forz feulement *b* .ij. foiz l'an que l'en *c* les defmuroit. Et i aloit on à proceffionz *d* le iour *e* de Pafques florries pour l'amor de ce que *f* Noftre Sirez *g* Ihefu Criz i paffa à celui iour, & fu recueilliz à proceffion ; & le iour de fefte *h* Sainte Croiz en feptembre, pour ce *i* que par cele porte *j* fu raportée la Sainte *k* Croiz en la cité de *l* *Iherufalem*, quant li emperiérez *m* Eracles la conquefta *n* en Perffe, & par cele porte la remift l'en *o* en la cité, & ala on à proceffion encontre lui *p* . Par *q* ce que l'en n'iffoit mie horz *r* de la ville par *s* ces portes, il *t* avoit une poterne par encofte *u*, que l'en apeloit la *Porte* *v* *de Iofaphas*. Par cele poterne iffoient cil de la cité *x* horz de cele part. Et *y* cele pofterne fi *z* eftoit à *aa* main feneftre des *Portes Oirez*.

Poterne de Iofaphat.

(XIV) Par deverz midi ravaloit on *bb* del haut *Pavement* el *cc* *Temple* bas, dont *dd* l'en aloit au *Temple Salemon*. A main feneftre, fi comme l'en avaloit *ee* del haut *Pavement* el bas *ff*, là avoit il *gg* un mouftier que l'en apeloit le *Bierz* dont Diex *hh* fu berciéz en s'enfance, fi comme *ii* l'en difoit. El mouftier del *Temple* avoit .iiij. portes en croiz. La premiére fi *jj* eftoit deverz foleil couchant. Par cele entroient cil de la cité el *Temple*. Et par *kk* deverz foleil levant entroit l'en en la

Eglife du Berceau.

---

a. & fi n'i paffoit nus *m. d. C.* — b. *A, B, D* nus que feulement ; *G, H, I, J, K* nus que. — c. *E* ne paffoit nus fors feulement deus fois l'an, car eles eftoient murées, que l'en. — d. *C* à la Pafque fleurie à la porceffion. — e. *B ajoute :* de la fefte. — f. *C, G, H, I, J, K* pour ce que. — g. Noftre Sire *m. d. C, G, H, I, J, K.* — h. *B, H, I, K* la fefte. — i. ce *m. d. E.* — j. *G, H, I, K* ces porces. — k. Sainte *m. d. A, B, D, F, H, I, J, K ; G* vraie. — l. la cité de *m. d. C, G, H, I, J, K.* — m. *C, G, H, I, K ajoutent :* de Rome. — n. *A* conquift. — o. l'en *m. d. I, K.* — p. *G* ala à porceffion tout le peuple encontre ; *A, C* contre lui. — q. *C* Pour. — r. *E* pas fors ; *C, D* mie par ces portes hors de la ville [*D* cité]. — s. la ville par *m. d. E.* — t. *I* il y. — u. *B* d'en cofte. — v. *E* pofterne ; *I* qui avoit non la porte. — x. *C* ville. — y. *E* En. — z. fi *m. d. C, G, H, I, K.* — aa. *B* à la. — bb. *G* & y avaloit on ; *H* aloit on ; *I, K* y avaloit on ; ravaloit on *m. d. J.* — cc. *A, D, G* del ; *C* au bas. — dd. *K* de dont. — ee. *H, J, K* aloit ; del haut.... avaloit *m. d. I.* — ff. el bas *m. d. E* ; dont l'en.... bas *m. d. C.* — gg. il *m. d. H, I, J, K.* — hh. *C, G, H, K* Là eftoit li biers ; *C, H, K* dont Dieus ; *E* por ce que Deus ; *G* où Noftre Sire ; *J* où Dieus. — ii. *H, J, K* que. — jj. fi *m. d. H, I, J, K.* — kk. *H, I, J, K* par cele devers.

chapele, & *a* s'en riſſoit *b* on d'ileucques aus *c* *Portes Oires.*
Par la porte deverz midi entroit l'en el *Temple d* , & par la
porte deverz aquilon entroit on *e* en l'abaïe.

VI

De ce meïſmes.

(XV) Or vous ai ge ci en droit *f* deviſé del *Temple* & *g* del
Sepulcre, coumant il ſiéent *h* , & de l'*Oſpital i* , & des rues qui
eſtoient dès *j* la *Porte David* deci aus *k Portes Oirez,* l'une en
droit l'autre, dont l'une eſtoit deverz *l* ſoleil levant, & l'autre
ſi eſtoit devers ſoleil couchant *m* . Or vous dirai des autrez .ij.
portez dont l'une eſtoit en droit l'autre *n* . Cele deverz aquilon
avoit non *o* la *Porte Saint Eſtienne.* Par cele porte entroient
treſtuit *p* li pelerin, & tuit cil qui par deverz *Acre* venoient
en *Iheruſalem* & de *q* par toute la terre del ſlum de ci *r* iuſques à *s* la mer d'*Eſcalone.* Dehorz cele porte ainz que l'en i
entraſt *t* , à main deſtre *u* , avoit .j. mouſtier de *Mon ſeigneur v*   Porte S. Etienne.
ſaint *Eſtienne.* Là *x* dit l'en *y* que mes ſirez *z* ſaint Eſtiennez *aa*
i *bb* fu lapidéz. Devant cel *cc* mouſtier, à main *dd* ſeneſtre *ee* ,
avoit une *ff* grant meſſon que l'en apeloit l'*Aſnerie gg* . Là
ſouloient *hh* ieſir li aſne & li ſommier de l'*Oſpital.* Et *ii* pour
ce avoit non *jj* l'*Aſnerie.* Celui *kk* *Mouſtier de Saint Eſtienne*   Eglise
abatirent li Creſtien de *Iheruſalem* devant ce que il fuſſent   de S. Etienne.

a. *H, I, J, K* & ſi. — b. *B, E, G*
iſſoit. — c. *B* de là aus; *C* & iſſoit
devers les. — d. *C, H, I* Temple
Salemon. — e. on *m. d. D.* —
f. ge ci en droit *m. d. C, G, H, I;*
en droit *m. d. J.* — g. *D* & de
l'Oſpital. — h. coument il ſiéent *m.
d. E.* — i. *D* du Sepulcre; *A* commant cil de l'Oſpital. — j. *E* de;
G, H, I, J, K des portes. — k. *C*
treſqu'aus; *F* de ci. — l. *A* en
droit. — m. *E* & l'autre devers couchant. — n. dont l'une.... l'autre
m. d. G, H, I, J, K. — o. *I* à non.
— p. tres *m. d. C, E, G, H, I, J, K.*
— q. de *m. d. C, E, H, I, J, K.*
— r. de ci *m. d. E, G, H, I, J, K.*

— s. *B, F,* en; *C* treſqu'à. — t. *D,
G, H, I, J, K* ainſi comme on i entroit. — u. à main deſtre *m. d. C.*
— v. mon ſeigneur *m. d. B.* —
x. *E* Et. — y. *G, H, I, J* diſoit
on. — z. *A, H, I* mon ſeigneur. —
aa. Là dit l'en.... Eſtiennez *m. d.
K.* — bb. i *m. d. H, I, J; K* qui.
— cc. *E, K, J* ce. — dd. *B* à la
main; main *m. d. E.* — ee. *B* deſtre. — ff. *B* une maiſon bien
grande. — gg. *A* la ſuerie & *ailleurs;* *B* la ſurie & *ailleurs.* —
hh. *E* ſeulent. — ii. Et *m. d. H, I,
K.* — jj. *C, G* l'apeloit on. —
kk. *C, G* Cel; *H, I, K* Ce.

Anerie.

Maladrerie.

Poterne de S. Lazare.

afſejé, pour l'amor de ce que [a] li mouſtierz eſtoit prèz des murz. L'*Aſnerie* ne fu mie [b] abatue. Ainçoiz [c] ot puis grant meſtier aus pelerinz, qui par treuaige venoient en *Iberuſalem*, quant ele eſtoit aus Sarrazins [d], & que [e] li Sarrazin ne les [f] leſſoient mie heſbergier dedenz [g] la cité. Pour ce, leur ot [h] la meſſon de l'*Aſnerie* [i] grant meſtier. A main deſtre de la *Porte Saint Eſtienne* [j] eſtoit la *Maladerie* [k] de *Iberuſalem* [l], tenant aus murs. Devant à [m] la *Maladerie* avoit [n] une poſterne que l'en apeloit la *Poſterne de* [o] *Saint Ladre*. Quant li Sarrazin orent conquiſe la cité ſuer les Creſtienz, par là en droit [p] metoient il enz les Creſtienz pour aler couvertement au *Sepulcre* [q]. Car li Sarrazin ne vouloient mie que li Creſtien [r] ſeüſſent [s] leur couvine ne celui de la [t] cité; pour ce les metoit l'en enz [u] par la *Porte le Patriarche*, qui eſtoit en la rue del *Mouſtier* [v] *del Sepulcre*, ne l'en ne les metoit [x] mie [y] enz par la *Meſtre Porte*.

Mès ſachiez bien de voir que li Creſtien [z] pelerin, qui vouloient aler au *Sepulcre* [aa] aus autrez *Sainz Leuz*, que [aa] li Sarrazin avoient granz [bb] louierz d'elx [cc] & granz ſervicez: li Sarrazin les priſoient bien chaſcun an à [dd] .xxx. m. [ee] beſanz; mès l'en eſcoumenia après touz lez Creſtienz qui louier en donroient, par quoi il ne valut [ff] mie tant [gg].

---

a. *C, G, H, I, J, K* por ce que. — b. *G, I, J, K* pas. — c. *C, D, G, J* Ainz. — d. quant... Sarrazins *m. d. D.* — e. *C* quar li; *D* autant que li. — f. *H, I, K* nes. — g. *C* en. — h. ot *m. d. K.* — i. *E ajoute:* qui par defors les murs eſtoit. — j. *J* Porte de Iheruſalem. — k. S. E. eſtoit la Maladerie *m. d. G;* eſtoit la Maladerie *m. d. H, K.* — l. de Iheruſalem *m. d. A, K.* — m. à *m. d. E.* — n. *C* tenoit. — o. la Poſterne de *m. d. A, B, C, E, F;* de *m. d. G.* — p. en droit *m. d. C, H, I, J, K.* — q. *E ajoute:* & aus autres Sainz Leus que li Sarrazin avoient d'els granz loiers & granz treuages. Et priſoient bien li Sarrazin la rente qu'il en avoient à .xxx. m. beſanz. Mès l'en eſcomenia après tous les Creſtians qui loier donroient plus as Sarrazins por aler en Ieruſalem; por coi la rente ne leur valut mie tant. Et por ce les metoient enz par cele porte, por ce que li Sarrazin. — r. *E* mis qu'il. — s. *G, H, I, J, K* veiſſent. — t. *C, G, H, I, J, K* la covine de la. — u. *C* metoient il enz; *E* metoient enz. — v. del Mouſtier *m. d. D.* — x. *E* nes metoit. — y. *C* pas. — z. Creſtien *m. d. D.* — aa. que *m. d. C.* — bb. *B* des grans. — cc. *C, G, J* avoient d'aus granz loiers & grans treus; *H, I, K* avoient d'euls grans treus & grans loiers; d'elx *m. d. A.* — dd. chaſcun an à *m. d. C.* — ee. *J* .xx. m. — ff. *C, G, H, I, J, K* valort. — gg. *G ajoute:* aus Sarrazins.

(XVI) Quant on entroit en la *Meſtre Porte* par la *Porte* [a]
Saint Eſtienne, ſi [b] trouvoit l'en .ij. rues, l'une à deſtre [c] &
l'autre à feneſtre, qui aloient [d] embedeuz [e] à la *Porte de*
Mont Syon, ſi [f] eſtoit à droiture [g] de la *Porte Saint Eſtienne* ;
la rue à main feneſtre ſi [h] aloit à une poſterne que l'en apeloit [i] *la Tannerie*, & aloit droit par deſus [j] le pont. Cele rue,
qui aloit à la *Porte de Mont, Syon*, avoit non [k] la *Rue* [l] *Saint*
Eſtienne. De ſi que on [m] venoit aus *Changes des Suriens*, avoit [n]
une rue [o] à main deſtre qu'en apeloit la *Rue del Sepulcre*.
Là eſtoit la *Porte de la meſſon del Sepulcre*. Par là en
droit [p] entroient [q] cil del *Sepulcre* [r] en leur maiſſonz &
en leur manoirz. Quant en venoit devant cel [s] *Change*, ſi trouvoit on à main deſtre [t] une rue couverte à voute par où l'en
aloit au *Mouſtier del Sepulcre* [u]. En cele rue vendoient li Su-
rien leur draperie, & ſi i [v] faiſoit l'en les chandeilles de cire [x].
Devant ces *Changes* [y] vandoit on le poiſon [z]. A [aa] ces *Changes*
tenoient ces [bb] .iij. rues qui tenoient [cc] aus autrez *Changes* des
Latinz [dd]. Dont l'une des [ee] .iij. rúez avoit non *Rue Cou-*
verte : là vandoient li Latin leur draperie, & l'autre *Rue des*
Herbes, & la tierce *Mal Cuiſinat*. Par la *Rue des Herbes* aloit
on en la *Rue de Mont Syon* [ff] & treſcopoit en [gg] la *Rue David*.
Par la *Rue Couverte* aloit on en la *Rue des Latinz* [hh]. Cele rue

Poterne de la Tan-
nerie.

Rue S. Etienne.
Change
des Syriens.

Rues Couverte, des
Herbes, Malcui-
ſinat, des Latins.

a. *E* Poſterne; *K* Porte de. —
b. *E* ſi i. — c. *C* remplace : qui aloit
à la Porte de Monte Syon qui eſtoit en droit midi & la Porte de
Monte Syon eſtoit à droiture, &c.
— d. *H, I, J, K* aloit. — e. embedeuz *m. d. G, H, I, J, K.* — f. ſi
m. d. C; E qui; *G, H, I, K*
ajoutent : qui eſtoit en droit midi &
la porte amont, ſi. — g. *G* à l'endroit. — h. ſi *m. d. H;* de la Porte...
ſi *m. d. K.* — i. *G, H, I, K* apele. —
j. *C, H, I, K* defous. — k. *C, H,*
I, K à non. — l. *E* Porte. — m. *C*
Par où l'en venoit. — n. *C* ſi avoit.
— o. une rue *m. d. I, K.* — p. Là
eſtoit... en droit *m. d. C;* en droit
m. d. H, K. — q. *C* Par là entroient.
— r. Là .toit... cil del Sepulcre
m. d. I. — s. *I* en ce; *K* ce. — t. *B*

feneſtre. — u. Là eſtoit... Sepulcre
m. d. G; Par là... Sepulcre *m. d. E.*
— v. i *m. d. H, I, K.* — x. *H* de
la cité. — y. *H, I, K* ce Change.
— z. Devant... poiſon *m. d. A.* —
aa. *A* Devant ces (*il y a eu beur-*
don). — bb. *I, J, K* les. — cc. *E*
ieignoient. — dd. *Après ce mot, G*
met la phraſe : Et aſſez près eſtoit
la Porte... Sepulcre, *qui a été omiſe*
plus haut; on lit enſuite : les .iij. rues
qui tenoient... — ee. *H, I, K* de
ces. — ff. *H, I, J, K ajoutent :* dont
on aloit en la Porte de Mont Syon.
— gg. en *m. d. E.* — hh. Dont
l'une... Latinz *m. d. A; C, E, H,*
J, K en une rue par le Change des
Latins; *J* en une rue couverte des
Latins.

apeloit on la *Rue de l'Arc* [a] *Iudaz*, pour ce que [b] l'en dift [c] que Iudas s'i pandi, & [d] i avoit un arc de pierre. A feneftre de [e] cele rue, avoit .j. mouftier qu'en [f] apeloit le *Mouftier* [g] *Saint Martin*. Et [h] prèz de cele porte avoit .j. *Moftier de Saint Pére*. Et [i] là difoit on que ce fu que [j] Ihefu Criz mift [k] la boue [l] que il mift es iex de [m] celui qui onques n'avoit [n] veü [o].

(XVII) Horz de la *Porte de Mont Syon*, trouvoit on [p] .iij. [q] voiez, une voie à main deftre qui aloit à [r] l'abaïe & au *Mouftier* [s] *de Mont Syon*, & entre l'abaïe & les murz de la cité avoit .j. grant aitre [t] & .j. mouftier. El [u] mi leu de la voie, à main feneftre, fi aloit [v] felonc les murz de la cité droit aus *Portes Oirez*, & d'illeuc avaloit on el *Val de Iofaphas*, & fi en aloit on [x] à la *Fontainne de Syloé*. Et de [y] cele porte à main deftre avoit [z] .j. *Mouftier de Saint Pére*, en *Gali Cante*. En cel mouftier [aa] avoit une foffe [bb] parfonde, là où l'en difoit que Saint Pére fe muça quant il ot Ihefu Crift renoié, & il oï le coc chanter, & là plora il. La voie à la droiture [cc] de cele porte [dd], par deverz midi, fi aloit par defor le *Mont de Syon* [ee] que [ff] on paffe l'abaïe. Si [gg] avaloit [hh] on le mont, & aloit on [ii] par cele porte en *Bethleem*.

a. de l'Arc *m. d. E.* — b. *D* Iudas en une rue par ce que. — c. *C, D, E, H, J, K* difoit. — d. *H, I* fi avoit; *K* fi i avoit; *D* Le Change avoit. — e. *H* en. — f. *F* quant; *K* de. — g. qu'en apeloit le Mouftier *remplacé dans G, H, I, J. K par:* de. — h. *G* Afféz près d'une porte avoit. — i. Et *m. d. H, I, K.* — j. *B* là que; *E* li leus où; ce fu que *m. d. A.* — k. *A, H, I, K* fift; *D* prift. — l. *G* en cel lieu prift I. C. la boe; *C* Si difoit on que ce fu là que N. S. I. C. fift la boe. — m. *C* à. — n. *B, H, I, K* n'avoit onques. — o. *G* veü goute. — p. *A, B, E, H, I, K* fi trouvoit on. —

q. *E* dues. — r. *E ajoute une phrafe:* aloit l'une à deftre, l'autre à feneftre; l'une aloit à. — s. & au Mouftier *m. d. E.* — t. *B* aire. — u. *E* Mont Syon; & l'autre aloit par devant un cimetire & par devant un moftier qui eftoit el. — v. *E* aloit l'en. — x *H* avaloit on. — y. *E* de léz. — z. *C, G, H, I, J, K* feur cele voie. — aa. En cel mouftier *m. d. E.* — bb. foffe *m. d. K.* — cc. *A* droituriére. — dd. *C* à celle porte à droiture. — ee. de Syon *m. d. K.* — ff. *C* tant c'om avoit paffé; *J* de fi que on paffe. — gg. *C* Lors. — hh. *G* avale. — ii. *G* valen par cele.

VII

Du Pelerinaige de la Sainte Terre.

(XVIII) Quant on avaloit *a* le mont fi trouvoit l'en un lac en la valée que on apeloit *b* le *Lac Germain*, por ce *c* que Germain le fift faire *d*, pour recueillir *e* les iaues qui defcendoient des montaignes quant il plouvoit, & là abevroit l'en les chevaus de la cité. De l'autre part *f* la valée, à main feneftre *g*, près d'illeuc avoit .j. charnier qu'en apeloit *Chaude Mar*. Là gitoit on les pelerinz qui fe *h* mouroient à *i* l'*Ofpital de Iberufalem*. Cele piéce de terre *j* où li charnierz eftoit, fi *k* fu achatée des deniers dont Iudas vendi la *l* char Iefu Crift, fi comme l'Efvangile le *m* tefmoigne. Dehorz la *Porte David* avoit .j. lac *n* par deverz foleil couchant *o* que l'en apeloit le *Lac le p Patriarche*, là *q* où l'en recueilloit les eves d'illeuc entor pour abevrer les chevaus. Près de cel lac avoit .j. charnier que l'en apeloit ie *Charnier del Lyon*. Il avint iadis, fi *r* comme l'en difoit, à un iour qui paffez eftoit, qu'il avoit entre Creftienz & Sarrazins une bataille entre cel charnier & *Iberufalem*, où il avoit *s* mout de Creftiens occis, & que li Sarrazin de la bataille les *t* devoient l'endemain treftoz fere *u* ardoir *v* pour la puour *x*. Tant que il *y* avint que .j. lionz vint par nuit *z*; fi les porta tous en *aa* cele foffe, fi comme l'en difoit, & *bb* pour ce *cc* l'apeloit l'en le *Charnier au dd Lion*. Et defuer

Lac Germain.

Chaude Mar.

Lac
du Patriarche.

Charnier du Lion.

---

a. *A, B, C, D, E, G, H, I, K* avoit avalé. — b. *C* qui avoit non. — c. por ce *m. d. D, F, H, I, J, K*; *G* que uns hom qui ot non. — d. *E* que uns boriois de la cité de Ierufalem le fift faire, qui avoit non Germain. — e. *J* cueillir. — f. *C, G, H, I* D'autre part; *E* part de. — g. *H* deftre. — h. fe *m. d. C, H, I, K*. — i. *E* en. — j. piéce de terre *m. d. K*. — k. fi *m. d. C, H, I, K*. — l. *E ajoute :* mort Iefu Crift, la. — m. le *m. d. A, D, E, G, I, K*. — n. *A, B, D, E, F* lieu. — o. *A* levant. — p. *A, C, G, H, K* del; *E, I* au. — q. là *m. d. E; I* par. — r. *C, D, E, G, H, I, K* ia fi. — s. *H* avoit eû. — t. *E* li Sarrazin por la pueur les; *I* devoient touz faire. — u. *H, K* touz faire l'endemain; *J* tous l'endemain faire. — v. *B* & que les Creftiens devoient l'endemain de la bataille par les Sarrafins eftre ars. — x. pour la puour *m. d. E.* — y. Tant que il *remplacé dans C par:* I.i. — z. par nuit *m. d. J.* — aa. *E* par nuit qui en porta tous les cors mors en. — bb. & *m. d. H, I, K*. — cc. *E* ce fai. — dd. *B, C, I, K* du.

le *a* charnier avoit .j. mouftier où l'en chantoit chacun
iour.

Abbaye des Géorgiens.

(XIX) Prèz d'illeuc, à une lieue, avoit une abaïe de non-
nains là où l'en difoit que *b* l'une des piéces *c* de la Vraie
Croiz fu cueillie *d*. La terre dont il eftoient *e* avoit non
Anegie f. Aucunes genz fi *g* difoient que ce eftoit la terre de
Femenie.

L'eftache de la Vraie Croiz fu prife devant le *Temple*
que *h* l'en ne pouoit trouver leus *i* où ele s'aferift *j* qu'ele ne
fuft ou trop longue ou trop corte *k*, dont il avenoit, fi comme
l'en difoit *l*, que, quant les genz venoient au *Temple m*, & il
avoient leur piéz embouéz, qu'il *n* terdoient *o* illeucques *p* leur
piéz *q*. Dont il avint que une roïne i paffa *r* une foiz, (fi la *s*
vit emboée, & *t* la tert de fes draz, fi *u* l'aoura.

Or vous dirai *v* de cele piéce de fuft dont ele vint, fi
comme *x* l'en dit, el paiz. Il avint, a *y* chofe, que Adanz iut
ou lit mortel *z*; fi pria à *aa* l'un de fes fiz que, pour l'amor
de *bb* Dieu, li aportaft .j. rainfel de l'arbre de coi *cc* il avoit
mangié del fruit *dd*, quant il pecha. On li aporta, & *ee* il le
prift & *ff* le mift en fa bouche, & *gg* quant il l'oft mis dedenz
fa *hh* bouche *ii*, fi *jj* eftraint les denz & l'ame s'en ala. Ne
onques, quant il fu morz *kk*, cel rainffel ne !i pot on efra-

---

a. *H, I, K* ce. — b. *H, I, K* dit
que. — c. *C, E* pierres. — d. *C* i
fu cueillie; *D* i fu coupée; *J* fu re-
cueillie. — e. *E, H* dont ele eftoit.
— f. *G, H, I, K* Anegle; *J* Ar-
regie. *La phrafe* de nonnains...
Anegie *m. d. B.* — g. fi *m. d. H,
I, K.* — h. *On lit dans C, H, I:*
Temple que [*C* quar] ele eftoit demorée ou Temple, car [*C* par ce].
*Toute cette phrafe eft changée dans
G :* La planche dont la Vraie Croiz
fu faite, fu prife devant le Temple,
là où elle fu gitée par mal talent
pour ce que. — i. *D* là où; *E, H,
I, K* leu. — j. *B* affreift; *I* fe ferift.
— k. *C, E* trop corte ou trop
longue; *G ajoute:* & la mift on au
travers d'un foffé. — l. fi com l'en
difoit *m. d. A.* — m. *C* au Moftier. — n. *G* il y; *K* il. — o. *C* tor-
choient.—p. illeucques *m. d. G.* —
q. *I* leur piéz illecques.— r. i paffa
m. d. E. — s. *H, I, K* le. — t. *B,
C, E, H, K* fi; *B* fi la tacha. —
u. *B, C* &; *I, K* & fi. — v. *E* dirai
ge. — x. *K* com difoit on. — y. a
m. d. C, E, G, H, I, K.—z. *G* lit de
la mort. — aa. à *m. d. H, I, K.* —
bb. l'amor de *m. d. C, G, H, I, K.*
— cc. *A, C, G, H, I, K* dont. —
— dd. del fruit *m. d. E.* — ee. &
m. d. E, I, K. — ff. & *m. d. H;* l
& fi. — gg. & *m. d. I, K.*—hh. *C,
K* l'ot en fa; *I* l'ot en la. — ii. &
quant... bouche *m. d. H.* — jj. *E,
H, I, K* il. — kk. quant il fu morz
m. d. C, G, H, I, K.

chier des denz. Ainz fu enfouïz à tout cel rainſſel *a*, ſi comme
l'en diſt. Il *b* repriſt *c*, ſi devint .j. biaus arbres. Et quant ce
vint que li deluges fu *d*, ſi efracha cel arbre, & le mena cil
deluges *e* el *Mont de Libanne*. Et d'illeucques *f* fu il *g* menéz
en *Iheruſalem* *h* ovecques le merrien dont li *Temples* fu faiz,
qui *i* fu tailliéz el *Mont de Libanne* *j* . Il avint, ſi comme
l'en *k* diſt, quant *l* Iheſu Criſt fu cruxefiéz, que la teſte Adan
eſtoit dedenz la boiſſe *m* ; & quant li ſanz Iheſu Criz iſſi horz
de ſes plaiez, la teſte Adan *n* iſſi horz de la croiz *o* & recueilli
le ſanc, dont il *p* avient encorez que en touz les croix qu'en
fait *q* en la terre de *Iheruſalem*, que au pié de la croiz *r* avoit *s*
une teſte en remambrance de celui *t* .

(XX) A .iij. liues de *Iheruſalem*, par devers ſoleil cou- *Emmaüs.*
chant *u*, avoit une fontainne que l'en apeloit la *Fontainne* *v*
des Emaüz *x*. Le *y* *Chaſtel des Emaüz* eſt de léz *z* . On diſoit *aa*
que à cel *bb* fontainne s'aſſiſt Noſtre Sires *cc* ovec ſes *dd* .ij. *ee*
deciples, quant il le connurent en la fraction du pain *ff*, ſi
comme diſt l'Euvangile que on lit *gg* en Sainte Egliſe.

VIII

Des Sainʒ Lieuʒ de la Sainte Terre.

(XXI) Or m'en *hh* revieng à la *Porte Saint Eſtienne*, à la rue
qui aloit à main ſeneſtre & *ii* qui aloit à la *Poſterne de la*

---

a. *H* Car cil rainfiaus; *G* Et li
rainfiaus; *I, K* Car li rainfiaus. —
b. Il *m. d. C, H, I, K.* — c. *B* ra-
verdit. — e. *C* vint. — f. *G* li deluges; cil deluges *m. d. H.* — f. *B*
de là. — g. il *m. d. H, I, K.* —
h. en Iherufalem *m. d. E.* — i. *E*
merrien que l'en mena en Ierufalem por faire le Temple qui. —
j. Et d'illeucques... Libanne *m. d.*
C. — k. *I, K* fi que en. — l. *H, I,*
K que. — m. *E* ce futt; *K* la baie.
— n. *E* à Adan; *la phraſe* eſtoit...
Adan *m. d. A.* — o. *B* de ſes lieux.
— p. à *m. d. F.* — q. *E* qui font.
— r. que au pié de la croix *m. d.*
H. — s. *C, E, G, H* a. — t. *G* d'y-
celle. — u. par devers ſoleil couchant *m. d. I.* — v. que l'en apeloit la Fontainne *m. d. J.* — x. *A,*
E, F, J des Amaüs; *D* de l'amanz;
K des Emeüs. — y. *A, C, D, G,*
H, J, K de léz le; *E* & eſtoit de léz
le. — z. eſt de léz *m. d. A, C, D,*
E, G, H, J, K; Le... léz *m. d. B.*
— aa. *G* Diſoit on. — bb. *I, K*
ceſte. — cc. *B* Seigneur. — dd. ſes
m. d. H. — ee. .ij. *m. d. C.* — ff. *E*
en ſemblance de pain. — gg. *B, G*
chante. — hh. m'en *m. d. A, C, D,*
G, H, I, K. — ii. & *m. d. A, D, E,*
G, I, K.

Rue de Josaphat. *Tannerie.* Quant[a] on avoit alé une grant piéce de cele rue, si trouvoit on une autre[b] rue[c] à main seneftre[d] que l'en apeloit la *Rue de Iosaphas*. Et si toft comme on avoit alé .j. pou avant[e], si trouvoit on .j. karrefour d'une voie[f] dont l'en venoit à main seneftre[g] au *Temple*, & d'illeuc s'en aloit on tout droit au *Sepulcre*[h]. Au chief de cele voie[i] avoit une *Porte Douloureufe.* porte[j] par deverz le *Temple*, que l'en apeloit *Portes Doulereufes*. Par là[k] s'en[l] iffi Noftre Sirez[m] Ihefu Criz, quant l'en le menoit[n] el *Mont de Calvaire* por cruxefier. Et pour ce[o] eftoient eles[p] apelées *Portes Doulereufes*[q]. A main deftre fuer le karrefor de cele voie, fu li[r] ruiffel dont l'Efvangile[s] tefmoingne, dont il difoient[t] entr'elx[u] que Noftre Sirez le paffa, quant il fu menéz cruxefier. En cel endroit avoit .j. *Eglife de S. Jean.* *Mouftier de faint Iehan l'Evangeliftre*. Et si i avoit un grant manoir. Cel manoir & li[v] mouftierz eftoit des[x] nonnains de *Bethanie* &[y] là manoient eles[z], quant il eftoit[aa] guerre de[bb] Sarrazins[cc].

(XXII) Or m'en[dd] revieng de[ee] la *Rue de Iosaphas*. Entre la *Rue de Iosaphas*[ff] & les murz de la cité, à main seneftre, avoit rues aufint comme une ville. Et là manoient & demouroient[gg] li plus des *Surienz* dedenz la cité[hh] de *Iheru-* *La Juiverie.* *falem*[ii]. Et ces rues apeloit on *la Giuverie*[jj]. En cele *Giu-*

---

a. *E* Et quant. — b. autre *m. d. C, E.* — c. fi... rue *m. d. G, I, K.* — d. & qui aloit... feneftre *m. d. H.* — e. *C* Quant l'on avoit .j. pou allé avant; *E* avant .j. pou alé; *F* avant .j. pou alé avant. — f. *E, G* rue. — g. *E* deftre. — ' *C, G. H, I, K* dont la voie qui .enoit devers feneftre [*C* aloit] au Temple & aloit au Sepucre. — i. *C* rue; *E* porte. — j. *E* voie & une porte. — k. *E* cele. — l. s'en *m. d. C.* — m. Noftre Sirez *m. d. C; D* Noftre Seigneur. — n. *E* menoit crucefier. — o. ce *m. d. E.* — p. eles *m. d. E.* — q. *Le paffage* Par là... Doulereufes *m. d. G, H, I, K.* — r. *La phrafe eft allongée dans A, B, D, F, J:* A main deftre, fuer le karrefor, dont l'Efvangile tefmoingne, fu li karrefors de cele voie & le; *E* de cele rue & un. — s. *E* fi com l'Efvangile. — t. *I, K* dient. — u. entr'elx *m. d. C, G.* — v. *C, H* cis. — x. *C, G, H, I, K* de; *E* aus. — y. & *m. d. G, H, I, K.* — z. eles *m. d. G.* — aa. *A* eftoient en; *G* avoit. — bb. *D, H, K* des. — cc. *E ajoute:* & de Creftiens; *G ajoute:* en la cité. — dd. m'en *m. d. C, G, H. I, K.* — ee. de *m. d. C; E, H, I, K* à. — ff. Entre la Rue de Iofaphas *m. d. I.* — gg. & demouroient *m. d. C.* — hh. dedenz la cité *m. d. C.* — ii. *G, H, I, K* comme à une ville. Là manoient li plus de ceulz de Iherufalem. — jj. *C* Aguillerie.

verie avoit .j. *Mouſtier de ſainte Marie Madalegne.* Et prèz de cel *a* mouſtier avoit une poſterne *b* dont *c* l'en ne pouoit mie iſſir de la cité *d* aus *e* chanz; mès entre deuz murz en *f* aloit on. Et *g* à main deſtre de cele *Rue de Ioſaphas* avoit .j. mouſtier que l'en apeloit *le Repos.* Et *h* là diſoit on que Noſtre Sirez *i* Iheſu Criz *j* ſe repoſa quant on le menoit cruxefier. Et là eſtoit la priſonz où il *k* fu mis la nuit *l* que il fu priz en *Geſſemani*; .j. pou devant *m* en cele rue, avoit eſté la *Maiſon Pylate.* A main ſeneſtre, devant *n* cele maiſon avoit une porte *o* par où l'en aloit au *Temple.*

(XXIII) Prèz de la *Porte de Ioſaphas*, à main ſeneſtre, avoit *p* une abaïe de nonnainz, ſi *q* avoit à *r* non *Sainte Anne.* Devant cele abaïe avoit une fontainne qu'an apeloit la *Fontainne deſus s la Pecine.* Cele fontainne *t* ne cort *u* point, ainz eſtoit deſouz .j. mouſtier qui eſtoit deſore *v*. En cele fontainne, au tenz Iheſu Criſt, deſcendoient li angle & mouvoient *x* l'iaue. Et li premierz malades, qui aprèz i venoit *y*, eſtoit gariz de ſ'enfermeté. En *z* cele fontainne avoit .v. porchez où li malade giſoient.

(XXIV) Si comme l'en iſt *aa* de la *Porte bb de Ioſaphas*, ſi avaloit on el *Val de Ioſaphas cc*, ſi i *dd* avoit une abaïe de noirz moines. En cele abaïe, ſi *ee* avoit .j. *Mouſtier de madame Sainte Marie.* En cel mouſtier eſtoit li *Sepulcrez* où ele fu enfoïe. Li Sarrazin, quant il orent priſe la cité, abatirent cele abaïe & enportérent les pierrez à *ff* la cité fermer, mès le mouſtier n'abatirent il mie *gg*.

Devant cel *hh* mouſtier, au pié del *Mont d'Olivete* avoit .j.

Egliſe de Sainte-Madeleine.

Egliſe du Repos.

Maiſon de Pilate.

Abbaye de Sainte-Anne.

Piſcine Probatique.

Abbaye de N. D. de Joſaphat.

a. *C, G, I, K* du; *E, H* ce. — b. *D* porte par où l'en. — c. dont *m. d. K.* — d. *H, I* iſſir de là hors; *K* iſſir dehors. — e. *F* es. — f. en *m. d. C.* — g. Et *m. d. H, I, K.* — h. Et *m. d. H, I, K.* — i. Noſtre Sirez *m. d. C, H, I, K.* — j. Iheſu Criz *m. d. E.* — k. *I* là où il; *K* où là. — l. *G* par nuit. — m. *G* avant. — n. *G* devers. — o. *I* de celle maiſon avoit une rue. — p. *H* avoit à main ſeneſtre. — q. *E* qui. — r. à *m. d. E, H, I.* — s. *C* ſus. — t. qu'an.... fontainne *m. d. B.* —

u. *E, H, I* coroit. — v. *C* deſus; *K* ains eſtoit deſure. — x. *H, I, K* leſcendoit li anges & mouvoit. — y. *C, G, H, I, K* qui deſcendoit après. — z. En *m. d. C, E, I, K.* — aa. *H, I, K* ſi comme on diſt. — bb. *C* Poſterne. — cc. ſi avaloit... Ioſaphas *m. d. E.* — dd. i *m. d. E, I, K.* — ee. ſi *m. d. H, I, K.* — ff. *E* por; *I* en; *B* à fermer la cité. — gg. *G* point. — hh. *A partir d'ici, le mſ. E préſente une lacune qui ne prend fin qu'à la p. 170.*

Eglise de Gethſe-
mani.

Eglise de S. Sau-
veur.

moustier en une roche qu'en apeloit *Geſſemani.* Là fu Noſtre Sirez [a] priz. D'autre part la voie, ſi comme l'en monte [b] el *Mont d'Olivete,* tant con l'en giteroit une pierre, avoit.j. mouſtier qu'en apeloit *Saint Sauveeur.* Là s'en [c] ala Iheſu Criz orer la nuit que il fu priz, & là li degouta [d] la ſuor de ſon corz auſi comme de ſanc [e]. El *Val de Ioſaphaz* avoit hermites & reclus, & s'eſtoient tout contre val, car ie ne ſai mie nommer de ci qu'à [f] la *Fontaine de* [g] *Syloé.*

Abbaye du Mont
des Oliviers.

Pater Noſter.

(XXV) En [h] ſor le *Mont d'Olivet* avoit une abaïe de blanz [i] moinnez. Prèz de cele abaïe à main deſtre avoit une voie qui aloit en *Bethanie* [j]. Suer le tor de cele voie avoit .j. mouſtier qui avoit non *Saint* [k] *Paſtre Noſtre.* Là diſoit on que Noſtre Sirez [l] fiſt la Paſtre [m] Noſtre & l'enſeingna as [n] apoſtrez. Prèz d'illeuc [o] fu li figuiérz que Diex maudiſt quant il aloit en *Iheruſalem.* Entre le *Mouſtier de la Paſtre Noſtre &* [p] *Be-*

Bethphagé.

thanie, avoit .j. mouſtier [q] qui avoit non *Belfagé.* Là vint Iheſu Criz le iour de Paſques ſlories, & le iour envoia [r] en *Iheruſalem* .ij. [s] de ſes deſciples por querre une aſneſſe [t], & d'illeuc en ala [u] en *Iheruſalem* ſuer l'aſneſſe.

Abbayes & égliſes
des non catholiques.

(XXVI) Or vous ai dit & nommé [v] les abaïes & les mouſtierz [x] de *Iheruſalem* par dehorz [y] *Iheruſalem* & par dedenz les [z] rues des *Latinz,* mès ie ne vous ai inie nommé les abaïes ne [aa] les mouſtierz des *Surienz,* ne des *Greioiz,* ne des *Iacobinz,* ne des *Boavinz* [bb], ne des *Neſtorins* [cc], ne des *Herminz* [dd], ne des autrez maniérez de [ee] genz qui n'eſtoient

---

a. *B* Noſtre Seigneur; *C, G, H, I, K* Iheſu Criſt. — b. ſi comme l'en monte *m. d. C.* — c. s'en *m. d. G, H, I, K.* — d. !' degouta *m. d. K.* — e. *C* comme ie ce fuſt ſanc; *G, H, I, K* comme ſanc. — f. *H, I* iuſqu'à. — g. de *m. d. A*; la Fontaine *m. d. K.* — h. *C* Sur; *H, I, K* Et ſeur. — i. blanz *m. d. C.* — j. *C, G, H, I, K ajoutent*: tote la coſtiére de la montagne. — k. *H, K* Sainte. — l. *B* Noſtre Seigneur; *C, G, H, K* Iheſu Cris. — m. *I* Sainte Paſtre. — n. *H, I, K* à ſes. — o. d'illeuc *m. d. D.* — p. *G, I* poſ-

terne &; *H* poſterne de. — q. *B* maiſon; de la Paſtre... mouſtier *m. d. K.* — r. *C, I, K* envoia il. — s. *C, I* .ij. deciples. — t. querre *m. d. A, B, C, H, I, K.* — u. *C* s'en ala il. — v. & nommé *m. d. A.* — x. *B, D* mouſtiers & les abbaies. — y. *I* dehors de. — z. *C, H, I, K* & les; *B, G* par dedens & par dehors les [*G* & les]. — aa. *A, H, I, K* &. — bb. *H* Boaninz; *G* Boanis. — cc. *A* Retorinz; *F* Reſctorinz. — dd. *G, H, I, K* Hermites. — ee. *K* des.

mie obeïſſanz à la loi de *a* Rome, dont il *b* avoit mouſtierz
& abaïes en la cité. Pour ce ne vous veil ie *c* mie parler de
touts ces genz *d* que ie ai ci en droit *e* nommées, qui n'eſtoient mie obeïſſanz à la loi de *f* Rome, ſi comme l'en
diſoit *g* .

IX

Dou pelerinaige de la Terre.

Or *h* vous avons diſt coumant la ſainte cité de *Iheruſalem* ſeoit au iour que Salehadinz & li autre Sarrazin
la conquiſtrent ſuer les Creſtienz. Aprèz vous dironz
des pelerinnaiges, coumant li pelerin i aloient.

Cil qui ſont en Occidant, c'eſt à dire celx qui ſont *i*
el *j* roiaume de *France* & d'*Alemaingne* & des autrez terres
qui ſont en cele *k* partie del monde, qui vuellent aler en
cele *l* *Sainte Terre*, doivent tenir la voie droit *m* verz
oriant. En *n* cel iour devoient entrer en *Iheruſalem* par
la *Porte Saint Eſtienne*: devant cele porte fu il lapidés *o* .

Il doit aler tout droit en *p* l'*Eſglyſe* del *q* *Sepulcre* Noſtre *r*
Signeur Iheſu Criſt *s* . A l'entrée des portes *t* del *Sepulcre* *u*, par deforz à deſtre, eſtoit la *Chapele de Mont* Le Calvaire.
de Calvaire, où Noſtre Sirez fu cruxefiéz. Deſouz eſt li
leuz de *Golgata*, où li ſans Noſtre Seigneur cheï par Le Golgotha.
mi la roche. Là diſoit on que li chiéz Adan fu trouvéz

a. la loi de *m. d. C, G, H, I, K.*
— b. *I, K* il y. — c. ie *m. d. I, K.*
— d. *D* ces maniéres de genz. —
e. en droit *m. d. C, D, G, H, I, K.*
— f. la loi de *m. d. C.* — g. *B*
diſt. — h. *A, J* Pou vous; *C, G,
H, I, K* Nous vous; *B* Peu avons
nous. — i. celx qui ſont *m. d. G,
H, I, K.* — j. *G* du. — k. *G, H, I,
K* la. — l. *A, C, D, G, H, I, K* la.

— m. *G, H, J, K* tout droit. —
n. *A, C, D, G, H, I, J, K* A. —
o. *G ajoute*: Et de celle porte. —
p. *A, C, G, H, I, K* à. — q. *A, B,
C, G, I, J, K* dei Saint. — r. *B* de
Noſtre. — s. Iheſu Criſt *m. d. G,
H, I, J, K.* — t. A l'entrée des
portes *m. d. J.* — u. *G, H, I, K*
portes Noſtre Seigneur.

après le deluge *a* . Là fift Abraham facrefice à Noftre Seigneur. Là dift Noftre Sirez *b* au larron repantant & merci criant : « Amen, te di *c* ! Hui feras ovec moi en Paradiz. » (Luc., XXII, 43.) Là reçut Longis fa veüe par le fanc Noftre *d* Seigneur qu'il atoucha *e* à fes iex.

A deftre dou *f* pié *g* du *Mont de Calvaire* *h* eftoit li leuz & li pilerz où Noftre Sirez fu ataichiéz *i* & batuz & liéz *j* . Aprèz *k* d'illeuc contre oriant, fi comme on defcendoit *l* par .xliiij. degréz, eftoit li leuz où fainte Helainne trouva la Vraie Croiz *m* . Em mi le cuer *n* de l'efglyfe eftoit li *Sepulcre* *z* Noftre Seigneur Ihefu Crift *o* , & *p* là deléz eftoit li compaz que Noftre Sirez *q* mefura de fa *r* main, ou *s* mi leu del monde, fi comme l'en difoit *t* . Là fu Diex mis, quant il fu mis ius *u* de la Croiz *v* . Là fu *x* ennoinz & envelopéz del fuaire. A feneftre partie *y* del cuer eftoit la *Chartre Noftre Seigneur*. Là endroit s'aparut il *z* premiére- ment *aa* à Marie Magdalene, aprèz la rexurrection. A deftre du haut autel tout *bb* amont aouroit on la Vraie Croiz. La veille de Pafque, à heure de nonne paffée, quant li folauz atouchoit de *cc* l'imaige faint Gabriel le braz qui eftoit peinz amont del *Sepulcre* verz le chantel *dd* , venoit li fainz feuz du ciel *ee* & prenoit *ff* à *gg* une *hh* des

Eglife du S. Sépulcre.

Le Feu Sacré.

a. après le deluge *m. d. I.* — b. *B* Seigneur. — c. *C, G, H, I, J, K* dico tibi. — d. *B* de Noftre. — e. *H, I, K* toucha. — f. *H* à; *I, K* au. — g. dou pié *m. d. G.* — h. du Mont de Calvaire *m. d. A, C.* — i. *C* batuz & liéz; *G, H, I, J, K* liéz & batus. — j. & liéz *m. d. B.* — k. *H, I, K* Près. — l. *B* en def- cendant. — m. *J ajoute*: du Se- pulcre. — n. *G & J ajoutent*: du Sepulcre. — o. Ihefu Crift *m. d. C, G, I, J, K.* — p. & *m. d. H, I, K.* — q. *C, G, H, I, J, K* que Deus.

— r. fa *m. d. H.* — s. *K* en. — t. fi comme l'en difoit *m. d. C.* — u. *I, J, K* ius mis. — *v.* Là... croiz *m. d. H.* — x. *H, I, K* fu il. — y. partie *m. d. C.* — z. il *m. d. K.* — aa. *C, G, H, I, J, K* primes. — bb. tout *m. d. C, G, H, J, K.* — cc. *H, K* les bras de; *I, G* le bras de; *C* le bras Saint Gabriel. — dd. *B* canchel; *D* chancel; verz le chantel *m. d. I.* — ee. venoit li fainz feuz du ciel *m. d. K.* — ff. *C* fe prenoit. — gg. *H, I, K* ou. — hh. *G* alu- moit une.

lampes del *Sepulcre*. A feneftre forz de la porte del *a*
Sepulcre eftoit li autiex de faint Iehan Baptiftre.

Deléz l'*Efglyfe del Sepulcre* eftoit *b* l'*Efglyfe fainte Marie*   Ste-MarieLatine.
la *c Latine & Marie Cleophé d* . Là tirérent *e* leur cheveux *f*
& derompirent *g* fainte Marie Magdelene & *h* Marie
Iacobée & les autrez fames, quant eles virent Noftre
Seigneur pandre en la Croiz. Prèz d'illeuc eftoit li *Hof-*   Hôpital de Saint-
pitaux Saint Iehan.   Jean.

D'illeuc à .ij. traities *i* d'arc *j* , eftoit li *Temples*   Le Temple.
Noftre Seigneur où il avoit .iiij. entrées & *k* .xij.
portes *l* . Là eftoit li leuz de confeffion, qui iadis fu
apeléz *Sancta m Sanctorum n* . Là eftoit la coulombe *o*
que li Sarrazin aouroient *p* , quant il orent la cité gaain-
gniée, que on difoit que s'eftoit *q* l'autel là où fainz *r*
Abraham volt fon fil *s* crucefier *t* , fi comme l'en difoit.
Em mi le *Temple* avoit une grant *u* roche, où l'Arche de
l'aliance & *v* la Verge Aaron & *x* les .v. livrez Moyfi
furent mis. Suer cele roche dormi Iacob & vit les angles
monter el ciel & defcendre *y* par une efchiéle. Sur *z* cele
roche, quant David nombra le *aa* puefple, aparut l'angrez atout *bb* l'efpée dont il occioit la gent *cc* pour van-
iance. En *dd* cel *Temple* fu Noftre Sirez *ee* offerz & prefentéz
de *ff* Symeon le Viel. Par defus la roche aparut li anglez à Zakarie, annonçant qu'il engendreroit .j. enfant.

<hr>

a. *I* dou Saint. — b. li autiex.....
eftoit *m. d. D, par fuite d'un bour-*
don. — c. la *m. d. K.* — d. & Marie
Cleophé *m. d. C, G, H, I, K.* —
e. *H* & tirérent; *K* tirent. — f. leur
cheveux *m. d. C.* — g. & derompirent *m. d. G, H, I, J, K.* — h. *C*
& Marie Cleophé; *G, H* & fainte
Marie Cleophé; *I, K* fainte Marie
Cleophé; *J* & fainte Cleophé. —
i. *H, I, K* trais. — j. *C, G, H, I,*
J, K d'un arc. — k. *I* de. — l. portés *m. d. B.* — m. *B* Sanctus. —
n. Là... Sanctorum *m. d. H.* — o. *B*
coulompne. — p. *G, H, r J, K*
aouroient & aourérent. — q. que
s'eftoit *m. d. A, C, D, H, I, J, K;*
G que on difoit. — r. faint *m. d.*
G, H. — s. *C* Ifaac fon fius; *H*
Ifaac; *G, I, J* fon fil Yfaac. — t. *H,*
I, J, K facrefier. — u. grant *m. d.*
F. — v. & *m. d. B.* — x. *I* & là
où. — y. *B ajoute:* des cieulx. —
z. *G* A. — aa. *H* avecques le. —
bb. *H, I, J, K* avec. — cc. *B* les
gens; *G* le pueple & les granz genz.
— dd. *A* A. — ee. *C* Seingneurs.
— ff. *F ajoute:* faint.

Là pardonna Noſtre Sirez ſes pechiéz à la fame *a*, qui fut priſe en avoutire, & *b* ſi la delivra des Iuiz *c*, quant il le voudrent prandre, & *d* la roche ſe dreça *e* contremont de ſa reſte *f* ; ſi *g* li fiſt leu & une eſtoille deſcendi devant lui, ſi *h* le ſervi de *i* la *j* clarcé *k*. Entre les portes *l* du *Temple* par devers boire *m*, eſtoit la *Fontainne* dont en chante entre la Paſque & la *n* Pantecouſte : « *Vidi aquam « egredientem de Templo a latere dextero, &c.* » Suer le pinacle del *Temple* ſouffri Noſtre Sirez *o* que li Deablez le mena pour lui eſſaier. Du pinacle del *Temple* fu ſainz Iaques trabuichiéz, qui fu li premierz eveſques de *Iheruſalem*. Deſuer le pavement par dehorz le *Temple*, avoit .j. autel où li Iuif en la vielle loi ſuellent *p* ſacrifier turterelles & coulonz. Entre l'autel & le *Temple* occiſtrent li Iuif Zakarie, le filz Barachie. A la porte *Sepecieuſe q* du *Temple* geſoit li contraiz que ſainz Pierrez & ſainz Iehanz redreciérent.

Du *Temple* Noſtre Seigneur verz ſouleurre eſtoit li *Temples Salemon*. D'illeucques *r* verz *s* oriant en l'angle dedenz le clos *t* du *Temple*, eſtoit la couche ou *u* li bainz *v* Noſtre *x* Seigneur *y* & li liz ſainte *z* Marie & le ſepulcre *aa* ſaint Simeon. Contre oriant du *Temple Domini* eſtoient les *Portes Oireʒ* où Noſtre Sirez entra le iour de Paſques flories ſus l'aſneſſe ; encore i pérent *bb*

Le Temple Salomon.

La Porte Dorée

---

a. *C, D, G, H, I, K* à la fame ſes pechiéz. — b. & *m. d. A, H, I, K.* — c. *C, G, H, J, K ajoutent :* Iluec ſe miſt Noſtre Sire pour les Iuis. — d. & *m. d. B.* — e. *G, H, I, J, K* leva. — f. de ſa teſte *m. d. C;* contremont de ſa teſte *m. d. I.* — g. *I* &. — h. ſi *m. d. C.* — i. de *m. d. D.* — j. la *m. d. C.* — k. *A* chartre. — l. *I* la porte. — m. *F, G, H, I* oire. — n. la *m. d. H.* — o. *B* Seigneur. — p. *C, G, H, I, J, K* ſoloient. — q. *A, B, D* Precieuſe. — r. *H* Iluecques. — s. *I* devers. — t. *H* en l'angle du clos; *I* devers le clos. — u. *A, B, C, D, G, J, K* &. — v. *G* bers; *I, K* rains. — x. *B* de Noſtre. — y. *F, H* Sire. — z. *A, C, D* Noſtre Dame ſainte; *B* ma dame Sainte; *G, H, I, J, K* Noſtre Dame &. — aa. *B, C, G, H, I, J, K* ſepulture [*B* de]. — bb. appérent.

li .iij. pas en la dure pierre ou degré verz le *Temple* &[a] verz bife. Par dehorz les murz du *Temple* eftoit la *Pifcine*. Ce eftoit une cifterne où li anglez fouloit[b] entrer & mouvoit[c] l'iaue en[d] la garifon du premier malade qui i entroit.

X

Ici devife des fain̄z leu̅z de la fainte terre de Ierufalem.

Prèz d'illeuc eftoit l'*Efglyfe* Sainte[e] *Anne* la mére Noftre[f] Dame; là gift ele. Amont[g] d'illeuc eftoit l'*Efglyfe de la Magdalene;* du *Sepulcre* verz bife eftoit l'*Efglyfe Saint Critofle*[h], qui .viij. cenz anz gift[i] en terre. Du *Sepulcre* verz fouluerre eftoit li *Mon̄z de Syon.* Là ot une belle[j] *efglyfe* en l'enneur de Noftre Dame, &[k] là trefpaffa ele de ceft fiécle. D'illeuc fu fes corz aportés des[l] apoftrez el *Val de Iofaphas.* Eglife Ste-Anne. Eglifes Sainte-Madeleine & S. Chriftophe. Eglife de Mont Sion.

Amont du cuer de l'efglyfe avoit .j. autel, où li Sainz Efpriz defcendi fuer les apoftrez; à feneftre de l'entrée eftoit la *Table* où Noftre Sirez[m] cenna[n] ovec fes apoftrez &[o] defciples[p]; & par defouz eft une croufte là où[q] eftoit la pierre[r] où l'iaue fu, dont[s] Noftre Sirez lava les piéz de fes[t] defciples, & où il eftut[u] aprèz fa refxurrection &[v] dift[x] : « Paiz foit entre vous. » (Ioh., XX, 19.) Et les portes eftoient cloffes. Là tafta fainz Thoumas les plaies Noftre Seigneur. Illeuc à feneftre[y] eftoit li aitrez[z] La Cène.

<hr>

a. & m. d. C. — b. H fouloient. — c. H, I, K mouvoir. — d. H, I, J, K à. — e. I de Sainte. — f. A, D à Noftre. — g. I Aumont. — h. C Caritop; G, H, I, J, K Cariftop. — i. C, D, G, H, I, J iut. — j. H mout belle. — k. & m. d. H, I, J, K. — l. D du Sepulcre el. — m. B Seigneur. — n. G fift à la cene. — o. apoftrez & m. d. C, G, K. — p. & defciples m. d. H. — q. là où m. d. C, D, G. — r. I, K defouz une croufte eftoit la pierre. — s. H par defous en une pierre fu l'iaue où. — t. B à fes apoftles & defciples. — u. eftut m. d. B; G, H, I, J efcript. — v. & m. d. B. — x. *Après ce mot, G ajoute :* Pax vobis, c'eft à dire. — y. H Illec d'en cofte. — z. *G ajoute :* & li cimetiéres.

Maiſon de Caïphe.

où ſainz Eſtiennes fu enſeveliz. A ſeneſtre avoit une chapele, & ce fu la *Maiſſonꝫ Kayphas*, là où [a] Noſtre Sirez fu liéz & iugiéz [b] & eſcharniz & batuz & eſcopiz [c] & couronnéz d'eſpines. A deſtre du *Mont de Syon*, outre la [d] valée, eſtoit la *Galilée* où Noſtre Sirez [e] aparut à Saint Pierre & aus fames. Deiouſte [f] l'*Eſglyſe de Monte Syon*, eſtoit une petire eſglyſe où fu [g] li *Preſtoireꝫ*, de quoi [h] il parolle

Gallicante.

en l'Euvangile. Outre *Mont Syon* avoit une eglyſe. Là fu ſainz Pierrez, quant il ot [i] Noſtre Seigneur renoié. Cele eglyſe eſtoit apelée *Galli Cantum* [j].

Acheldamah.

Au coſté de la valée [k] deverz midi eſtoit *Alchedemach*. Ce fu li [l] ſainz ſans del corz Noſtre Seigneur qui fu rachatéz [m] .xxx. denierz des quieus Deus [n] avoit eſté vandus.

Fontaine de Siloé.

Prèz d'illeuc eſtoit la *Fontainne de Siloé*, de quoi on [o] parolle en [p] l'Euvangile. Prèz d'illeuc eſtoit li *Sepulcreꝫ Yſaie* le prophete. Entre *Iheruſalem* & le *Mont d'Olivet*

Val de Joſaphat.

eſtoit li *Vaus de Ioſaphas* où li Sepulcrez Noſtre Dame [q] eſtoit. Prèz d'illeuc fu [r] li ruiſſiaus de *Cedron* que on apele [s] *Torrentem Cedron*. En cele valée fu [t] lou [u] roi Ioſaphat & ſa ſepolture, par quoi [v] ele avoit à non [x] *Ioſaphas*.

Jardin des Oliviers.

Outre le ruiſſel de [y] *Cedron* priſtrent li Iuif Noſtre Seigneur, quant il le menérent [z] cruxefier. Là eſtoit li iardinz où Noſtre Sirez [aa] repairoit, & en cel iardin fu il priz. Là eſtoit [bb]

---

a. *A, C, D* là où fu N. S; *H, I* là fu N. S. ; *K* là N. S. — b. & iugiéz *m. d. H.* — c. & eſcopiz *m. d. C, D, G, H, I, J, K.* — d. *C* le val. — e. *B* Seigneur. — f. *B* D'encoſte. — g. *H* eſtoit. — h. *G, H, I, K* dont. — i. *B* ot renoié. — j. *A* Calicanton. — k. *C, G, H, I, J, K ajoutent*: de Mont Syon. — l. *A* li ſainz corz N. S.; *B, C, G, H, I, K* li chans de ſang [de ſang *m. d. B*] qui. — m. *B, H, I, K* achetés. — n. *C* Noſtre Sire. — o. *A, H, K* il; on *m. d. l.* — p. en *m. d. l.* — q. *C* Seingneur. — r. *A* eſtoit. — s. *A, B, D, G, H, I, J, K* apeloit. — t. *H* eſtoit. — u. *A, B, C, D, G, H, I, J, K* la ſepolture le [*B* du] roi. — v. par quoi *m. d. J.* — x. *D* a à non; *J, K* avoit non. — y. de *m. d. K.* — z. *D* voudrent. — aa. *B* Seigneur. — bb. *C, G, K* avoit eſté.

la ville de *Ieffemani*, où Diex [a] laiffa fes defciples, quant il ala orer à fon pére & dift : « *Pater, fi fieri poteft, tranf-* « *eat a me calix ifte* » (Matt., XXVI, 39). Et là avoit une efglyfe [b]. D'ilec [c] au giét d'une pierre petite [d], eftoit li leuz [e] où il fua [f], & cheï la fueurz de li aufinc comme goutes de fanc decourant [g] en terre. En *Ieffemani* mouftroit on une pierre où li Iuif loiérent Noftre Seigneur, quant il [h] le priftrent, fi comme on difoit. Prèz du [i] *Val de Iofaphas* avoit une efglyfe où fainz Zachariez li prophetes & fainz Symeon li Vielz & fainz Iaques li evefques [j] furent enfeveli. Du fommet [k] de *Mont Olivet* monta Noftre Sires [l] es ciex. Là avoit une bele [m] efglyfe & là aparoient [n] li pas de [o] fes piéz là où il avoit efté quant il monta. Illeuc encofte [p] avoit une croufte [q] où gifoit li corz faint Pelaige le martyr [r]. Et [s] prèz d'illeuc avoit .j. chapele où Noftre Sirez aprift la Paftre Noftre à fes defciples [t].

A une liue de *Iherufalem* eftoit *Bethanie*; là fu la maifon Symon le [u] liepreuz, & [v] là pardonna Noftre Sirez les pechiéz Marie Magdelene [x], & [y] là refçufcita Noftre Sirez le [z] Ladre. D'illeuc avant [aa] eftoit la *Quarantaine* où Noftre Sirez ieüna .xl. iourz & .xl. nuiz [bb]. Par defus eftoit li *Iardinz Abraham*. Prèz d'illeuc eftoit *Ierico*. A ij. liues

---

a. *H* Noftre Sires. — b. Et là... efglyfe *eft répété dans A.* — c. D'ilec *m. d. C*; *remplacé dans G par* Près. — d. *B, D, F* Et là avoit une eglife d'une pierre & celle pierre. — e. *G* Là eftoit li leuz; eftoit li leuz *m. d. C.* — f. *H* Et là avoit au iet d'une pierre petite une eglyfe. D'iluec affés près eftoit li leus où Dieus fua. — g. *B* courant. — h. *K* qu'il. — i. *C* d'illec du. — j. li evefques *m. d. K.* — k. *C* Doucement de. — l. *& plus loin B* Seigneur. — m. *H* mout bele. — n. *H, I, K* paroient. — o. *I* &. — p. *I* emprès. — q. *K* tourte. — r. *C* où li cors Saint Pelaige gifoit martyr. — s. Et *m. d. G, H, I, K.* — t. *G, H, I, J, K ajoutent*: Près d'iluec eftoit Betphagé. — u. le *m. d. H, I, K.* — v. & *m. d. H, K.* — x. *C, G, H, J, K* à la Madelaine fes pechiéz. — y. & *m. d. H*; & là.... & *m. d. I.* — z. *C* Lazaron. — aa. *C, G, H, I, J* avant vers Orient. — bb. nuiz *m. d. A, F.*

de *Ierico* eftoit li *flunȝ Iourdain* où Noftre Sirez fu bap-
tifiéz. D'illeuc a une iournée iufques[a] au *Crac* & d'illeuc a[b] une autre iufques au[c] *Mont Roial*.

Bethléem.   Par[d] la *Porte David* eftoit la voie[e] qui maine en *Belleem*. Em mi voie eftoit une efglyfe où fainz Elyes[f] fu
mananz. Prèz de *Bethleem* es vignes eftoit la *Tombe Rachel*,
la fame Iacob. En *Bethleem* eftoit l'*Efglyfe Noftre Dame*
où Noftre Sirez nafqui, & la croifche où il fu couchiéz,
& fes orillierz d'une dure[g] pierre. Dedenz le cloiftre[h],
eftoit une voie[i] où eftoit li *Sepulcreȝ faint Ieroime*[j] &
la *Sepolture des Ynnocenȝ*. A[k] une liue de *Bethleem*,
eftoit une efglyfe où li angrez annonça aus paftouriaus[l]
la Nativité Noftre Seigneur. Là fu chantéz premiérement[m]: « *Gloria in excelfis Deo.* » .j. pou amont de
Bethleem avoit une petite[n] chapele où Noftre Dame fe
repoffa aprèz fon enfantement.

Hébron.   De *Bethleem* verz fouluerre eftoit *Ebron* où Noftre
Sires forma Adam de la[o] terre de *Damas*[p]. Là eftoient
enfeveli[q] li .iiij. patriarchez ovec leur fames[r] : Abraham,
Yfaac &[s] Iacob, Iofeph, Adam &[t] Eve. Prèz d'illeuc
aparut Noftre Sirez à Abraham en fa[u] Trinité. Car il
en vit troiz, & un en[v] aoura. De *Iherufalem* à une liue,
eftoit li leuz[x] où la Sainte Croiz fu trouvée, & où ele[y]
S. Jean du Bois.   crut. D'illeuc à[z] .ij. lieues eftoit[aa] *Sainȝ Iehanȝ du Boiȝ*,

a. iufques *m. d. C, H, I, J, K.*
— b. *A, D* en a; d'illeuc a *m. d.
H, I, J, K.* — c. *C* une trefqu'à;
H, I, J, K une au. — d. *H* Près.
— e. *G, H, I, J, K* porte. — f. *G*
Phelippes. — g. dure *m. d. B.* —
h. *H, I, K* l'encloiftre. — i. *A, B,
D, G, H, I, J* volte; *K* norice
(= voute). — j. *C* Defouz le cloiftre
avoit une vofte où li Sepulcrez faint
Giriaume eftoit. — k. *Ici finit la
lacune du mf. E.* — l. *C, G, H, I,*
J, K paftors. — m. *C* premiérement chantéz. — n. petite *m. d. H.*
— o. la *m. d. E.* — p. *E* limon;
de Darnas *m. d. G.* — q. *H* enfoui.
— r. *B* enffans. — s. & *m. d. E.*
— t. & *m. d. H, I, K.* — u. fa *m.
d. G, H, I, J, K.* — v. en *m. d. I,
K.* — x. eftoit li leuz *m. d. J.* —
y. fu trouvée & où ele *m. d. C, G,
H, I, J, K.* — z. à *m. d. E* —
aa. *D* eftoit li lieus où; *G* eftoit li
lieus & li mouftiera S. I., &c.

là où Noſtre Dame ſalua Elyzabeth[a]; là fu ſainz Iehanz
Baptiſtrez[b] néz[c], & Zacharies ſes pérez. D'illeuc à une
liue eſtoit li chaſtiaus d'*Emaü*̧ où Noſtre Sirez s'aparut à
ſes deſciples le iour de Paſques. A .iij. archiéez de *Iheruſalem*[d] avoit une cave que l'en apeloit le *Charnier du
Lyon.* En cele cave au tenz le roi Coſdroé furent .xij. m.
martyrz pouſſéz par le lyon.

*Le Charnier au
Lion.*

De *Iheruſalem* verz boire[e] a .vij. liues à[f] *Ɲaples;*
illeuc meïſmes eſtoit li *Puis*[g] où[h] Noſtre Sires parla à
la[i] Samaritanne. Là[j] eſtoit li monz où Abraham amena
Yſaac ſon fil[k] pour ſacrefier. D'illuec à .ij. liues eſtoit
Sabaſta, où ſainz Iehanz Baptiſtrez fu decoléz. Et[l] là
eſtoit la poudre[m] de ſon corz. D'ileuc à .x.[n] liues verz
oriant eſtoit li *Mon*̧ *de Tabour* où Noſtrez Sirez ſe tranſ-
figura. Prèz d'illeuc eſtoit li *Mon*̧[o] *Hermon* où la cité
Ɲaym eſtoit[p]. Là reſçucita Noſtre Sirez .j. enfant devant
la porte[q] de la cité.

Napbuſe.

Sébaſte.

Mont Thabor.

D'illec verz oriant[r] eſtoit la *Mer*̧ *de Gallilée* qui
n'eſt autre choſe forz[s] .j. lay d'iaue douce du flun *Iourdain,* & d'autrez iaues de[t] fontainnes qui là s'aſſem-
blent[u]. Suer cele *Mer de Galilée*[v] manga Noſtre Sirez
ovec ſes Aɲoſtres, aprèz ce que il fu reſcuſcitéz. Il manioit
les doz de poiſſons, ſi que les areſtez qui eſtoient es
doz[x] demouroient toutes vuides. Et touz li remananz

Lac de Tibériade.

---

a. *E ajoute:* &. — b. Baptiſtrez
m. d. I. — c. *D ajoute*: & apelé
S. Iohan du Bois. — d. *C, G, H,
I, J, K* A .iij. trais d'arc dehors
Iheruſalem. — e. *I* ſoloirre. —
f. *A* en va à; *B, G, H* iuſques à;
D iuſques. — g. *D* lieus. — h. *A* là
où. — i. la *m. d. G, H, I, K.* —
j. Là *m. d, J.* — k. *D* ſon fiulz
Yſaac. — l. Et *m. d. G, H, I, J,*
K. — m. *D* ſepulture. — n. *C, H*
.ij. liues. — o. Tabour... Monz
m. d. K. — p. *C, G, H, I, J, K* où
eſt la cité Naym. — q. *C* les portes.
— r. *E* vers Belleem. — s. *D* que;
forz *m. d. J.* — t. *H, K* & de. —
u. *I* s'aſemblérent. — v. *I ajoute*:
qui n'eſt autre choſe fors uns lais;
Suer .... Galilée *m. d. J.* — x. *E*
les areſtez des poiſſons.

des poiſſon. demouroient *tuit* entier. Et puis il les gitoit en l'iaue. Et li poiſon tantoſt revivoient & s'en aloient noant avec les autrez ſenz dos, forz la freſte qui eſtoit toute vuide. Cil poiſſon ſi ſont auſint granz, ou plus, comme ſont ronces ou gardonz es iaues douces de France. Deléz cele mer eſtoit li leuz où Noſtre Sirez ſaoulla .v. m. homes de .v. painz & de .ij. poiſſonz, ſenz les fames & ſenz les enfanz. Et leur demoura .xij. corbeilles toutes plainnes de relief des .v. painz & des .ij. poiſſonz.

Nazareth.   D'ileuc verz oriant eſtoit la citéz de *Nazereth*. Là eſtoit li leuz où Gabriel, li ſainz angez, anunça à Noſtre Dame que li filz Dieu prandroit char dedenz lui. Là eſtoit li leuz où ele manoit. Là eſtoit la fontainne dont ele aporta l'iaue dont ele norriſſoit Noſtre Seigneur. Au ruiſſel de cele fontainne lavoit Noſtre Dame les drapiaus dont ele envelopoit Noſtre Seigneur. De cele fontainne envoioit querre Noſtre Dame par Noſtre Seigneur, quant il fu .j. pou granz, & il i aloit volantierz, & l'en aportoit en poz & en boirez ou en autrez veſſiaus; & fu aprèz quant il furent revenu de la terre d'*Egypte*.

Prèz de *Nazereth* eſtoit une ville qu'an apeloit la *Cana.* *Cheanne* de Galilée. En cele ville eſtoit li leuz où

a. *E* demoroit; *K* demorent. — b. tuit *m.* d. *D.* — c. *C* Lors les. — d. *H, I, J, K* regitoit. — e. *C* tout erramment. — f. *A, B, C, G, I* l'areſte; *D* les areſtes; *E* la teſte; *H, K* le reſte. — g. *D* eſtoient; *G* qu'il avoient. — h. *A* autreſſint. — i. *C, E, I* roces; *G, H, J, K* roches. — j. *C, I, J, K* eſt. — k. *E, H* pains d'orge. — l. *I* corbillées; *J* corbeillons. — m. *D* Noſtre Sires Gabriel. — n. *B* elle. — o. *G, H, I, K* meſt. — p. *C* manoit & la. — q. *C* aportoit. — r. *G, I, J, K* drapelèz de quoi; *H* draperies de quoi. — s. *C* A cele fontaine envoioit N. D. N. S. — t. *C* eſtoit. — u. *J, K* grandes. — v. *C* mout volentiers. — x. *C, G, K* ou. — y. *C, E, G* fu après ce qu'il furent. — z. *G, I, J, K* avoit. — aa. *A, D* que l'en. — bb. *C* Chine; *I, J, K* Chane. — cc. *J* valée.

Noftre Sirez mua l'iaue en vin rouge, fi comme l'en [a]
dift en l'Euvangille.

Tuit cil pelerinaige, que ie vous ai defus [b] nomméz [c],
font en la *Sainte [d] Terre [e] de Iherufalem [f]* & en la *Sainte
Terre [g] de Promiffion.* Or vos [h] dironz des autrez pelerinaiges qui eftoient [i] es leuz loingtieus [j].

Prèz de la cité de *Damas* avoit une montaigne. En
cele montaingne avoit une efglyfe de *Noftre Dame* Sardenay.
Sainte Marie [k] à la Roche, difoit on. En cele eglife
avoit .xij. nonnainz & .viij. [l] moinnes. Cil leuz eftoit
apeléz *Sardainnes.* Aucunes genz l'apeloient [m] *Noftre
Dame de Sardenay* [n]. En cele eglife avoit [o] une table
de fuft; cele table fi avoit [p] une aune [q] de lonc &
demi aune de lé. En cele table fi eftoit pointe [r] l'imaige [s]
Noftre Dame Sainte Marie, & eftoit entailliée fuer le
fuft. Et de cele ymaige fi en neft oille [t] plus fouef flai-
rant que [u] bafme. Et plufeurz genz s'en eftoient oint &
en avoient eü plus fouef en [v] leur [x] maladies. Et cil oilles
n'apetiffoit point [y], ia tant n'en preïft [z] on. En cele
efglyfe venoient tuit li Sarrazin del païz entor la [aa] fefte
Noftre Dame, la [bb] mi aouft & en feptembre. Là prioient

a. *G, J* il. — b. defus *m. d. C.*
— c. *G, H, I, J, K* que nous avons
nomé. — d. Sainte *m. d. E.* —
e. *C, G, H, I, J, K* cité. — f. *E
ajoute :* d'outremer; *G ajoute :* qui
eft la plus fainte terre de toutes
les autres. — g. Terre *m. d. E.* —
h. vos *m. d. H, I, J, K.* — i. *I* font.
— j. *A, B, C, E* lointains; *G, H,
I, K* lointains lieus. — k. Sainte
Marie *m. d. H, I, K; G met après*
Noftre Dame : que l'en difoit de
la Roche. — l. *B* .xviij., *I* .xij. —
m. *K* l'apeloit; *C* Si l'appeloient
aucuns genz. — n. Aucunes . . . .
Sardenay *m. d. E.* — o. *A, D, E*
fi avoit. — p. *C, E* fuft qui avoit;

K, J cele fi avoit. — q. *I* fuft;
cele fi aune; *B* aune & demy. —
r. *K* En cele table fi eftoit en-
taillie fur le fuft & de cele table
fi eftoit pointe. — s. l'imaige *m.
d. I.* — t. *E* ymage naift huile; *H,
I, J, K* fi naift huile; *C* neift oille
fi fouef. — u. *A, E, I, K* de; *C*
que nus. — v. *H, I, K* de. — x. *A*
avoient efté plus fouef en leur; *B,
I* avoient plus fouef leur; *C* qui
en avoient efté plus fouef de leur.
— y. *E, G, I* onques; *K* que. —
z. *A* en preïft on; *K* n'en prendroit
on. — aa. *C, H* de là entour à la;
I, K là entour à. — bb. *C* en mi;
la *m. d. E, H; I, K* à.

& aouroient & offroient. Cele ymaige fu faite en *Coſtan-
tinoble*, & unz patriarchez de *Iheruſalem* [a] l'en aporta [b],
& une abeeſſe li demanda: ſi l'ot [c], ſi [d] l'aporta là où
ie vouz ai diſt [e].

Tortoſe.　A *Tortouſe* eſtoit [f] la premiére eglyſe [g] qui fu faite en
l'onneur de la Mére Dieu [h], & entre [i] Noſtre Dame
& Saint Pierre l'apoſtre l'en coumanciérent [j] premiérement [k].

Bérythe.　A la [l] cité de *Baruth* fu .j. ymaige de [m] lheſu Criſt,
qui fu faite .j. petit [n] aprèz ce [o] que il fu montéz [p] es
ciex [q]. Cele ymaige cruxefiérent [r] li Iuif en deſpit de
Noſtre Seigneur, & la ferirent [s] el coſté d'une lance, & [t]
de cel coſté iſſi il [u] iaue & ſanc [v]. Et pour [x] ce [y] miracle
crurent pluſeurz [z] genz en Noſtre Seigneur. De cel ſanc
& de cele iaue oingnoit l'en les malades, & [aa] gariſſoient
de leur maladies.

Le Caire.　En la cité de la *Nouvelle Babilloinne* [bb] qui eſtoit en
Egypte, & au *Kahaire* (*Babilloinne* eſtoit la citéz [cc] & le
Kahaire li chaſtiaus), en cele *Babilloinne* avoit une
fontainne. A cele fontainne [dd] lavoit Noſtre Dame [ee] les
drapiaus à ſon chier fil, quant il s'en fouïrent [ff] en *Egypte*
pour le roi [gg] Herode. A cele fontainne portoient [hh] li

a. de Iheruſalem *m. d. E.* —
b. *I, K* l'emporta. — c. ſi l'ot *m.
d. I.* — d. *H, I, K* & ſi. — e. où
..... diſt *m. d. E.* — f. *E* fu faite.
— g. *E* eglyſe de N. D. — h. *D*
de N. D. — i. *B* & envers; *G* &
diſt on que en l'onneur de N. D.,
S. P. l'apoſtres la comença. —
j. *I, J, K* la commanciérent; *B* l'en
coumanciérent il. — k. *E ajoute:*
faite en l'ennor de Dieu & de N.
D. de Sardenai. — l. *H* En la. —
m. de *m. d. E.* — n. *H, I, J* pou.
— o. ce *m. d. I, J, K.* — p. *A*
que il montat; *G* que N. S. monta.

— q. *A, E, G, H, I, J, K* ou ciel.
— r. *K* & le crucefiérent. — s. *H,
I, K* le ferirent li Iuis. — t. & *m.
d. E.* — u. il *m. d. H, K.* — v. *E*
ſanc & eve. — x. *H, I, K* par. —
y. *K* tel. — z. *C, G, H, I, J, K*
maintes. — aa. *A, G* & il. —
bb. Babilloinne *m. d. E.* — cc. *A*
eſtoit la cité Bab. — dd. A cele
fontainne *m. d. K.* — ee. *C, G, H,
I, J, K* ſoloit N. D. laver. — ff. *K*
s'en furent. — gg. *G* la paour lu
roy; le roi *m. d. C, H, I, J, K.* —
hh. *G* tenoient.

Sarrazin mout grant[a] honour. Et mout volantierz fe
venoient[b] laver de cele fontainne[c].

De cele fontainne eftoient lavé[d] li arbre[e] qui portoient le verai bafme[f]. Au chaftel du *Kahaire* avoit à
cel iour .j. paumier qui portoit dates. Noftre Dame
Sainte Marie eftoit .j. iour defouz cel paumier & defiroit
qu'ele eüft de ces dates. Mès[g] li arbrez eftoit trop hauz,
par quoi ele n'en pouoit nulles avoir[h]. Li arbrez s'enclina[i] à fes piéz, & la glorieufe Dame[j] prift de cel
fruit[k] ; &[l] puis[m] fe dreça[n] li arbrez tout droit, voiant[o]
mout de Sarrazins &[p] de païenz[q] qui là eftoient. Adonques copérent li païen[r] cel arbre, & l'andemain le trovérent redrecié contremont & tot[s] entier, ne n'i paroit[t]
ne cop ne trancheüre[u]. Puis lorz[v] en avant portérent il
mout grant honor à cel arbre.

Palmier
de la Vierge.

---

a. *G ajoute:* chierté & li portoient mout grant reverence. —
b. fe venoient *m. d. I.* — c. de cele
fontainne *m. d. D, G, I;* Et mout
..... fontainne *m. d. C.* — d. *C,
G, I, J, K* arroufé. — e. *I* vrai
erbre. — f. *H* le faint baulme. —
g. *G* Mais tantoft. — h. avoir *m.
d. F.* — i. *E* s'aclina; *H* qui portoit dates, mais li arbres eftoit trop
haus, & N. D. defiroit mout qu'ele
eüft de ces dates; li arbres s'enclina. — j. *C* Virge. — k. *H, I, K*
piéz, & N. D. prift de ces dates. —
l. & *m. d. H, I, K.* — m. *G* après.
— n. *C, G, I, J, K* redreça. —
o. *J* devant. — p. de Sarrazin &
m. d. G, H, I, J, K. — q. *C* voiant
mains de paiens. — r. *F* li Sarrazin. — s. *C, G, H, I, J, K* tot
redrecié & tot. — t. *C* parut. —
u. *C* tranche. — v. *I* De lors.

X

LES CHEMINS ET LES PELERINAGES

DE LA

TERRE SAINTE

[avant 1265]

MANUSCRITS:

A

TEXTE COPIÉ PAR UN PROVENÇAL :

Rome, Vatic. 3136.

B

TEXTE COPIÉ PAR UN ANGLAIS :

Cambridge, Bibl. de l'Univerfité, Gg VI, 28.

LES CHEMINS

ET

LES PELERINAGES

DE LA

TERRE SAINTE

* * *

TEXTE A.

I

Ces ſſont les chamins qui droytament vuet aler de la cité
d'Acre en Iheruſalem e les pelerinatges de los ſains e les
luoqs qui ſont en la droyte vie.

UI droytement vuet aler en *Iheruſalem,* ci
voie en tele manieyra come ilh eſt en ceſt
eſcrit deviſé: Primerament l'on vait d'*Acre*
à *Cayphas,* au quel chamin ilh i a .iiij.
lieuas. Eſſi après d'illueques la *Montaingne* Carmel.
dou *Carme,* on le luoc moſſeignour ſaint Danis eſt, ce
eſt aſſavoir là ont ilh fu nés ad une ville que l'on apele
Ffranche ville, auquel luoq eſt una chapele. Sſos l'autier
ad une pierre valée. Au giét d'une pierre eſt la *Fontaine* Fontaine de Saint-
de moſſeignour *ſaint Danis,* laquele ilh trova e la fiſt Denis.
de ſſas propes mayns. E ſſachiés qui ilh i a mot bieu

luoq & es le plus ſayn luoq de toute le montanha à cuer d'ome.

2. En cele meeſ[me] montaingne eſt *l'abaye de ma dame sainte Marguarite*, la quele eſt de moines, ont ilh i a enſſi bieu luoq. Et deſſos cele habaye au pendant eſt le luoq ont ſaint Helyas habita, auquel luoq eſt mot bele chapele en la roche. Après de cele *habaye de Sainte Marguarite* en le coſtieira en cele meeſme montaigne, y a mot bieu luoq e delitos, hont habitant les ermitans latins que l'en apele fréres dou *Carme*, ont ilh a une mot bele petite ygliſe de *Noſtre Dame*. E por tot celuy luoq a grant playnté de bones aygues que yehent de la roche de la montaigne; de la quele habaye de Grex iuſques as hermitans a une lieua e dymie. Après y a .j. luoq aval au playn en ſſus de la mer, entre *Sainte Marguarite* e les fréres dou *Carme*, que a nom *Anne*. Illueq, ſſi com l'en dit, furent fais le clos dont Noſtre Seignhor ſon cloés e encores par le luoc ont ilh furent fargés. Après cele montaigne dou *Carme* à la partie des hermitans latins à la coſtieira devers *Chaſtieu Pelerin*, ſſi a .j. luoq que l'on apela *Saint Iehan de Tire*, ont ilh i a .j. moſtier de Grex, ont ſaint Iehan ffiſt motz de biaus miracles. Après celui luoq vers *Chaſtieu Pelerin*, y a une ville que l'on apele *Capharnaüm*, on furent ffais les deniers des quals fu vendu Noſtre Sſire.

Da *Chaïphas* à *Chaſteu Pelerin* ſſi a .iiij. lieuas, le quel chaſtieu ſſiét ſu la mer, e ſfu de la maiſſon dou *Temple*; & yqui giſt ma dame ſainte Euphemie, virge e martir.

De *Chaſtieu Pelerin* à la cité de *Ceʒaire*, ſſi a .v. lieuas, lequele cité eſt ſu la mer, & eſt d'un baron dou roiaume. Dehors des murs de cele cité eſt une chapele ont ſaint Corneli giſt, que ſaint Pére babtiza, lequel ffu après miſfire ſaint Pére archiveſque de cele cité. En près de cele chapele ſſi a une mot bele pierre de marm, grant e

longe, la quele l'on apele la *Table de Noftre Seignor*.
Eífy i a .ij. autres pierres de ce marbre comme la table,
qui ffont toutes rondes, groces deffos & agües
deffus, que l'en dit les *Chandeliers de Noftre Seignor*.
Après à mayn feneftra, près d'une ville que a nom *Pan
perdu*, ffi eft une chapele de Noftre Dame, qui ffiét fur
le marayns, ont ilh i a molt fain luoq, auquel marays
y a molt de cocatrix.

3. De *Seʒaire* ad *Arffuf* y a .ij. lieuas, le quel chaf- *Arfuf.*
tieu fét .j. petit près de la mer ffur .j. tertre de ffablon,
lequel chaftieu eft de l'*Ofpital*, au quel chamin par deffus
ffiét *Roche tallié* & .j. mauvays pays, & là ffe aubergent
males gens aucune ffois por tallier le chamin à ceaus
qui vont à *Iaphe*.

De *Arffuf* à *Iaphe*, qui eft ville e chafteu, fi a .iij. *Jaffa.*
lieuas, & ffi eft le chafteu ffur la mer. Et ffi eft conte à
Iaphe. Trove l'en fus au chaftieu en l'*yglife de Saint
Pierre* le *peron de Saint Iaque*, l'apoftle de *Gualice*.

De *Sfeʒaire* à *Celone* ffi a .vij. lieuas, le quele ville fét
ffur la mer, e [de] *Celone* à *Guadre* ffi a .iij. lieuas, lequele *Gaʒa.*
ville fét ffur la mer que a nom *Guadre*. De *Iaphe* à *Rames*
ffi a .iij. lieuas. *Rames* fi eft cité & evefchié. Au playn *Rama.*
de *Rames* le roy Baldoyn, roy de *Iherufalem*, aveques
.v. .c. homes à cheval defcofift Saladin amtot ffon oft,
bien .xxx. .m. homes de cheval, e là ffu portée la veraya
croys ont Noftre Sfire ffofri mort en *Iherufalem*. E là ffu
veü faint Iorgi apertement en cele bataíle, quant ilh
feri primerament ffur les Sarrazins, laquele bataíle fu
ffaite le iorn de Sainte Katerine.

De *Rames* à *Detenuble* ffi a .v. lieuas. *Detenuble* eft une *Béthenoble.*
grant ville. De *Detenuble* a la *M[ontioye]*, ffi a .v. lieuas.
Sfur la *Monioye* eft l'aglife de [*Saint*] *Samuel*, & ffi a
.iij. lieuas iufques en *Iherufalem*. De la *Monioye* vait

l'on tot droit à la fainte cité de *Iherufalem* par ffolhel
levant ffans aler ni fsà ni là.

II

Ces ffont les intrées de la fainte cité de Iherufalem e les
luoqs fains, que l'on doit fuire & adhorer.

4. Primerament qui droytemant vuet intrer en *Iheru-*
falem, intre tot droit por la *Porte Saint Eftiene*, e doit
querre les Sains Luoqs.

S. Sépulcre. Primerament le *Saint Sepulcre* Noftre Seignor eft
illueques après, c'eft affavoir au cuer ont eft le *Compas*
de Noftre Seignor. Effi eft enffi le luoq ont Nichodemus
& Iofep ab Arimatia miront ffon benoit cors, quant ilh
ffu encevelis après la benoyta paffion.

5. A la yffue dou cuer à la feneftre mayn, eft *Monti*
Calvaire. *Calvayre* Ce eft le luoq ont Dieus fu mis en la croys :
e deffos eft *Golgota*, ce eft le luoq ont le ffanc Noftre
Seignor pertufa la roche e chay fur la tefte de Adam.

6. En après derriérs la tribune dou maiftre autel, de
Colonne de la Fla- los *Monti Calvayre* eft la *Colompne* ont Noftre Seignor
gellation. Yhefu Crift ffu liés e batus, & illueques, decofte une
diffendue de .xl. degrés, eft le luoq ont ma dame fainte
Helena trova la Veraya Crois.

7. En après à l'ichue dou cuer près dou *Sfepulcre*
Prifon de N. S. eft la *Preiffon* de Noftre Seignor à mayn deftre, &
illueques eft la [che]na dont ilh ffu liés. De l'autre intrée
dou *Sfepulcre*, [fi a .x]l. degrés contre aval iufques à la
Chapele des Grex, en la quele chapele ffoloyt effer la
Sfainte Croys qui ffu trovée & la ymage qui parla à
Maria Egipciaca e la converti.

8. Après par cele ychue dou *Sfepulcre* por dehors
Ste Chariton. vers boire, eft l'yglife de *Saint Carito*, e là auffi eft fon

cors. De l'autre part dou *Sfepulcre* par devant vers midy près d'iluoq eft l'yglife de *Noftre Dame de la Latine*, la *Ste Marie Latine.* primera yglife que uunques fuft de Latis en *Iherufalem*, e por ce a nom *la Latine*, & eft de moines noyrs. Ceft eft le luoq on fainte Marie Macdalena & ffainte Marie Cleophé detraïftrent lur chaveus, cant Noftre Sfire Ihefu Chrift morut en la croys, & illueques la maiffon l'*Hof-pital de Saint Iohan.*

9. Devant le *Sfepulcre*, tant comme .j. arc puet traire à .iij. fois vers levant, eft le *Temple Domini* ont *Le Temple Domini.* ffont .iiij. intrées & .xij. portes. En my le *Temple* eft la *Gran Roche* ffacrée, ont eftoit l'Arche Noftre Seignor au temps' de David, e la Vergua de Haron, e les Tables dou Vielh Teftament, e les .vij. Chandeliers d'or, e l'Arche ont eftoit la Manne que venoit dou ciel, e le Fuec qui foloit devorer le ffacrifice que l'en faiffoit, e l'Oli que degotoit, dont les roys e les prophetas Noftre Seignor eftoient enoingnt.

10. E illueques de cofte fur la R[o]che fu le fis de *Roche de la Sa-khra.* Deu ufert, & illueques vi Iacob l'efchiela que tocoit iufques au ciel, e la vi el les angeles monter e diffendre. A deftre de la *Roche* apparut l'angel ad Zacarias lo propheta. Là deffus eft *Sancta fanctorum*, [&] illueques perdona Noftre Sfire à la fema qui fu prife [en ad]-ulteri. Illueques ffu anunciés faint Iohan B[a]p[tifte]: en celuy luoq adorent or endroit les Sf[arazin]. Autreffi dis l'on que illueques eftoit .j. autier, hont faint Habraam fift facrifice à Dieu.

11. Là deffotz eft le *Sepulcre Saint Iaque*, le primier *S. Jacques.* evefque de *Iherufalem*; près d'yqui eft l'*higlife Saint Iaque* Hors dou *Temple* eft .j. autier ont Zacarias, ffis Barachias, fu ocis, & ce eft entre le *Temple* e l'autier. A l'intrée dou *Temple* eft la porta que l'on dit *Speffiofa.*

Vers ponent & vers horient eft le *Temple Sfalamon*. Par *Temple de Salo-mon.*

devers levant eſt le *Bayn Noſtre Seignor*. Et illuoq fon
fon lit e de Noſtre Dame auſſi. Au *Temple Domini* vers
levant eſt la *Porte de Iheruſalem*, & là hors por cele
ychue parent les piés de la beſte que Noſtre Sires chevaucha au iorn de Paſches flories. Et là deſſus font
Piſcine probatique. *Portes Aureas*. Au *Temple* vers cele ychue eſt *Probatica
piſſina* en cele voye, & illueques près eſt *Sanctä Anna*
e ſſo monument. Sur *Sainte Anne* eſt l'yglife de *Sainte
Marie Macdalena*. Vers mydi ſur la cité de *Iheruſalem*,
eſt *Monte Syon*; là eſt le luoq e la grant yglyſe qui eſt
abatue, ont Noſtre Dame ſainte Maria treſpaſſa & d'illuoq la portarent à *Ioſaphat*.

12. Illueques eſt une chapele ont Noſtre Sſire ſſon
iutgiés e batus e flagelés & d'eſpines coronés, & ſſe ſſu
Prétoire de Caïphe. le *Pretoire de Chaïphas* & ſſa maiſſon. Sur le grant yglife
abatue eſt l'*Yglife dou Saint Eſperit*; illueques dichendi
le Saint [Eſperi]t ſus les apoſtles le iorn de la Pente-
coſta, & [ileques] à mayn deſtre eſt la *Table* on Dieus
cena avec ſes diſciples, & aqui deſſotz eſt le luoq ont
Noſtre Sſire lava les piés à ſſes apoſtles, & encore y eſt
la pile. Illueq intra Dieus portes cloſes e diſt à ſſes diſſiples : « Pas ſſoit à vos ! » E diſt à Thomas : « Met yſſi
ton doit e ta mayn en mon coſté. »

13. Deſſoſt *Monte Sſyon* eſt une chapele que l'on
apela *Gualilea*. Illueq aparet Noſtre Sires à ſes bones
femas & à Sſymeon. En *Monte Sſyon* ſſu enoingt le roy
Natatoria Siloé. Salamon, puis amont ſur la cité eſt *Natathorie Sſiloé* &
là près fu enfoïs ſaint Yſaſias. Sur *Natathorie Siloé* eſt
Acheldemac; ſe eſt le luoq qui fu acheté des .xxx. deniers
que fu vendus Noſtre Seignor, & ſſe eſt la ſepulture ont
met les pelerins.

Deſſos *Portes Aureas* en la valée eſt le roiſſel que l'en
apela *Cedron ;* illuoq culli David les .v. pierres de que
ilh oſſit Golias.

14. Et iluoq eſt *Ioſaphat*, le luoq on Noſtre Dame
Sainte Maria fu enterrée & miſe. En après d'aqui eſt *Get-* Gethſemani.
ſſemani, le luoq on Dieus fu pris, & illuoq parent les
dois de Noſtre Sſire en une pierre. Illuoq laicha Dieus
ſſaint Pierre & S. Iaques & S. Iohan, quant ilh ala orar.
Illuec tan come le giét d'une pierra, eſt le luoq on Dieus
oret à ſſon pére e ſſuet les gotes de ſſanc degotant poi
tierra. Illueq fu mis ſaint Iaques & ſaint Sſymeon &
Zaquarias. Au pendant de cela valea eſt la ſſepulture
dou roy Ioſaphat, dont la valée eſt enſſi nommée.

Au deſſus vers levant eſt *Monte Oliver*, don Noſtre Mont des Oliviers.
Sſire monta a[l ciel] le iorn de la Aſſcenſion. Et encores
i [pert le pié] ſineſtre. Illueq comanda Noſtre Sſire à ſſes
diſſiples à ad aler preycher l'evangeli ad *Univerſſe crea-*
ture. Par deſſus eſt une chapele, ont giſt ſainte Pelage
martir. Près d'yqui vers à mydi eſt une chapele ont
Noſtre Sſire ffiſt le *Pater noſter*. Entre *Mont Oliveti* &
Betania eſt *Betffagé*, hont Noſtre Sire manda Saint Pierre Bethphagé.
e ſſaint Iaque por la aſſneſſa e por ſſon polin le iorn
de Paſque florie. Près de *Betanie* eſt le luoq ont Deus
reſſucita Ladre e perdona les pechiés à la Macdalena ;
ce eſt la *Mayſſon Symon le lebros*, qui eſt ad une lieua de
Iheruſalem.

III

Ce eſt le chamin de Iheruſalem por aler à la Quarantene,
que Dʒus ieüne & as autres luoqs ſayns près d'aqui.

15. De *Iheruſalem* à la *Quarentaine* a .vij. lieuas, &
illuec ieüna Noſtre Sſires .xl. iors e .xl. nuogz. Et après d'a-
qui eſt *Ierico*. De *Ierico* au flum *Iordayn* a .iij. lieuas ; Le Jourdain.
illueq fu Noſtre Sſires babtiſés de ſaint Iohan Babtiſte.
Dou flum *Iordayn* à *Monte Synay* ſſi a .viij. iornées. Illue-

ques dona Noſtre Sſires la loy à Moyſen, & en celuy
mont giſt ma dame ſainte Caterine en une vielle ſepulture de marbre. Ad une lieua de *Iheruſalem* vers mydy eſt
S. Hélie. *Saint Helias*, e près d'aqui .j. poy eſt le *Cham flori*. E n'a
[que] .j. poy, fors de cele voie eſt le *Sepulcre Rachel* [la
fame Ia]cop. Encontre celuy mont d'autre part eſt la
Bethléem. cité de *Betleem*, ont naſſci Noſtre Seignor. A .ij. lieuas
de *Iheruſalem* eſt la creche hont Noſtre Senhor fu mis,
cant ilh fu nés & envolopés de petis drappieus. Près
d'yqui eſt le luoq de la nativité, & le luoq ont les tres
reys, qui vendrent d'orient adorérent Noſtre Seignor,
quant ilh li uſrirent or & enſſe[n]s e mirre. Illueq au coſté
dou cuer à mayn deſtre eſt le poys on chay l'eſtela. Al
ſeneſtre giſſent les *Ignocens*. El encontre eſt ia *Sepulture
de ſaint Ieronime*. Deſſotz *Betlleem* eſt une c'apele ont
Noſtre Dame ſſe repauſa, quant ele doit eff.   r Noſtre
Seignor, e pren l'on la via d'aqui ad aler à *Sſaynt*
Hibron. *Habram* en *Hebron*.

16. Et illueq fiſt Noſtre Sſire Adam & Eva, &
illueq eſt la *Maiſſon de Chaym & d'Abel*. Près d'aqui s'i
demoſtra Noſtre Sſire en forme de la Trinité à ſſaint
Habraam. Vers criant eſt le luoq où Noſtre Dame ſſalua
ſanᶜta Heliſabet. Illueq fu nés Saint Iohan Babtiſte, &
Zaquarias ſſon pére. A .ij. lieuas d'aqui eſt .j. Chaſtel
que l'on apela *Hemaüs* ; illueq aparut Noſtre Sſire à
Saint Luc & à Cleophas après la reſurexion. Ad une
lieua de *Iheruſalem* ſſi eſt l'albre, de coy ſſu faite la
Veraye Croy.

Naploufe. De *Iheruſalem* à *Sſamarie* que l'en apela *Naples*, ſſi
a .xij. lieuas; illueq parla Noſtre Sſire à la [Samari]tana,
au *Pos de Iacob*. Illueques a .ij. l[ieues à] la cité de
Sebaſte. Illueq ſſaint Iohan [fu decolés & là eſt ſa ſepul-
ture]. De *Sſebaſte* à *Monte Tabor* ſſi a .x. lieuas. Illueques
ſſi traſſigura Noſtre Seignor delan de ſſes apoſtles.

Or laycharem à parler de la ſſainte terre de *Iheruſalem* e dou païs entorn lli.

IV

*Ce eſt le chamin d'Acre à Naſaret e de los autres ſainto-
ratges d'entorn lli.*

17. Primerament l'on doit aler d'*Acre* à *Naʒaret*, Naʒareth.
ont ilh i a .vij. lieuas. En ceſt chamin eſt *Sſafran*, ont
ilh i a .iij. lieuas, en laquele montaigne eſt l'*Ygliſe de
moſſeignor Saint Iaque*, quant ilh fu nés, & encores i
par le luoq. De *Sſafran* à *Sſaforie* ſſi a .iij. lieuas, e
d'illueq va l'en à *Naſaret* ont ihl i a una lieua. Et illuoq
vint Noſtre Sſeignor en la virgen Maria.

De *Naʒaret* à *Cana Gualilea* a .iij. lieuas. A *Cana
Guali[l]ée* ffurent faites les noſſes dou roy Architiclin, &
en celes noſſes ffiſt de l'aigue vin. Encores par le luoq
ont les noſſes furent faites, & le luoq ont les .vij. ydrias
eſtoyent.

De *Cana Gualilée* ad .j. trait d'arc iuſques au *Pois*
ont l'aigue ffu priſe. Illueques près eſt *Monte Tabor*. De
Monte Thabor à *Monte Hermon* a una lieua, & illueq eſt
la cité de *Naym*. Illueq reſſuſſita Noſtre Sſire le filh à
fema la veva devant la porte de la ville.

Près de la cité, à .iij. lieuas, ſſi eſt la *Mer de Gualilée*. Lac de Tibériade.
E de coſte ſſu la mer eſt *Tabarie*, ont Noſtre Sſire her-
berga & [mou]t de miracles i ffiſt. Et aqui fiſt Noſtre
Sſire gi[ter] ret à la mer à ſaint P[ierre] & à S. Andrés que
[eſtoient e]n .j. batel. Sſur cele mer ala Noſtre Sſire
[veant S. Pierre & S. An]drés ; & adonc eüt moſſ[ei-
gnor] S. Péres pahor, cant ilh le vit venir à pié ſur l'ay-
gue, car ilh cuydoit que ce ffuſt ffantaſme.

Après d'illueq de l'autre part, ſſi eſt *Capharnaüm* e Capharnaüm.

d'autre part le *Stagne de Genezaret*. En ffus le *Stagne de Genezaret*, à mayn deftre a .j. mont, que eft playn de ffen, ont Noftre Sfire preicha à la turba des gens. Après d'iqui ffi eft le luoq, ont Noftre Sfire ffaola .v. .m. homes de .v. pa[in]s d'orgi & de .ij. peiffes. En ffus près d'il-lueq eft la priffon, ont Noftre Sfire ffu mis, iufques atant que ilh horent payé le treu(t)atge de ffon paffatge. Ce ffu adonc cant ilh comanda à moffeignor S. Pierre à pefchier .j. peiffon; e quant ilh l'ot pris, Noftre Sfire comanda qu'ilh ffus huvert. E traïftrent .j. denier lequel fu payés par le treu(t)atge de ffon paffatge. Molt de miracles fturent ffaitz en cele encontrée, que l'en non puet ffi bien ffavoir com l'en vodroyt.

Le Saphet.   De *Tabarie* au *Sfaphet* a .iiij. lieuas. En ceft chamin eft le *Puis*, on Iofep fu gités, quant ilh fu vendus aus Efmae-litans. Sur le pont dou *Sfaphet* eft la pierra ont Noftre Sfire ffi repaufa. Dou *Sfaphet* à *S. Iorgi* ffi a .v. lieuas, & ffy eft une yglife de moines noyrs. De *S. Iorgi* ad à *Sardenay.*   *Acre* a .iiij. lieuas. D'*Acre* à *Terdeney* a .iij. iornées e dimie, e paffa l'on par *Domas*, car ce eft dimie i[ornée]. Autre ffachés que ilh i a une *Table* de Noftre Da[me d'où] degotoit holi, molt de malades gueriffent, [e à *Tor*]tofa eft la primera [yglife, que firent] faire les apof-tles à la ffemblance de cele de *Nazaret*.

Aynffi feniffent les pelerinatges de *Iherufalem* & de Sains Luoqs entorn. Or prions le autifme Peire que de ffa Ffilhe ffift ffa mére que ilh nos don requerre les ffains pelerinatges devan només, ffi que ilh ffoit au proffit de nos cors & ad exaltation de nos armes. Dieus por ffa fainte pitié nos le puiffe otroyer! Amen!

*　*　*

LES

CHEMINS ET LES PELERINAGES

DE LA

TERRE SAINTE

*

TEXTE B.

I

KI dritement veut aler en *Ierusalem*, priméremenc deit aler de *Acre* à *Caïphas*, en quel chemin à mayn feneftre eft la *Montaigne de feynte Margarete de Carme*, ki eft à .iiij. liues de *Acre*. En l'un chef de la montagne, eft *Franche vile*, où feynt Denys fu né, en une eglife *Francheville.* peitite, en une petite roche contre val. En cele roche apert le lui oum un berfel cavé en la roche, & par derére cele eglife à mayn deftre eft la *Fontaigne ke* *Fontaine de Saint-Denis.* *Denys* trova e fift de ces mayns. E fachéz ke ceo eft un de plus feynz lius à cors de home de tote la montaigne; e pus l'em vet à un cafelet hoft près de là, à une petite defcendue.

2. A l'autre chef haut de cele montaigne, eft une *Ste Marguerite.* abbaye de Griffons, moignes ners, où feynte Margarete fift muft de miracles, e funt là de bons fentuaries. A la defcendue de cele abbaye contre val eft une chapele en la roche de feynt Helyes le prophete, où il fift muft de miracles, e en la chapele eft une bone fon-taigne de ewe freide ke il trova e fift. En contreval à

mayn feneftre eft un cafal k'eft apelé *Capharnaüm*. A
près un poi en fus eft *Anne*, un cafal où furent forgéz
les clous dont Ihefu Crift fuft clavéz en la croiz, e apert
Caiphas. uncore le lui. En aval ante fur la mer eft *Caiphas* ke
foleit iadis mut valer avant ke la cité d'*Acre* fuft fete,
kar auncienement foleit aver aufi grant renom cum *Acre*;
kar iadis *Acre* foleit eftre un cafal e *Caiphas* fu la vile.
E fachéz ke *Acre* n'eft pas de *Terre de promiffion* aufi
cum eft *Caiphas*, kar un flum devife la *Terre Seynt* entre
Acre e *Caiphas*, k'eft apelé le *Flum de Caiphas*, ke ift de
une fontaigne ke curt par de futh le *Carmont* e vent
par de futh la montaigne de *Seynt Margarete*, k'a nun
la *Paumére* e curt en la mer e part enfi la *Terre de Promiffion*, e ataunt i a d'*Acre* à *Caiphas* com de *Acre* à la
montaigne. En après l'em veit de *Caiphas* à *Chaftel
Pelrin* où il i a .iiij. liues, e eft del *Temple*. En contre cel
S. Jean de Tyr. chaftel eft un feynt luy ke l'om apele *Seynt Iohan de Tyr*,
e fi ad un abeye de moygnes gris, où il i a bons fein-
tuaires, e feynt Iohan Baptifte fift mut de miracles. En
fus de cel liu haut fus la montaigne à main feneftre eft
un beau liu e feint, où i a en hermitage de hermites
Le Carmel. Latins, ki s'apelent fréres de *Carme*, e fi a une eglife de
Noftre Dame; e fi a mut de bones fontaignes curantes
e mut de bones herbes flairans.

    Del *Chaftel Pelrin* l'om vet à *Sefarie*; la cité fis fur la
mer, où l'om trove à main deftre les falines de l'*Hofpital
de Seynt Iohan*. E puis fur la mer trove l'om *Pan perdu*, une
tur de Seynt Lazare. D'autre part à mayn feneftre dedenz
terre, eft une eglife de *Noftre Dame de Mareys*, e iluec
Châtel Pèlerin. venent mut de gens en pelrimage de *Sefarie* e del *Chaftel
Pelrin* e del païs. En cel mareys funt muz de caucatris, unes
féres beftes, les queles i mift un riche hom ky eftoyt en
Sefuirie, e los fift norir, car il les quida fere devorer fuen
frére, pur un contefte ke aveit efté entre eus, e pur ceo les

fiſt il les aporter de *Egipte*. E un iur amena on lui ſon frére
pur baigner, pur covertement ocire. E ſun frére fu plus
ſachaunt de lui : ſi le fiſt primes deſcendre, e les beſtes
k'yl aveyt nori tantoſt le tirérent en parfund, ſi ke onkes
puis ne fu trovéz ; e fu aperceü la traïſon par ceo ke
eſteynt conſentaunt, e enſi fu perdu ly traïtres, e ſeon
frére ſavé.

De tel liu delés *Seſarie*, ſi à une liue de hors les murs *Ciſerie.*
un petit, eſt la ſepulture de ſeynt Cornel, ke ſeynt Pére
báptiza, cum il eſt eſcrit en ſez des Apoſtles, e fu arce-
vekes de cel cité. Après un poi en avant ſi eſt une
péce de marbre de la colur de propre, ke l'om apele
la *Table Noſtre Seignur*, la quele Saraſins trenchérent
per mi. En coſte cele table ſunt deus autre grant péces
de marbre, groſſes e tute rundes par de ſuth, e lunges e
greles par de ſus, e ſunt apelés les *Chandelabres* Noſtre
Seignur, e une *fontaigne* ke eſt murée tut entur, en ben
haut. D'autre part fors de la cité à main deſtre en ſus un
poi de la mer ſi eſt une *Chapele* de *Seynte Marie Magdalene*, ky eſt ſeinte e vertuuſe, e dyent ke là fiſt ſa
penaunce.

3. En après de *Seſaire* l'om vet à *Aſur*, un chaſtel *Arſuf.*
le quel ſi eſt ſur un tertre de roche un poi en ſus de la
mer, ſur le ſablum à nef liues de *Seſaire*. En ſus auſi vers
la montaigne eſt un liu mult perillus, ke l'om apele
Roche talie, kar la repeirent larrons e grant mal ſunt à
pilrins e as autres.

Après l'om vet de *Aſur* à *Iaffe*, où il i a .iij. liues.
Iaffe eſt vile & chaſtel, e un conté, e ſi eſt ſur la mer. *Jaffa.*
A *Iaffe* eſt la meſon où ſeynt Pére habita, kaunt dut
baptizer Cornele. E fu la meſun Simeon le Canut, e ore
eſt apelé la *Tur de le patriarche*. Là ſus al chaſtel, en le
Egliſe de Seynt Pére eſt le *Peron de Seint Ielke* ſur le quel
l'om diſt ke il paſſa la mer, e ſi a autre ſentuaries. E ſachéz

ke *Iaffe* eſt un de bons liues, ke ſeit ſur la marine. De
hors le murs de *Iaffe* un poi loinz cum l'om vet à *Rames*
eſt une *Chapelle de Seint Abacuc,* mult ſeinte, mès mult
anciene.

De *Iaffe* prent l'om le chemin pur aler en *Ieruſalem,*
e ſi vet l'om dreit à *Rames,* où il i a .iij. granz liues.
Lidde eſt d'autre part encontre *Rames,* e iluec eſt une
Egliſe de Seint leorge. A *Lidde* reſuſcita ieint Pére Tabi-
tam, e iluec eſt bon pelrimage pur l'egliſe ke eſt mult
ſeinte e pur les miracles ke ſeint leorge i fet. De *Lidde*
à *Rames* ſi a .iij. liues. *Rames* ſoleit eſtre de grant
renom. Sarazins l'ont mult honuré e uncore ſunt, kar il
unt là lur grant malhoumerie e unkore ſunt là lur
afflictiouns.

A main deſtre ſur la mer de autre part de *Rames,*
eſt *Aſcalone,* à .ix. liues de *Iaffe.* Outre *Aſcalone* à .iij.
liues ſur la mer eſt *Gadres,* dunt Sampſon le fort briſa
le[s] portes e les porta ſus un mont bens loins de la vile.
De *Gadres* à .iij. liues eſt *Forbye* où la Criſtienté de ça
mer fu un tens deſcomfite.

En après l'om vet de *Rames* à *Betenuble* où il i a .v.
liues, le quel chemin eſt mult dutus pur les bucement de
Bedeuins, ke ocient la gent ke vunt en *Ieruſalem.* De
Betenuble vet l'om à la *Mont Ioie,* tut dreit par ſoleil
leuant, ſauns aler ne ſà ne là, où il i a .iij. liues, laquele eſt près de *Ieruſalem.* De la *Mont Ioie* l'om deſ-
cent en *Ieruſalem.*

Rame.

Gaza.

Béthenuble.

II

4. E qui dreitement vot entré, ſi deit entré par la
Porte Seint Eſtevene, là où il fu lapidé, kar ceo eſt la
plus eſpecial entré[e] ki li ſoit. E pus ke l'om eſt entré,
l'om deit cercher par ordre les Seinz Liues. Primiére-

S. Sépulcre.

ment deit requere le *Verei Sepulcre* Ihesu Crist. Après
en le quer' est le *Compas* e le *Cercle* où Nichodemus e
Ioseph de Arimachie mistrent le cors Ihesu, kant il le
voleint ensevelir.

5. A l'issue de cuer à la senestre main est *Mont
Calvarie*, où Deu fu mis en la croys, e ileukes fist seint
Abraham sacrifice à Deu. E par de suth est *Golgatha*, où
le sant Ihesu cheï e perça la roche, e unkore pert.

6. En après, derére la tribune del mestre auter
suth *Mont Calvarie*, est *Columpne* où Ihesu fu batu. *Calvaire.*
E ilekes en coste si ad une descendue de .xl. degréz
iekes al liue où seint Helene trova la *Seint Croyz* Nostre
Seingnur.

7. E en après à l'issu del *Sepulcre* à main destre est
un liue ke l'om apele la *Prisun Nostre Seignur*, où il *Prison de N. S.*
fu mis en prison, e là soleit estre ausi une chene dunt il
fu liéz. De l'autre entré del *Sepulcre* si ad .xlj. degréz
contre val, iekes à une *Chapele* de Griffons, en la quele
Chapele soleit estre iadis la *Seint Croys* ki fu trovée e
une *Ymage de Nostre Dame* ke parla à la Egipciene.

8. De hors vers boirre est l'*Eglise de Carito* e sun enfeveli. De l'autre entré del *Sepulcre* près d'ilekes est la
Latyna, e un autre liue où la Magdalene e la Marie Che- *Ste Marie Latine.*
ophé plorérent, kaunt Nostre Seignur murut en la croys.
E ilekes en coste est le *Hospital de Seint Iohan*.

9. Devant le sepulcre d'elekes tant com un arke
put trere, à deus foyz vers le levant, est le *Temple* de *Le Temple Domini.*
Nostre Seignur, où sunt .iiij. entrées e .xxij. portes. En
mi le *Temple* est la grand *Roche sacrée* où soleit estre
ancienement l'Arche de Nostre Seignur, e la Verge *Aaron*,
e les Tables del Veil Testament, e les .vij. Chaundelabres d'or, e la Huche où esteit la Manne, ke vint de
cel, e le Feu ke soleit devorer les sacrifices, e le Oylle
ke degutoit, dunt esteynt enoynz le roys e les prophetes.

10. Illekes en cofte fus la *Roche* fu Ihefu offert. Ilekes aufi vit Iacob le efchele ke tochoit iekes al cel e vit
les angeles montre e defcendre kaunt il s'endormi. A
deftre de cele *Roche* apparut li angeles à Zacharie le
prophete. E la defus eft une chapele ke a nun *Sancta
fanctorum.* E ilekes pardona Noftre Seignur les pecchés
à la femme ke fu prife en avoutére. Ilekes fu anomé
feint Iohan le Baptifte, e ilekes ore endreit aorent les
Sarazins. E ilekes fu un auter où Abraham fift facrifice
à Deu.

11. E ilekes fu une eglife dunt feint Iake, ke fu
frére Noftre Seignur apelé, fu trebuché. De hors le
Temple eft un auter où Zakarie le fiz de Barachie fu
occis, ceo eft entre le *Temple* e le auter. A l'entré del
Temple eft une porte ke l'em dit *Speciofe.* Devers ponent,
 par devers demi cor, eft le *Temple Salamon.* E près de
cel temple eft un liu ki eft en forme de baing, e eft
apelé le *Baing Noftre Dame & de Noftre Seignur.* E
ilekes foleit eftre lur repos acune foyz. Aprèz de là eft
Sepulture Seint Simeon. E el *Temple Domini* vers le levant,
eft la *Porte* ke l'om apele *Ierufalem.* E de hors vers cel
iffue apérent les pas de l'auneffe ke Noftre Sire chiva-
cha le ior de Pafche florie. E là defus près de là funt
Portes Orrez. Al *Temple* à iffue devers boyre eft la *Porte*
ke l'om dit *de Parays.* E en cofte le mur del *Temple* eft
 une pifcine ke l'om apele *Probatica Pifcina.* Après de
là eft *Seint Anne* e fun monument. E ilekes dient akuns
ke là eft *Probatica Pifcina.* Sur *Seint Anne* eft l'eglife de
la *Magdelene.* Vers mi ior fur la cité eft *Mont Syon,* e
là eft la grant eglife abatu, où Noftre Dame trepaffa, e
d'ilekes la portérent les apoftles en *Iofaphat.*

12. Ilekes devant eft une chapele où Noftre Seignur
fu iugéz, e efcharniz e efcoupéz, e flagelléz, e vituperéz
 e de efpines corunéz ; e ceo fu le *Pretorie Caiphas,* là où

furent afembléz les Iuys an concil en contre Noftre Seignur. Sus la grant eglife abatue eft la *Chapele de feint
Efperit*, fur les apoftles le ior de Pentecofte. E ilekes à
main deftre fur le auter eft la *Table* fur quel Deu cena *La Cène.*
ou ces difciples, e là de futh eft le liu où Noftre Sire
lava les pés à ces difciples, e unkore i pert la pyle.
Ilekes entra il les portes clofes à ces difciples *vel*
apoftles e lur dift : « Pais feit ou vous ! » E ilekes dift
il à feint Thomas : « Metez ici ton dei & ta meyn en
mon cofté, e ne feez melcreant, mès feez feel. »

13. De futh *Mont Syon* eft une chapele ke l'om *Mont Sion.*
dift *Galilée*. Ilekes aparut Noftre Sire après fa refureccion à Simon Péres e à bones femmes. En *Mont Syon*
fu li roys Salomon enoynt. Après de là amunt fus la
cité, eft une pifcine ke l'om apele *Natatorie Syloe*.
Ilekes après fu feint Yfaie le prophete mis. Sus *Natatorie Syloe* eft un champ ke l'em apele *Acheldemach* ; ceo *Acheldema.*
eft le liue, ki fu ataché pur .xxx. deners pur la fepulture des pelrins.

De futh *Portes Orreȝ* en la valée eft le rufel ke a nun
Cedron. En cel roiffel cuilli les .v. péres David des quels
il ocift Golyas.

14. Près d'ilekes eft *Iofophat*, le liue où la virgine
Marie fu mife. Ilekes derére eft *Geffaman* le liu où Deu *Gethfémani.*
fu pris. En cel liu apérent les deys des mains Noftre Seignur, e là leffa noftre fire feint Pére e feint Iake e les
autres difciples, kaunt il ala orer. E près d'elikes tant
com eft le iet de une pére, eft le liu où il ora Deu le
pére, e fua gutes de fanc decurranz en terre. En cel liu
près furent mis feint Iake, e feint Simon e Zakarie le
prophete.

Près de là eft *Mont Olivete*. De cel liu Noftre Seignur *Mont des Oliviers.*
afcendift al ciel, le ior de l'Afcencion, e unkore pert la
forme de pié feneftre. Ilekes commanda il à ces apoftles

precher le evangelie à tote creature. Ilekes eſt la *Chapele de Seint Pelageon* [où] Noſtre Sire fiſt la *Pater noſtre.* Entre *Mont Olivete* e *Bethanie* reſuſcita il Lazare, e où il perdona les perchéz à la Magdalene.

Ilekes près eſt où Marie e la Magdalene cururent vers Noſtre Sire. De ſuth *Ieruſalem* vers ponent ſi ad une liue petite, iekes là où le arbre de la *Seint Croiʒ* cruſt. E devers mi ior ſi ad une lieu iekes à *Seynt Helyes.* Après un poi eſt le *Champ ;luri,* e de là un poi eſt la *Sepulture de Rachel.* De *Ieruſalem* par devers boyre ſi ad .ij. liues iekes à *Seint Samuel.* E ilekes eſt un mont ke l'en apele le *Mont de Mont Ioie*; vers orient eſt le liu où Noſtre Dame ſalua ſeinte Elizabet, e ilekes le Baptiſte fu néz. A ſa .ij. liues eſt *Amans,* où Noſtre Sire aparut à .ij. diſciples, à ſeint Luke e à Cleophas.

III

1ʃ. De *Ieruſalem* ad .vj. liues iekes à la *Quarenteine* où il iuna .xl. iurs. E là de ſuth eſt le *Gardin ſeint Abraham,* e près d'ilekes eſt *Ierico.* De là al flum *Iordan* ſi ad .ij. liues. Ilekes fu Noſtre Sire baptizé de ſeint Iohan le Baptiſt. De *Ieruſalem* en *Betleem* ad .ij. liues. *Bethleem* ſi eſt ſuth un mont où naſqui Noſtre Sire, e ilekes eſt le *Preſepe* où il fu mis. E d'autre part eſt le liue où les .iij. reys le honurérent. Ilokes en coſte del cuer à main deſtre, eſt le put où chaï l'eſteile, e au feneſtre giſent les *Innocens.* Par de ſuth l'encloiſtre giſt ſeint Ierome. De ſuth *Bethleem* eſt une chapele où Noſtre Dame ſe repoſa. E de là prent l'om la voie pur aler à *Seint Abraham* en *Ebron.*

16. En *Ebron* fiſt Deu Adam e Eve. E près d'ilokes eſt la *Meſon Caym e Abel.* Ilekes près ſe demuſt Deu à Abraham en forme de la ſeint Trinité. Del flum

Iordan iekes al *Mont Synaï* ad .viij. iornées. Ilekes dona Noftre Seignur la lei à Moyfen. En cel mont gift feinte Katerine, e là funt mult de abayes de Griffons, e fi ad mut beau païs, e mult de beftes favages, ke ne vivent d'autre chofe fors de la manne, ke chét de ciel. De la *Sepulture de Seint Katerine* apertement oyle vent plus fuef fleyrant de baume, dunt mult de malades gariffent kant il funt ennoint.

De *Ierufalem* à *Samarie* ke l'om apele *Naples*, ad .xij. liues. Ilekes parla Noftre Sire à la Samaritane al *Put de Iacob*, e d'ilekes iekes à *Sebaft* ad .ij. liues. Illekes fu feint Iohan Baptifte decolé e là eft fa fepulture. De *Sebaft* iekes à *Mont Thabor* ad un autre mont ke l'om apele *Mont Hermon*, e de futh *Naym*, où Deu refufita le fiz de la vedue. Par de futh *Mont Thabor* eft un cafal, ke a nun *Bourie* e foleit eftre iadis cum un burke.

De *Mont Thabor* iekes à *Tabarye* ad .iiij. liues e la *Mer de Tabarie*, en la quele *Noftre Sire* fift geter la reyha feint Pére e Andreu. En cele mer fift il feint Pére prendre un peyffum, dunt il priftrent un dener d'argent, ke fu paé pur eus à truage. De là l'om vet à la *Table* Noftre Seignur, dunt l'om dift ke il magna ou ces defciples. Entre *Tabarie* e la *Table* eft *Capharnaüm* où il fift mult de miracles. En fus un poi d'ilekes fu il mis en prifon. En fus de la *Mer de Tabarie* à main deftre eft un mont, ke eft plein de fein où il faula .v. mile hommes de .v. pains e .ij. peyffuns, futh le quel mont près de là eft [l'E]ftant de *Genezare[t]h*, en la quele contré il fift mult de miracles.

De *Tabarie* iekes à *Cana Galilée* ad .v. liues où furent le noces Architriclin, e le ewe fu turné en vin, e unkore apert le liu où furent mifes les ydres. E ilekes aufi par de futh eft un liu où l'om defcent à croupetons en la roche où Noftre Sire fe muffa pur les Iuis.

IV

Nazareth. 17. De *Cana Galilée* à *Nazareth* ad .iij. liues. llekes fu anuncie feinte Marie de l'aungele Gabriel, en un liu k'eft à feneftre de denz le eglife à l'entrant en une caverote de denz la roche où il i a une chapele e apert le partus par de fus là où le angle la falua.

De l'eglife eft la Anunciacion de Seinte Marie ad un grant tret d'ark iekes à la *Fontaigne Seint Gabriel,* la quele eft mult feine e foleit eftre iadis mult bele, e la cité de grant renom, fur la quele eft la *Mont Ioie.*

En fus un poi de la cité de *Nazareth* à deftre eft une chapele ke l'om apele *Seint Zacharie*; e là feint Zacharie e feint Elifabeth habitoient acune foiz, kant il venoient de *Ierufalem* à *Nazareth*; e là eft le auter où feint Zakarie chaunta. E fus de *Seint Zacharie* ad deus mons où l'om dift ke Noftre Sire failli de l'un à l'autre.

Le Safran. De *Nazareth* vent l'om à *Saffran,* où il i ad .iiij. liues, aquel chemin l'om leffe *Saffarie* à deftre. D'autre part la montaigne par de futh, l'om trove une fontaigne ke l'om apele la *Fontaigne de Saffarie.* En après eft par chemin une ewe, ke l'om apele *Kaladie,* e en après la *Fontaigne de Leon.* E puis i ad un liu k'eft apelé *Kephar,* le quel eft cum un cafelet. Près d'*El Phar* eft le *Saffran, Saffran* un liu où feint lake de Galice fu né, e unkore apert le liu en la roche, e foleit eftre iadis mult beau liu & fort.

En après del *Saffran* vent l'om en *Acre,* où il i a .iij. liues. En quel chemin l'em trove *Saphet des Alemauns,* mès tut eft abatu. Après hors de chemin à deftre l'om vent à *Doch.* D'autre part à feneftre a les molins de *Doch.* E utre un poi en là, l'om vent à *Ricardane,* e iffi en *Acre.*

Par de hors *Acre* eſt un ſeint cimitére le quel noſtre *Acre.*
Sire Ieſu Criſt benequiſt, en quel cimitére ſeint Guil-
leme fet tel vertu ke il gariſt de cele maladie ke l'om
apele froid e chaud, kaunt l'om cuche par devocion
ſuth ſa ſepulture. Près de ſa ſepulture eſt une fontaigne,
la quele l'om diſt k'il fiſt, e pur ceo eſt apelé *Seint Guil-
lame.* Cel cimitére eſt en deus parties diviſé, l'une en
honur ſeint Nicholas, e l'autre en le honur ſeint Michel.
En cel cimitére i ad auſi mult de cors ſeins, plus ke
l'om ne fet dire ne anunbrer.

XI

RUSTICIEN DE PISE

VOYAGES EN SYRIE

DE

NICOLO, MAFFEO ET MARCO POLO

[1269-1271]

MANUSCRIT:

Paris, Bibl. Nat., fr. 1116, vél., XIV f., in-f., f. 4 *b*-7 *a*.

ÉDITION:

Rec. de voy. & de mém., p. p. la *Société de géographie*, t. I (Paris, 1824, in-4), pp. 1-9.

VOYAGES EN SYRIE

DE

NICOLO, MAFFEO ET MARCO POLO

* * *

I

Comant meſer Neicolao e meſer Mafeo ſe partirent de Goſtantinople por cercher dou monde.

IL fu voir que au tens qe Baudoin eſtoit enpe-
raor de *Goſtantinople*, ce fu alés m. cc. l[v].
anç, meſire Nicolao Pol que pére meſſire
March eſtoit & meſſiere Mafeu Pol que
frére meſere Nicolau eſtoir, ceſti deus fréres
eſtoient en la cité de *Goſtantinople*, qui i eſtoient alés
de *Veneſe* con leur mechandie: nobli & ſaies & por-
veant eſtoient ſan faille; il ont conſoil entr'aus, & diſtrent
qu'il vuelent aler en la mer greingnor por gaangner &
por fer leur profit, & adont achato͡nt pluſorç iolaus &
ſe partirent de *Goſtantinople* in une n͡es, & s'en alent en
Soldadie.

II

*Coman mefer Nicolao e meffer Mafeo fe partirent
de Soldadie.*

Et quant il furent demoiré en *Soldadie*, auques il
diftrent que il hiront encore plus avant, & que voç en
diroie? Il fe partirent de *Soldadie*, & fe miftrent au
chemin & chevauchen tant qu'il ne trevent aventure
que amentovour face, qu'il furent venu à Barca Caan
que fire eftoit d'une partie de *Tartar*, qui eftoit accelui
point à *Bolgara* & à *Sara*. Ceftui Barcha fift grant
honore à meffer Nicolau & à meffer Mafeu & mout ot
grant leéffe de leur venue. Les deus frérs li deunent
toutes les ioiaus qu'il avoient aportés. Et Barch le prift
mult volentiers, & li pleient outre mefure. Il en fait leur
doner bien deus tant qe les ioiaus ne valoient. Il les
envoia à parer en plofor parties, e furent mout bien
parés. Et quant il furent demorés en la terre de Barca
un an, adonch fordi une ghere entre Barca & Alau, le
fire des *Tartar* dou levant. Il ala le un contre le autre
con tout lor effors. Il fe conbatirent enfenle & hi ot f. 4 d.
grant maus de gens & d'une parte & d'autre; mès au
dereain là venqui Alau. E por l'achaifon de celle bataille
e de celle ghere, nulo home ne poit aler per chemin
qui ne fuft pris, & ce eftoit deverç dont il eftoient venu;
mès avant pooient il bien aler. Et adonc les deus frérs
diftroient entr'aus: « Puis que nos ne poons retorner à
Goftantinople con notre mercaandie, or alon avant por
la voie dou Levant, fi poron retorner au paëffe. » Il i
s'aparoillent e fe partirent de *Bacara* e s'en alent à una
cité qui avoit à nom *Ouchacca* qui eftoit la fin dou reingne
dou fire dou ponent. Et da *Oucaca* fi partirent & pafent

le flum de *Tigri* & alérent par un deçert ki eſtoit lonc
.xvij. iornée. Il ne trovent villes ne caſtiaus, for
ſeulevant *Tartars* con lor tentes qui vivoient de lor
beſtes.

III

Comant les .ij. fréres paſſent un deſert, e vendrent à la cité de Bucara.

Et quant il ont paſſé cel deçert, adonc furent venu à
une cité ki eſt apellé *Boccara*, mout noble & grant. La
provence avoit auſſi à nom *Bucara*. En eſtoit roi un que
avoit nom Barac. La cité eſtoit la meior que fuſt en
toute *Perſie*. Les dous frérs, quant il furent vinu à ceſt
cité, il ne poſtrent plus aler avant ne torner arére, &
por ce hi demorent trois anç. Et endementier qu'il hi
demoroient, adonc hi vint un meſſaies d'Alau le ſire
dou levant qui aloit au Grant Sire de tous les *Tartars*
ke avoit à nom Croblai. Et quant ces meſaies voit meſſier
Nicolao & meſer Mafeo, il n'a grant mervoille, por ce
que iamès ne avoient veü nul latin en celle contrée. ii
diſt al deus frérs: « Seingnors, » fei il, « ſe voç me volés
croir, voç en avrés grant profit & grant honor. » Les
deus frérs li diſtrent que il le creeront voluntier, por coi
elle ſoit chouſe que il le penſent fair. Le meſaies lor dit:
« Seingnoç, ie voç di que le grant ſire deç *Tartarz* ne
vit unques nul latin, & a grant deſider & volunté de
veoire, & por ce ſe voç volés venir avec moi iuſque à
lui, ie voç di qu'il voç vera molto volunter, & voç fira
grant honor & grant bien, & porés venir ſauvemant
avec moi ſanç nul engonbrament. »

IV

Comant les .ij. fréres trevent les mesaies au Grant Kaan.

Quant les deus frérs ont entandu ce que cest mesaies lor avoit dit, il apresta elç & distrent que il vont volunter avech lui. Et atant se mestrent à la voie con cest mesaies f. 5 b. & alérent un an por tramontane & por grec avant que il fussent là venu, e trovent grant mervoilles & diverses coses lesquelç ne voç conteron ci, por ce que messier March, fil de meser Nicolau, que toutes cestes choses vit, ansint le voç contera en ceste livre avant apertemant.

V

Comant le .ij. fréres vendrent au Grant Kaan.

Et quant mesere Nicolau & mesere Mafeu furent venu au Grant Seingnor, il les recevi honorablamente & fait elç grant ioie & gran feste. Il a mout grant leéffe de lor venue. Il les demande de maintes cofes : primermant de les emperaors, comant il mantent lor fegnorie & lor tere in iustice, & comant il vont à bataile & tous leur afer; & après lor demande des rois & des princes & d'autres baron.

VI

Comant le Grant Kaan demande as .ij. fréres des afer des cristienç.

Et après lor demande de mefer l'apoftoille & de tous les fais dele yglife Romane, & des tous les coftumes des

Latin. Et meſſere Nicolau e meſer Mafeu lui diſtrent
toute la verité de chaſcun por ſoi bie & ordréemant
& ſaiemant, come ſaies homes qu'il eſtoient, ke bien
ſivoient la lengue de *Tartarç* & la *Tartareſce.*

VII

Comant le Grant Kan envoie les .ij. fréres por ſeç meſaies à l'apoſtoille de Rome.

f. 5 c.   Et quant le grant ſire que Cublai Kaan avoit à nom,
qui eſtoit ſeingor de tous les *Tartarç* do monde, & de
toutes les provinces & rengnes & region de celle gran-
diſme partie do ſecle, ot entendu tous les fais des Latin,
ſi come les deus frérs li avoient dit ben & apertemant,
il li plet outre meſure. Il dit à ſoi meïſme ʒu'il envoiera
meſaies à l'apoſtoile. Et adonc prie les deus frérs que il
ailent en ceſte meſaierie cum un de ſeç baron. Il li repon-
dirent que il firont tot ſon commandamant con de lor
ſegnor lige. Adunc le gran ſire fait venir devant ſoi un
de ſeç baron qui aun à nom Cogatal, & li dit qu'il
vuelt qu'il aille avec les deus frérs à l'apoſtoil. Celui le
dit : « Sire, ieo ſon votre home, e ſui por fair tot votre
commandamant à mun poïr. » Après ce le grant ſire
fait fair ſeç chartre en langue torques por envoier à
l'apoſtoil, & les baille aʒ deus fréres & à ſon baron, &
à lor en charge ce ke il vuelt qu'il dient por ſa part à
l'apoſtoille, & ſachiés que en le chartre ſe contenoit &
en l'abaſtrece quel li oïtes il mandoit deſant à l'apoſtoile que il li deüſt mander iuſque à cent ſaies homes
f. 5 d. de la criſtiene loy, & que encore ſeüſent les .vij. ars,
& qe bien ſeſent deſpuer & moſtrer apertamant à les
ydules & à les autres converſation de iens, que tout lor
autrament & toutes les ydres ʒu'il tient in lor maiſſon

& adorent, funt cofes de diables, e ke bien fetifent
mouftré clermant por raifon qe la loi criftiene eft meior
ke la lor. Encore encharge le grant fire as deus fréres
qu'il li deüffent aporter de l'olio de la lanpe que ard for
le fepoucre de Deo en *Ierufalem*. En tel mainére con vos
aveç oï, fe contenoit en l'ambaxée ke le grant fire envoie
à l'apoftoile por les deus frérs.

VIII

Comant le Grant Kan done as .ij. fréres la table d'or
des comandemens.

Et quant le grant fire ot enchargés as deus fréres &
à fon baron tot l'anbaxée k'el mande à l'apoftoille, il
fait lor doner une table d'or en laquel fe contenoit ke
les trois meffaies en toutes les pars que il alaiffent lor
deüft eftre dounée toutes les meffions que lor baçon-
gnoit & chevalç & homes por lor efcordre de une
terre ad autre. Et quant meufer Nicolau & mefer Mafeu
& l'autre mefaies furent bien apareliés de toutes les
choufes ke lor eftoient beifoç, il priftrent conié au tré f. 6 a.
grant fire, puis montent à chevalç & fe miftrent à la
voie. Et quant il furent chevauchiés auquant, adonc lo
baron tartar, que avec les deus frérs aloit, cheï amalaides,
& no puet fevir la voie & remefe à une cité. Et quant
mefer Nicolau & mefer Mafeu virent que celui eftoit
amalaides, il le lairent & fe miftrent à la voie; & voç
di qe il eftoient fervi & honorés en toutes les pars où
il aloient de toute ce qu'il favoient commander. Et que
voç en diroie? il cheuvachérent tant por lor iornée ke il
furent venu à *l'Aias*, & voç di qu'il hi poinent aler
trois anç, & ce avint por ce k'il ne pooient toutes foies
chevaucher por le maus tens, & por les nois & por les
fluns qui eftoient grans.

IX

Comant les deus frés vendrent à la cité d'Acri.

Et de *l'Aias* fe partirent & s'en alent ad *Acri*, & hi
ioingent dou mois d'avril alés .m.cc.lx[ix]. anç de l'ancar-
nafion leçucrit, & trovant que mefer l'apoftoille eftoit
mort. Et quant mefer Nicolau & mefer Mafeu ont trové
ke l'apoftoile eftoit mort que avoit à nom [Clement], il
f. 6 b. alérent à un faies cleres ki eftoit legat por le yglife de
Rome en tout le rengne d'*Egipte*. Il eftoit home de
. grande autorité, & avoit à nom Teald de *Plaiençe*. Il
li diftrent l'ambafee par coi le grant fire des *Tartarç* les
envoie à l'apoftoille. Et quant le legat ot entendu ce ke
les deus frérs li avoient dit, s'in a grant mervoie, & li
fenble que ce foit grant bien & grant honor de la cref-
tenté. Il dit as deus frérs: « Seingnors, » feit il, « voç
veés que l'apoftoille eft mort, & por ce vos covendra
fofrir iufque tant ke apoftoille fera. Et quant pape feroit, voç porois faire votre enbafcée.» Les deus fréres que
bien voient ke le legant difoit verité, diftrent que endementier ke apoftoille fera apelés, il vuelent aler à
Veniffe por veoir lor mefnie. Et adonch s'en partirent
d'*Acri* & s'en alent à *Negrepont*, & de *Negrepont*
fe partirent en une nés, & naiérent tant k'il furent venu.
Mefier Nicolau treuve que fa fame eftoit morte, & les
remés un filç de .xv. anç que avoit à nom Marc, & ce
fut celui Marc de cui ceftui livre paroile. Mefer Nicolau
& mefer Mafeu demorent à *Venefe* encor deus anç por
atendre ke apoftoille fuft.

X

*Comant les .ij. fréres Je partirent de Venefe por
retorner au Grant Kaan, e menèrent avec el{ Marc Jes fil{
mefer Nicolao.*

Et quant les deus fréres ont tant arandu con vos f. 6 c.
avés oï, & il voient que apoftoille ne fe fafoit, il diftrent que deformès poroient il tropo demorer por retorner au Grant Kaan. Adonch fe partirent de *Venefe*, &
moinent avech eleç Marc fon filz, & s'en alent tout
droit ad *Acri*, & hi trovent le legat que defoure voç ai
contéç. Il parolent con elz de cefte cofes afféz, & li
demandent conié d'aler en *Ieruçalem* por avoir de l'olio
de la lanpe de Crift, de quoi le Grant Can li avoit prié.
Lo legant done elz conié qu'il doient aler. Adonc les
deus fréres fe partirent d'*Acri* & alent en *Ieruçalem*, &
ont de l'oleo de la lanpe dou fepolcro de Crift. Il s'en
retornent au legat en *Acri*, & li diftrent: « Sire, puis
que nos veon que apoftoille n'eft, nos volun retorner
au Grant Sire, por ce que tropo avun demoré.» Et mefer
lo legat que des greingnor fire de toute la yglife de
Rome eftoit, dift elz: « Pius qe vos volés retorner au
Grant Sire il me plet bien. » Adonch fift feç lectres & fa
embafcée por envoier au Grant Kan, & tefmonge comant
meffiere Nicolao & mefer Mafeu eftoient venu por faire
fez anbafcée, mès por ce ke apoftoille n'eftoit, ne f. 6 d.
l'avoient peü faire.

XI

Comant .ij. fréres alent à l'apoftoille de Rome.

Quant les deus fréres ont eü les letres don legat, &
il fe partirent d'*Acri* & fe miftrent à la voie por retorner

au Grant Sire. Il alent tant qu'il furent venu à *l'Aias*, & quant il furent là venu, il ne demore gueries que ceftu legat fu efleü apoftoille, & s'apeloit pape *Gregor* de *Plaience*. Les deus frés en ont grant leéffe, & après ce ne demore gueires ke un meffaies vint à *l'Aias* por part do legat qui eftoit efleü pape, à mefer Nicolau & à mefere Mafeu, & lor mande difant que fe il n'eftoient alés, qe il devefent à lui torner. Les du frérs ont de ce grant ioie, & diftrent que ce firont il volunter. Et que voç en diroi? Le roi d'*Armonie* fift armer une galée as deus fréres & les envoie ao legat honoréemant.

XII

Comant le .ij. fréres e Marc vindrent à la cité de
Qemeifu là o le Grant Kan eftoit.

Et quant il furent venu ad *Acri*, il s'en alent à mefer l'apoftoille, & fe humilent mout ver lui. Mefer l'apof-toille les receut honoréemant & lor done fa benefion, & fait lor ioie & fefte. Adonc l'apoftoile done à mefer

f. 7 a. Nicolau & à mefer Mafeu deus fréres precheors qe bien eftoient les plus faies que en tute celle provence fuiffent. L'une avoit nome frér Nicolau de *Vicenfe*, l'autre avote nome frér Guilielme de *Tripule*. Il done elz breviléies & carte & fa enbafée de ce qu'il voloit mander au Grant Kaan. Et quant mefer Nicolau & mefer Mafeu & les deus fréres prefceor ont recevu les brevilées & le carte & l'anbaxae de mefere l'apoftoille, il fe font doner fa bene-dicion, puis fe partirent tuit, e quatre e com elç March le fil mefere Nicolau. Il s'ennalent tot droit à *l'Aias*. Et quant il furent là venus, adonc Bondocdaire, qe foldan eftoit de *Babeloine*, vent en *Arminie* con grande hofte, & fait grande domaies por la contrée; & cefte mefaies

furent en aventure d'eftre mors. Et quant les deus fréres
prefcaor virent ce, il ont grant dotance d'aler plus avant.
Adonc diftrent que il ne iront mie. Il donent à mefer
Nicolau & à mefere Mafeu tous les brevilés & carthe
k'il avoient, & fe partirent d'elz & s'en alent avec le
meftre deu Ten[ple]s.

VOYAGES EN SYRIE

DE

NICOLO, MAFFEO ET MARCO POLO

RÉDACTION DITE DE THIÉBAULT DE CÉPOY.

*

MANUSCRITS:

A. *Londres*, Muf. brit., Reg. 19 D I, vél., XIV f., in-4, f. 58 & fuiv.
B. *Oxford*, Bodl. 264, vél., XIV f., in-4, f. 218 & fuiv.
C. *Paris*, Bibl. Nat., fr. 5649, vél., XV f., in-4, f. 6 & fuiv.
D. *Berne*, 125, vél., XIV f., in-4, f. 4 & fuiv.
E. *Paris*, Bibl. Nat., fr. 5631, vél., XIV f., in-4, f. 4 & fuiv.
F. 　　》　　　》　　　》 2810, vél., XIV f., in-f., f. 1 & fuiv.
G. *Stockholm*, Bibl. roy., fr. 37, vél., XIII f., in-4, f. 1 & fuiv.
H. *Paris*, Bibl. Nat., nouv. acq. fr. 1880, pap., XVI f., in-4, f. 1 & fuiv.
I. *Bruxelles*, 9309, vél., XIII f., vél. in-4, f. 1 & fuiv.

* 　 * 　 *

I

Comment li .ij. frére fe partirent de Conftenti　　ble pour en chercbier du monde.

Il fu voirs *a* que *b* au temps que Bauduins *c* fu *d* emperéres de *Conftentinnoble*, ce fu à *e* mil & cc & l[v] anz de Crift, mefires Nicolaus Pol, qui péres *f* Marc eftoit, & mefire Mafé *g*, qui fréres *h* Nicolaus eftoit, cil .ij. frére eftoient *i* en la cité *j* de *Coftentinnoble* alé *k* de *Venife* avec leur marcheandife. Noble *l*

a. *H* Il fut vray. — b. que *m. d. A, B.* — c. *C* ung nonimé B. — d. *E, F, G, H, I* eftoit. — e. *F* l'an; *G, H* l'an de l'incarnacion Ihefu Crift. — f. *G, H,* eftoit péres; *I* péres eftoit. — g. *G* Macé. — h. *E, F* fréres meffire N.; *I* eftoit frére au dit N. — i. *G, H* frére au dit monfigneur Nicholas, eftoient. — j. *I* cité deffus dite. — k. alé *m. d. E, F.* — l. *G, H* [*G* &] eftoient mout pourveant fanz faille.

& fage & pourveant eftoient fanz faille : il *a* orent confeil entr'eulz *b* & *c* priftrent d'aler en *Marmaiour* pour gaaignier ; il *d* achetérent *e* plufours ioiaus & fe partirent de *Conftentinnoble,* & alérent par mer en *Soldaïe f* .

II

Comment li doi frére fe departirent de Soldaye.

Quant *g* il *h* furent venu en *Soldaye,* fi penférent & lor fambla bon *i* d'aler plus avant, & fe partirent de *Soldaye,* & fe miftrent au chemin & chevauchiérent *j* tant que il vindrent à un feignour *Tartar* qui avoit non Abarca *k* Caam, qui eftoit au *Sara* & à *Bolgar*, *l*. Ceftui dit *m* Barca fift *n* grant hounour aus .ij. fréres *o*, & ot mout grant alegréce *p* de lor venue ; & il li *q* donnérent tous les ioiaus que il avoient aportéz *r*, & il *s* les reçut mout volentiers. Et quant il furent demouré avec le feignour .j. an, fi *t* li plorent mout *u*, & il leur fift donner *v* .ij. tans plus *x* que ce ne valoit qu'il li avoient donné *y*.

Si *z* fourdi *aa* une *bb* guerre entre Barca *cc* & Alau *dd*, le feignour des *Tartars* de *ee* levant, & firent grant *ff* oft d'une part *gg* & d'autre ; mais en la fin fu defconfis Barca *hh*, li

a. *G, H* il prindrent confeil entre eus d'aler. — b. *E, F ajoutent* : pris. — c. *I* pour aler au Marmois. — d. *G, H* fi. — e. *A, B* achetoient. — f. *A, B & ailleurs* Soladaye. — g. *G, H* Et quant. — h. *I* les deux fréres. — i. bon *m. d. C, D.* — j. *H* cheminérent. — k. *A, B* Abarta ; *E* Arbaca ; *F* Arbaga ; *G* Barta ; *H* Bartha. — l. *A, B* Bolgata ; *F* Rolgara ; qui . . . . . Bolgara *m. d. H.* — m. *G, H* Cis fires ; dit *m. d. D, E, I.* — n. *A, B, C, D, E, G, H, I* lor fift. — o. aus .ij. fréres *m. d. G, H.* — p. *D, E, F, H, I* ioie ; *G* liéfce. — q. *I* & iceulx fréres leur. — r. *I* portés. — s. *E, F, G, H, I* li fires. — t. quant . . . . .

fi *m. d. C, D, E, F, G, H, I.* — u. *F* trop. — v. *E, F* fift mout bien ; *G, H* fift dou bien ; *I* fift bien donner. — x. plus *m. d. A, B, C.* — y. *D* deux fois autant qu'il valoient ; *E, F, I* que il ne valoient ; *G, H* .ij. tans [*H* deux foys autant] que li iouhel ne valoient. — z. *En tête, C, D, E, F, G, H, I placent :* Et quant il furent demouréz avecques le [*E* celui ; *I* le dict] feigneur [*G, H* bien] ung an [*m. d. I*]. — aa. *I* lui advint. — bb. *E, F, I* une grant. — cc. *I* le dict Barca. — dd. *I* Alau. — ee. *D, E, F, I* devers foleil. — ff. grant *m. d. D.* — gg. *C, F* & d'une part. — hh. *I* le dict Alar.

fires des *Tartars* de ponent *a* , & morurent mout de gent de *b* part & d'autre, fi que par *c* l'achoifon de cefte *d* guerre, nus ne pooit aler par chemin qui *e* ne fuft pris. Mais ce peril couroit par ce *f* chemin où *g* il eftoient venu, fi que avant pooit chafcuns chevauchier feurement & *h* non tourner arriére *i* . Dès que *j* aus *k* .ij. fréres fambla *l* d'aler encore avant *m*, puis que il ne pooient retourner, fi *n* fe partirent de Barca *o* , & s'en *p* alérent en une cité qui avoit à non *Oufaca* *q* , qui eftoit la fin du regne le feignour *r* de ponent. Et de *Oucaca* fe partirent *s* , & pafférent le grant flun de *Tigry*, & alérent par .j. defert qui eftoit lonc .xiiij. *t* iournées: il ne trouvérent viles ne chaftiaus fors que *u* feulement que *v* *Tartars* avec leurs tentes qui vivoient *x* de leur beftes qui paiffoient aus chans.

III

Comment li .ij. frére pafsérent .j. defert & vindrent à la cité
de Bocara.

Quant il orent paffé cel defert, fi vindrent à une cité qui eft appelée *Bocara* *y* , mout noble *z* & grant *aa*. La provence *bb* auffi a *cc* non *Bocara* *dd*, & eftoit *ee* roys .j. *ff* qui *gg* avoit non *hh* Barac. La *ii* cité eftoit la meillour de toute *Perfie*, & quant il furent là venu, fi ne porent plus *jj* aler avant ne retourner

a. *F* fu Alain le feigneur des Tartars defconfit.— b. *A. B, I* d'une part. — c. *C, D, E, F, G, H* pour. — d. *I* defdiêtes. — e. *D, E, F* que il. — f. *E, F, G* le. — g. *E, F, G* par là où. — h. *A, B, C, D* & retourner; *H* & non retourner. — i. *Dans I depuis* nus ne, *on lit*: polt aler par le chemin où ils eftoient venu, dont par avant chafcun pouoit chevauchier feurement. — j. *E* De quoi; *F* Pour quoy ; *H* Et dès que. — k. *I* Et pour ce fambla bon à yceulx.—l. *E, F, G, H ajoutent*: bon. — m. *C* plus avant. — n. *I* lors. — o. *I* Barthara. — p. *E, F* fe; s'en *m. d. D.* — q. *C* Oucata; *H* Outatha. — r. le feignour *m. d. H.* — s. fe partirent *m. d. I.* — t. *C, D, E, F, I* .xvij.; *G, H* .xvj. — u. que *m. d. E, F, G, H, I.* — v. que *m. d. E, F, G, H, I.* — x. *E, F, I* venoient; *H* fuivoient leur. — y. *F* Bacara; *I* Bacam. — z. *H* grant & noble. — aa. *D* mout grant. — bb. *I* & grant province &. — cc. *E, F, G, H* a auffi. — dd. *A, B* Barac. — ee. *E, F, I* en eftoit. — ff. *G, H* i avoit .j. roi. — gg. qui *m. d. D.* — hh. *C, D, E, F, I* à nom.—ii. *I* La diête. — jj. *G, H* porent avant aler.

arriére, fi *a* que il demourérent en la *b* cité de *c Bocara* .iij.
anz *d*. Endementres que il demourérent *e* en cele cité, fe
vindrent *f* meſſage *g* d'Alau *h*, le *i* feigneur de levant, l*i* quel
aloient au Grant Seignour de touz les *Tartars* du monde.
Et quant li *j* meſſage virent ces .ij. fréres, fi *k* orent grant *l*
merveille pour ce que onques *m* n'avoient veü nul latin en
celle contrée *n*; fi diſtrent *o* aus .ij. fréres : « Seignours, fe
vous nous voulés croire, vous y *p* avréz grant pourfit & grant
hounour. » Et *q* il *r* refpondirent que il les orroient *s* volentiers. De ce *t* fi *u* lor diſtrent li meſſage : « Li *v* Grunz Caam
ne vit onques nul latin & *x* a grant defir de veoir ent *y* aucun :
& pour ce, fe vous vouléz venir *z* à *aa* lui, fachiéz fanz faille *bb*
que il vous verra volentiers, & vous fera grant hounour &
grant bien, & *cc* pourréz *dd* venir feurement avec nous *ee* fanz
nul *ff* encombrement *gg* de nule male *hh* gent *ii*. »

IV

*Comment li .ij. frére crurent les meſſages pour aler au
Grant Caan.*

Quant li *jj* frére furent appareillié pour aler avec les meffages, fi *kk* fe miſtrent à *ll* la voie avec les meſſages *mm*, &

a. *I* & par ce il. — b. *B* demou-
rent en cele ; *C, D, E, F, G, H, I*
en la dite. — c. de *m. d. I.* — d. *E
F, H ajoutent :* &. — e. *A, B,* de-
mourent ; *E, F* feiournoient. —
f. *A, B, C, D, E, F* vint. — g. *G*
li meſſage ; *H* les meſſages. — h. *A,
B* de Lau ; *C, D, G* de là où ; d'Alau
m. d. H ; *I* & en feiournant en la
diſte cité vint meſſages du feigneur
du levant qui a nom Lam. — i. *E,
F, I ajoutent :* Kaan, le ; *G, H ajoutent :* Kaan. — j. *E, F* ces ; *I* yceulx.
— k. *I* fi en. — l. *G, H* mout
grant ; grant *m. d. E, F.* — m. *C,
D, E, F, G, I* onques mais ; *H* iamais. — n. *F, H* ceſte terre ; *G, I*
cele terre. — o. *G* dient. — p. *E,
F, G, H, I* en. — q. *H* ll luy. —
r. *E, F, G, I* cil leur [*G* li]. — s. *G,
H* le croiroient. — t. *E, F, I* De
quoy ; *G, H* Adonc. — u. fi *m. d.
G, H.* — v. *E, F, H, I* que le. —
x. *E, F* & mout ; *G, H* & fi ; *I* &
qu'il avoit mout. — y. *D, H* d'en
veoir ; *I* de eus veoir. — z. *E, F,
G, H, I ajoutent :* avec nous. — aa. *C,
D, E, F, G, H, I* iufques à. — bb. *I*
faulte. — cc. *I* & fi. — dd. *A, B*
perréz. — ee. *E, F, I* avec nous
feurement. — ff. nul *m. d. I.* —
gg. *E, F, G, H* encombrier. —
hh. male *m. d. E, F, I.* — ii. de
nule male gent *m. d. G, H.* — jj. *D,
E, F, H, I* les deus ; *G* li dui. —
kk. *F* aler au Grant Kaan, fi. —
ll. *G* avec aus avec ; *H* avec eulx &.
— mm. avec les meſſages *m. d. I.*

chevauchiérent .j. an enterin *a* par montaignes & par gauz *b*, avant que il fuffent là venu où eftoit le Seignour. En *c* chevauchant trouvérent mout de *d* granz merveilles de *e* diverfetéz de *f* chofes, lefqueles nous ne conterons pas ore *g*, pour ce que mefire *h* Marc, qui toutes ces chofes vit auffi *i*, le *j* vous contera *k* en ceft livre tout *l* apertement *m*.

V

Comment li .ij. frére vindrent au Grant Caan.

Quant *n* il *o* furent venu au Grant Caan, il les reçut à grant *p* hounour & leur fift mout grant fefte & ot *q* mout grant ioie *r* de lor venue, & leur demanda de maintes chofes: premiérement des empereurs *s* & *t* comment il maintiennent lor feignourie & lor terre en iuftice, & comment il vont en bataille, & de *u* tout leur afaire, & après leur demanda des roys & *v* des princes, & des autres barons.

VI

Comment li Granz Caan leur demanda encor du fait des creftiens & proprement de l'apoftoile de Romme.

Puis *x* leur demanda du pape & de tout le fait de l'eglyfe de *Romme y* & de toutes les couftumes des Latins; & les .ij. frére lui *z* en dirent toute *aa* la verité de *bb* chafcune chofe par foi bien *cc* & ordenéement & fagement, comme *dd* fage homme *ee* qu'il eftoient, car bien favoient la langue *ff* tartareffe *gg*.

a. *C, D, E, F* entier; *G, H, I* tot entier. — b. *C, D, E, F, G, H, I* par tramontane & par grec [*I* grece]. — c. *E, F* Et chev.; *I* Et en chev. — d. de *m. d. E, F, G, H, I.* — e. *F* & de; *G, H* des. — f. *A, B* tel; *C, D, G, H* des; *I* diverfes. — g. *I* trouverons pas encore. — h. *I* le dict meffires. — i. auffi *m. d. I.* — j. *C* ie. — k. *A, B, C, D* conterai. — l. *C, D, E, F, G, H* en avant tout. — m. *G, H* ordenéement; tout apertement *m. d. I.* — n. *G, H* Et quant. — o. *F* les deux fréres. — p. *E, F* mout grant. — q. *H* y euft; ot *m. d. A, B, F.* — r. *C* alegréce; *E, F* alegance; *G, H* lieffe. — s. *A, B* emperéres. — t. & *m. d. I.* — u. *H* en. — v. & *m. d. G, H.* — x. *E, F, I* Et puis; *G, H* Après. — y. *E, F, I* & de l'eglife & tout le fait de Romme. — z. *A, B, E, F* leur. — aa. toute *m. d. E, F.* — bb. *G, H* &. — cc. & *m. d. I.* — dd. *E* fi coment; *F* fi comme. — ee. homme *m. d. I.* — ff. *A, B, F* le langage. — gg. *I* des Tarters.

VII

Comment li Granz Cuan envoia les .ij. fréres, ses messages, au pape.

Quant li fires [a], qui Cublay [b] avoit non [c], feignour des [d] Tartars [e] ue [f] tout le monde & de toutes [g] provinces & [h] regnes [i] & regions de cele grandifme [j] partie du fiécle [k], ot [l] entendu tout le fait des Latins, fi [m] comme li .ij. frére li avoient [n] conté, fi li plot mout; fi [o] penfa en [p] foi [q] meïfmes d'envoier les [r] en meffage à [s] l'apoftoile. Si [t] leur pria [u] d'aler en ceft meffage [v] avec [x] un de [y] fes barons, & [z] il [aa] refpondirent qu'il feroient [bb] tout fon commandement comme à [cc] lor feignour. Si manda li fires devant li [dd] un de fes barons [ee] qui avoit non [ff] Cogatal; fi [gg] li dift que il s'apareillaft, que [hh] il veut que il voife [ii] avec les .ij. fréres à l'apoftoile. Cil [kk] refpondi [ll] qu'il [mm] feroit [nn] fon commandement à fon pooir. Après ce [oo] li fires [pp] fift faire fes chartres [qq] en langue [rr] turquoife [ss] pour envoier au pape, & les bailla aus .ij. fréres &

a. *G, H* Et quant li Granz Kaans. — b. *A, B* que Cablay; *C, D, G, H* Cublay Kaan; *E, F* de Cublay Kaan. — c. *C, E, G, H* à nom; *F* qui eftoit. — d. *G, H* de tos les. — e. *A, B* Tatars. — f. *I* Quant li Grant Kam que on nomme le feigneur de Cublay, kam & feigneur des Tarters & de. — g. *C* tous les; *D, E, F, G, H, I* toutes les. — h. *G, H* les regnes & les. — i. & regnes *m. d. I.* — j. *E, F* difme; *I* trés grant. — k. *I* monde. — l. *E, G* &; *H* eüft. — m. fi *m. d. I.* — n. *G, H* l'avoient. — o. *I* &. — p. *E, F, G* à. — q. *A* lor; *B* for. — r. *E, F, G, H* les meffages; *I* iceulx fréres en. — s. *G, H* au pape. — t. *I* & de ce. — u. *E, F, I* pria mout. — v. *C, D, E, G, H* cefte meffagerie; *F* celle meffagerie. — x. d'aler........ avec *remplacé dans I par:* & fe leur bailleroit. — y. *A, B* des. — z. *H* il luy. — aa. *C, D, F, I* il lui; *E* il leur. — bb. *E, F, I ajoutent:* volentiers. — cc. *E, G, H* de. — dd. *E, F, I* fi envoia le feigneur [*I* le dict Kaan] querre devant foi. — ee. *G, H* barons par devant foi. — ff. *G, H* à non. — gg. *C, D* & fi; *E, F, G, H, I* &. — hh. *E, F, H, I* & que. — ii. *F* vouloit qu'il alaft. — jj. *C, G, I* les deus. — kk. *C, D* Celui; *G* Si; *H* Il; *I* Et chis. — ll. *D, E, F, G, H, I* li refpondi. — mm. *I* que volentiers. — nn. *H* feroit voulentiers. — oo. *C* ce que. — pp. *I* le dict Kam. — qq. *F* lettres. — rr. *A, B* langage. — ss. *A, B* tarquoife; *E, F, I* tartoife.

à fon baron, & leur encharga *a* ce que il vout *b* & *c* que il deüffent *d* dire *e* à l'apoftoile *f*. Et fachiés que en la chartre fe *g* contenoit *h* fi comme *i* vous orroiz: il mandoit difant *j* à l'apoftoile que *k* il li envoioit *l* iufques à cent fages hommes *m* de noftre *n* loy creftienne, & que il feüffent de tous les .vij. ars & que bien feüffent defputer & mouftrer apertement *o* aus *p* ydolaftres & aus *q* autres converfations de genz *r* par force de raifon comment la loy de Crift eftoit *s* la meillour & que *t* toutes les autres *u* fuffent *v* mauvaifes & fauffes *x*, & fe il *y* prouvoient *z* ce, que *aa* il & toz *bb* fes pooirs denvenroient *cc* homme de l'eglyfe. Encore leur encharga *dd* que il li demandaffent à aporter *ee* de l'uile *ff* de *gg* la *hh* lampe qui art fur le fepulcre *ii* en *Iberufalem*. En tel maniére comme vous avéz entendu, contenoit *jj* leur meffage *kk* que li grans fire *ll* envoioit *mm* à *nn* l'apoftoile par fes .iij. meffages *oo*, le baron Tartar & les .ij. fréres mefire Nicolaus Pol & mefire Mafeo Pol.

---

a. *I* chargea. — b. *G, H, I* voloit. — c. *&* m. *d. E, F, G, H, I.* — d. *C, D* devoient. — e. *I* deiffent. — f. *G, H* au pape. — g. *I* que la diſcte charte. — h. *C, D, G, H* eftoit contenu. — i. *E, F, G, H, I* ce que. — j. difant m. *d. I.* — k. *F* il manda à l'apoftolle que fe. — l. *C, D* deûft mander ; *E, I* voufift envoier ; *F* vouloit envoier ; *G, H* deûft envoier. — m. *G, H* homes fages &. — n. *A, B, C, D* voftre ; *F, I* la. — o. apertement m. *d. G.* — p. *G* à fes ; *H* en fes. — q. aus m. *d. C, D.* — r. *G* des genz ; de genz m. *d. F.* — s. *F* eft. — t. *F* & comment. — u. *E* les loys autres ; *G, H* autres loys. — v. *E, F, G, H, I* font. — x. *F* fauffes & mauvaifes. — y. *F* & que s'il. — z. *A* prouvérent ; *G* proveffent. — aa. *I* & fe ce pooient prouver. — bb. toz m. *d. D.* — cc. *I* demourroient ; *A, B* eft dont fon pooir devenroient ; *E, F, G, H ajoutent* : creftien &. — dd. *I* chargea. — ee. *C, D, E, F* deüffent aporter ; *G, H, I* aportaffent. — ff. de l'uile m. *d. A, B, C, D.* — gg. *I* qui art en le lampe fus. — hh. la m. *d. C.* — ii. *C, D, E, F, G, H, I ajoutent* : [*H* de] Noftre Seigneur. — jj. *G, H* fifent. — kk. *C, D, E, F, G, H* meffagerie. — ll. *I* kam. — mm. *A* envoient. — nn. *G, H* au pape. — oo. *Après ce mot, dans G, H, I, toute la fin eft remplacée par :* deffus diz.

VIII

Comment li Granz Caam leur donna la table d'or de son commandement.

Quant li fires *a* lor ot enchargié tout son message *b*, si *c* lor fist donner une table d'or, en laquelle il *d* estoit contenu *e* que, li .iij. message en toutes les pars *f* que *g* il alaissent *h*, leur *i* deüst estre donné *j* toutes leur mansions *k* que *l* besoing leur fust *m* & de chevaus & d'ommes pour leur seürté & *n* de toutes autres choses que il vousissent *o*. Et quant il furent tout troi appareillié, il s'en partirent *p*. Quant il orent *q* chevauchié maintes *r* iournées, si *s* acoucha *t* li barons touz *u* malades, si *v* que il ne pot *x* chevauchier *y* & demoura en une cité, & fut tant grevés de maladie qu'il ne pot plus *z* aler avant *aa*; si que *bb* aus .ij. fréres *cc* sarnbla *dd* le mieus *ee* de là laissier le & de faire *ff* leur voiage *gg*; & il *hh* li plot mout *ii*.

a. *F* grant seigneur; *I* grant kam. — b. *C, D, E, F* toute sa messagerie; *G, H* lor mesaigerie; *F ajoute:* aux dis messagiers. — c. *E* &; *F, I* il. — d. il *m. d. G, H.* — e. *E, F, I* se contenoit. — f. *D* parties; *E, G, H, I* tous les pais; *F* tout le pais. — g. *E, F, G, H, I* où. — h. *H* yroient. — i. *La phrase est changée dans G, H:* fussent receu honoraublement & que on lour trovast toz lour despens & tot ce que besoin lour fust & chevaus & genz por conduit [*H* conduire] & totes autres choses..... — j. *I* leur fust livré. — k. *E, F, I* toutes les choses. — l. *I* dont ils avoient besoing. — m. *D* feist. — n. *I* & offi. — o. que il vousissent *m. d. I.* — p. *Les autres mss. changent cette phrase:* C, Et quant tous ces troiz embassadeurs furent appareilliéz de leur besoingnes; D, Et quant tous trois furent appareilliéz de leurs besoingnes ambaçaours; E, F, I Et quant furent bien appareillié de leurs besoingnes touz trois enbasaors; G, H Et quant li .iij. message furent bien [H esté] à Acre; C, D, E, F, G, H, I si pristrent congié au seigneur & s'en [G, H se] partirent. — q. C, D furent. — r. C, D auquantes; E, F ne say quantes; G, H plusours; I aucunes. — s. G, H li chevaliers tartars chei malaides. — t. C, D, E, F, I chei. — u. C, D, E, F, I tartar. — v. I tant. — x. H pouoit. — y. C, D cheminer. — z. plus m. d. D. — aa. & demoura..... avant m. d. A, B. — bb. A, B si ques. — cc. fréres m. d. D. — dd. G, H si sambla aus .ij. fréres. — ee. C, G, H pour le mieus; F bon; mieus m. d. E. — ff. C, D, F, G, H, I de le laissier & de fournir; E de laissier le & de fournir. — gg. G, H, I leur mesaige. — hh. il m. d. H. — ii. & il li plot mout m. d. I.

Et *a* il *b* fe miftrent à la voie, & vous di bien que en *c* toutes
pars *d* où il aloient, eftoient *e* fervi & hounouré de *f* tout
ce que meftier *g* leur eftoit & que *h* favoient *i* commander *j*,
& avoient ce *k* par la table que il avoient *l* des commandemens au *m* feignour *n*. Si *o* chevauchiérent tant par leur iournées que il vindrent à l'*Aias* *p* en *Hermenie*; & vous di que
il demourérent à cheminer à *q* l'*Aias* iufques à *r* .iij. anz,
& *s* ce avint pour ce que il ne pooient *t* pas toutes fois *u*
chevauchier pour le mauvais temps & *v* nois & granz *x* pluies
qu'il faifoit aucunes *y* foiz *z* & des granz flueves *aa* que il trou-
voient qu'il *bb* ne pooient paffer.

IX

Comment li .ij. frére vindrent en la cité d'Acre.

De *cc* l'*Aias* *dd* fe partirent & fe *ee* vindrent en *ff* la cité
d'*Acre* & y *gg* entrérent *hh* ou mois d'avril courant m.cc. lxix *ii*
de *jj* Crift, & trouvérent que li papes *kk* eftoit mors *ll*, qui

a. *I* Lors. *La phrafe eft modifiée dans G, H:* Et vos di vraiement que en toz les lieus où il
venoient, quant il furent mis à la
voie, eftoient ..... — b. il *m. d. E,
F, I.* — c. en *m. d. E, F.* — d. *I*
places. — e. *I* ils eftoient. — f. *I*
& de. — g. *E, F, G, H, I* befoins.
— h. *C, D, E, F, G, I* & que il.
— i. *E, F* feüffent; *I* voufiffent. —
j. *I* demander. — k. *G, H* tout ce
avoient il; *I* ils l'avoient. — l. que
il avoient *m. d. I.* — m. *I* du. —
n. *G, H* par la table d'or deffus
dite. — o. *E, F* Si que il; *G, H*
Or; *I* Et tant. — p. *B* Lais; *I*
Laras. — q. *C, D, E, F, I* iufques
à; *G, H* defci à. — r. iufques à *m.
d. C, D, E, F, G, H, I.* — s. *Depuis ici jufqu'à la fin, G & H font
différents:* & ce ne fu mie foule-
mant por le [*G* lon] chemin, mais
pour les mavais tens de nois [*H* de
vens] & de pluies & des granz

fluves qui aucune foiz les ater-
gérer :[*H* fi aucune foiz les targeft].
— t. *C, D, E, F, I* porent. — u. pas
toutes fois *m. d. I.* — v. *E, F, I*
pour la nef & pour les. — x. granz
m. d. F. — y. *I* plufieurs. — z. *F*
faifoit moult granz. — aa. *C, D* &
des granz fleumaires; *E* & des pluviaires; *F* & pour les pluviaires; *I* &
de groffes yaues. — bb. *I* dont il.
— cc. *E, F, G, H, I* Et de. —
dd. *F* Laras. — ee. fe *m. d. C, D,
E, F, G, I; H* fe mirent en chemin
au mois d'avril en l'an de grace.
— ff. *E, F, G, I* en Acre. — gg. *B*
puis. — hh. & y entrérent *m. d.
G, I; C, D* ioindrent du; *E, F* vindrent le. — ii. *A, B* m. cc. l.; *C,
D, E, F, G, H* m. cc. lx. — jj. *C,
D, E, F, I* ans de. — kk. *F* l'apoftolle. — ll. *F* ia mort; *E, F* ajou-
tent: & quant il virent que l'apoftoille eftoit [*F* ia] mort.

avoit *a* à *b* non papes [Clemens] *c* . Il alérent à .j. fage clerc
qui eftoit legas de tout le regne d'*Egypte d* : il *e* eftoit homs *f*
de grant auctorité & avoit à *g* non Thiebaus *h* de *Plaifence i* .
Il li diftrent *j* le *k* mefage *l* , pour *m* quoi il eftoient venu *n* ,
& quant li legas ot oy ce *o* , fi *p* en *q* ot mout grant *r* merveille, & li *s* fambla que ce eftoit granz biens & granz hou-
nours à *t* toute la creftienté. Si refpondi aus .ij. fréres meffa-
giers *u* : « Seignours, vous veéz *v* bien que l'apoftoiles *x* eft
mor. & pour ce vous convendra il *y* fouffrir iufques à *z* tant
que papes *aa* foit fais. Et quant il fera fais, fi *bb* porréz faire
voftre meffage *cc* . » Il virent bien que li legas difoit *dd* voir *ee* ;
fi diftrent que entre tant *ff* que papes foit fais *gg* , qu'il porront *hh* bien aler en *Venife* por veoir leur oftel *ii* . Si fe *jj* partirent d'*Acre* & *kk* alérent à *ll* *Negrepont mm* , & de *Negrepont*
nagiérent tant qu'il vindrent en *Venife nn* . Si trouva mefire
Nicolo *oo* fa femme morte, & li *pp* eftoit demouréz *qq* de fa
femme *rr* .j. filz de *ss* .xv. ans, li qués *tt* avoit non *uu* Marc, de

a. *G* ot. — b. à *m. d. F.* — c. *G,*
H Innocens; *ce mot eft en blanc dans*
A, B, C, D, E, F. On lit ainfi toute
la phrafe dans I: & quant il virent
que ycelui pappe Clemens le quart
eftoit mort. *Ici G & H placent les*
mots: & quant il virent ce. — d. *I*
de Surie. — e. *E, F, I* &. — f. *F*
legat; homs *m. d. E, I.* — g. à *m.*
d. F, I. — h. *A, B, C, D, E* Ceabo;
F Ceaba; *G, H* Cheabo. — i. *I*
ajoute: & eft archediacre de Leo-
dun. — j. *H* & firent. — k. *G, H*
leur. — l. *E, F* la meffagerie; *on*
lit dans I: A ycelui contarent leur
meffage. — m. *G, H* & ce por. —
n. *E, F, I* là venu. — o. *E, G* entendu ce; *F, I* ce entendu; *H*
atendu ce. — p. *G, H* il. — q. en
m. d. H. — r. grant *m. d. E.* —
s. *H* fi. — t. *E, F, I* de; *H* en. —
u. *C, D, E, G, I* meffages. — v. *H*
fçavés; *C* favéz & veéz. — x. *G,*
H li papes. — y. il *m. d. E, F, I.*
— z. iufques à *m. d. I.* — aa. *E,*
F li apoftoilles; *H* ung pape; *I* un
aultre apoftolle. — bb. *F, G, H, I*
vos. — cc. *E* meffagerie. — dd. *E,*
F, G, H, I leur difoit. — ee. *H*
verité. — ff. *G* en dedens; *H* en
atendant; *I* endementiers. — gg. *E,*
F, I on fera un pape; *G, H* on feroit
[*H* le] pape. — hh. *E, F, I* nous
porrons bien aler; *H* qui partiront
pour aler. — ii. *F, I* nos hoftelz;
G, H lour amis. — jj. fe *m. d. H.*
— kk. *C, D* fi. — ll. *H* en. —
mm. *A, B, C, D* Negentpont. —
nn. *E, F, G, H ajoutent*: Et quant
il furent venu; *E, F* en Venife. —
oo. *H* meff. N. trouva. — pp. *H* fi.
— qq. *C, E, F, G* remés; demouréz
m. d. H. — rr. *I* de fadicte femme
demouré. — ss. *H* de l'aage de;
I en l'eage de. — tt. *I* qui. —
uu. *E, F* à non.

cui *a* cest *b* livres parole. Li *c* .ij. frère demourérent à *Venise*
.ij. ans, toutes foiz *d* atendant que papes fust levéz *e* .

X

Comment li .ij. frère se partirent de Venise & menérent avec eulz
Marc, le filz de mesire Nicolo, pour mener le avec eulz au
Grant Caan.

Quant li .ij. frère orent *f* atendu tant *g* comme vous avéz
oy, & *h* veoient *i* que apostoiles *j* ne *k* se faisoit, si distrent
que *l* il porroient trop *m* demourer *n* por *o* retourner au *p*
Grant Caam. Si se partirent de *Venisse* & en *q* menérent
Marc *r* , & s'en tournérent *s* droit en *Acre*, & *t* trouvérent *u*
le dit *v* legat. Si parlérent asséz à lui de ce fait *x* , & pristrent *y*
conseil *z* à lui *aa* d'aler en *Iherusalem* pour avoir de l'uile de
la lampe du Sepulcre *bb* pour porter *cc* avec eulz *dd* au Grant
Caam, si comme il *ee* lor ot *ff* commandé. Li *gg* legas lor *hh*
donna congié *ii* ; si se *jj* partirent d'*Acre* & s'en *kk* alérent en
Iherusalem & orent de l'uile de la *ll* lampe du Sepulcre, & s'en
retournérent *mm* 'encore *nn* en *Acre* *oo* au legat, & li distrent:
« Puis *pp* que *qq* apostoiles *rr* n'est *ss* , nous voulons retourner

a. *F* de quoy; *I* duquel. — b. *E,
F, G, H, I* ce. — c. *I* Yceulx. —
d. toutes foiz *m. d. H; E, F, I* en.
— e. *E, F, G, H, I* faiz. — f. *I* se
partirent & orent. — g. *H* tant
atendu; tant *m. d. I.* — h. *H* si.
— i. *F, I* virent; *H* voient. — j. *G,
H* on ne façoit point [*H* de] pape.
— k. *I* point ne. — l. *I* que trop
poroient. — m. *G, H* bien. — n. *E,
F ajoutent:* hui mais ; *G, H ajoutent :* d'ore en avant. — o. *H* trop
pour. — p. *H* vers le. — q. en *m.
d. C, D ; H* amenérent. — r. *I* le
dict Marc avec eux ; *G* Marc
avuec ces. — s. *C, D, H, I* retournérent. — t. *H* où; *I* & là. —
u. Marc..... trouvérent *m. d. E, F.*
— v. *G, H* legat desus dit. — x. de
ce fait *m. d. H.* — y. *E, F, G, H,
I* & [*m. d. H*] li demandérent. —

z. *C, D, E, F, G, H, I* congié. —
aa. à lui *m. d. E, F, G, H, I.* —
bb. *C ajoute :* Nostre Seigneur. —
cc. porter *m. d. E.* — dd. *F* avec
eulx porter. — ee. il *m. d. H.* —
ff. *E, F, G, H, I* avoit. — gg. *G,
H* Et li; *I* Et le dict. — hh. *I* leur
en. — ii. *H* leur acorda. — jj. se
m. d. F. — kk. s'en *m. d. E, F, G,
H, I.* — ll. *I* d'ycelle. — mm. *On
lit après dans G, H :* par Acre au
[*H* devers le] legat. — nn. *On lit
après dans I :* au dict legault en
Acre. — oo. *On lit après dans F :*
& là trouvérent le legat. — pp. *A,
B, C* que puis; *E, F, G, H, I* Puis-
que nous ne veons. — qq. *H* qu'il
ne se fait p`nt de pappe. — rr. *G,
I* papes. — ss. *C, E, F* n'est faiz;
G n'est point faiz; *I* soit faiz.

au *a* Grant Seigneur *b*, car trop avons huimais *c* demouré *d* & avons *e* asséz attendu *f*. » Et li *g* legas lor dift *h* : « Puis *i* que vous *j* voulez retourner, il me plaift bien. » Si *k* fift faire fes *l* lettres pour envoier au Grant Caam, qui *m* tefmoingnoient que *n* li .ij. frére eftoient *o* bien venu *p* pour acomplir fa befoingne *q*, mais pour ce que apoftoile *r* ne pooient avoir, ne *s* l'avoient peü faire.

XI

Comment li .ij. frére & maint autre avec euls fe partirent d'Acre.

Quant *t* li .ij. frére orent les letres *u* du *v* legat, fi *x* fe partirent d'*Acre* pour retourner *y* au Grant Caam, & s'en vindrent à *z* l'*Aias*. Et quant il furent là venu, ne *aa* demoura gaires *bb* que cilz *cc* devant dis legas *dd* fu efleüz à *ee* pape en *Acre*, & s'apeloit pape Grigoire de *Plaifence ff*. De ce *gg* orent li doi frére *hh* mout grant ioie *ii* ; & feur ce leur vint à l'*Aias* de par le legat qui papes eftoit, .j. meffages qui leur dift de par l'apoftoile que il *jj* ne deüffent plus avant aler *kk*,

a. *G, H* à noftre. — b. *E, F* Kaan. — c. *E, F, I* dès ores mès ; *H* nous ; huimais *m. d. G.* — d. *F* attendu ; *I* feiorné. — e. *G, H* & affez avons [*m. d. H*]. — f. *F* demouré. — g. *I* lediĉt legat. — h. *I* refpond. — i. *A, B, C, G* Depuis ; *E* Defpuis. — j. *G* vous vous en. — k. *I* Et. — l. *H* leur. — m. *I* lefquelles. — n. *E, F, G, I* comment ; *H* comme. — o. *I* avoient bien acompli. — p. *G, H* venu bien. — q. *E, F, I* fon commandement ; *G* lor mefaigerie ; *H* leur meffage. — r. *E, F* apoftoile n'i avoit ; *I* il n'i avoit d'apoftolle ; *G, H* il n'i avoit pape. — s. *H* il n'avoient. — t. *G, H* Et quant. — u. *G, H* la letre. — v. *H* dudit. — x. *C, D, E, F, I* il. — y. *H* aler. — z. *H* en — aa. *E, F, I* il ne. — bb. *G, H* *ajoutent* : de tens. — cc. *C, D* cel-

lui ; *E, F, G, H* ceftui legat. — dd. *E, F* dit devant ; *G, H* devant dit. — ee. à *m. d. F, G, H.* — ff. *On lit dans G, H* : papes & fu apeléz [*H* pappe] Gregoires. — gg. *E, F* De quoy ; *G, H* De laquele chofe. — hh. *E, F, G, H* les .ij. frères orent. — ii. *Toute la phrafe depuis que eft allongée dans I* : que ycelui legat devant diĉt en Viterbe, en la court où eftoient les cardinaux fu efleü pappe en Acre, & fu en feptembre l'an mil .cc. lxxj. De quoy les deux fréres heurent moult grant ioye & s'apella puis pappes Gregoires de Plaifance & fu Gergoire, le Xe pappe de ce nom, quant vint à Viterbe en la court où il fu facréz. — jj. *G, H* à l'Aias .j. meffage de part le dit pape que leur dift qu'il. — kk. *E, F, G, H, I* n'alaffent plus avant.

& *a* retournaiſſent *b* à lui maintenant *c* . Et que vous *d* diroie
ie *e* ? Li *f* rois d'*Ermenie* leur fiſt armer *g* une galie aus .ij.
fréres *h* meſſages & les envoia en *Acre* au pape.

XII

Comment li .ij. frére vindrent à l'apoſtoile.

Quant *i* il furent venu en *Acre*, mout hounouréement *j*
ſi *k* alérent devant le pape & s'umiliérent mout vers *l* lui.
Li *m* papes *n* les reçut à mout *o* grant hounour & *p* à mout
gran *t* feſte & à mout grant ioie, & leur donna *q* ſa *r* beneiſon
après leur donna *s* .ij. fréres preeſcheurs que *t* il deüſſent a'er,
avec eulz au Grant Seigneur *u* pour fournir la beſoingne *v*,
& ſanz faille *x* il eſtoient à celui temps *y* li plus ſage cler qui
fuſſent *z* . Li uns avoit non frére Nicole de *Viſcence* & l'autres
frére Guillaume de *Triple*, & leur donna ſes *aa* previléges &
ſes chartres de la *bb* meſſagerie *cc* que il remandoit *dd* au ſei-
gnour *ee*. Et quant il orent receu ce *ff* que il devoient, ſi priſtrent congié du pape & leur donna *gg* ſa beneiçon *hh* & s'en *ii*
partirent tuit .iiij. enſamble d'*Acre* & *jj* avec euz Marc, li filz
meſire *kk* Nicholo, & *ll* s'en alérent à l'*Aias*. Et *mm* quant il
furent là venu, adonc *nn* Bendocquedar, ſoudans de Babiloine,

a. *E, F, I* ainſ; *G, H* & qu'il. —
b. *D* tournaſſent; *F ajoute :* en
Acre. — c. *G, H* au pape en Acre
de maintenant. — d. *E, F* en. —
e. Et ..... ie *m. d. G, H, I.* — f. *I*
Lors le. — g. *E, F, I* amener. —
h. aus .ij. fréres *m. d. G, H.* —
i. *F, I* Et quant. — j. *C, D, H, I*
honnorablement; mout hounouréement *m. d. G, H.* — k. ſi *m. d.
I.* — l. *H* devers. — m. *F, H* &
le. — n. *A* pueples; *B* puples. —
o. mout *m. d. G, H.* — p. *E, F* &
leur fiſt mout grant ioie & grant
feſte; *G, H & I abrègent:* & leur
fiſt mout grant feſte. — q. *I* bailla.
— r. ſa *m. d. B.* — s. *I* bailla. —
t. *E, F, G, H* pour aler [*G, H* avec
eus] au G. S. [*G, H* Kaan] pour.

— u. que ..... Seigneur *m. d. I.* —
v. *I ajoute:* par devers le Grant
Kam. — x. & ſanz faille. *m. d. I.*
— y. *Dans E, F, G, H, I* à celui
temps *eſt placé après* qui. — z. *I*
rengnaſſent. — aa. ſes *m. d. A, B.*
— bb. *A, C, G, H* ſa; la *m. d. D.*
— cc. *I* & lettres du meſſage deſſuſ
dict. — dd. *G* qu'il envoieroit; *H*
qu'il envoiot; *I* comment il les
envoyoit. — ee. *F* Grant Seignour;
G, H, I Grant Kaan. — ff. *G* &.
— gg. & leur donna *m. d. C, D, E,
F, G, H.* — hh. & leur donna ſa
beneiçon *m. d. I.* — ii. *H, I* ſe. —
jj. d'Acre & *m. d. I.* — kk. meſire *m. d. I.* — ll. *I* puis. — mm. *F*
Adonc. — nn. adonc *m. d. F.*

entra en *Hermenie* à *a* tout grant *b* oft de Sarrazins, & fift mout grant domage par les contrées, & *c* furent cil dit *d* meffage en mout *e* grant *f* aventure d'eftre mors ou pris. Si *g* que quant li doi frére preefcheour virent ce, fi orent mout grant paour d'aler *h* avant, & diftrent qu'il ne vouloient plus aler avant *i* . Il donnérent à mefire Nicolo & à mefire Mafé Pol toutes les chartres & *j* tous les previléges que il avoient *k* , & fe partirent d'eulz, & s'en alérent avec le maiftre du Temple.

a. *E, F, G, H* avec. — b. *G, H, I* mout grant. — c. & *m. d. H.* — d. *G, H* devant dit; *I* yceulx. — e. mout *m. d. E, F, I.* — f. mout grant *m. d. G, H.* — g. *I* : quant yceulx fréres. — h. *G, H* avant aler. — i. & ..... avant *m. E, F, I; ce bourdon prouve la parenté de ces trois mff.* — j. toutes les chartres & *m. d. G, H.* — k. que il avoient *m. d. I.*

XII

PELRINAGES ET PARDOUNS

DE ACRE

[v. 1280]

MANUSCRIT:

Londres, Muf. brit., Harl. 2253, vél., XIV f., in-f., f. 68 c-70 b.

PARDOUNS DE ACRE

* * *

I

f. 68 c. ES ſunt le pelrinages communes, que creſ- *D'Acre à Jéru-
ſalem.* tiens fount en la *Seinte Terre*. De la vyle de *Acres* à *Seynt Elye* : iiij. liwes; de cele terre, e de la *Cave Seynt Elye* à la *Carme*, .j. liwe; e de la *Carme* à *Seint Iohan de* . *Tyr* .j. liwe. Là yl y a une vile de *Seint Iohan le Bap-tiſtre*, e à .j. liwe de ileqe eſt le *Peroun* ſur qui Dieu ſe repoſa, devant le *Chaſtiel Pelryn*, e dedenz le *Chaſtel* giſt le cors ſeint Eufenie, e de près eſt *Merle* : là ſeint André naſquis, e deprès ſi eſt la cave là où Noſtre Dame ſe muſſa ou ſon fitz, pur doute des Gyws. E de ileqe à *Noſtre Dame de Marreis* .iij. liwes : là Noſtre Dame ſe repoſa. E d'yleoque à *Ceſarie* .j. liwe. E de yleqe à *Iaphet* .xij. liwes : là eſt un peron qe wn apele le *Peroun Seint Iak*, e une chapele où ſeint Abakuc ſoleint meindre. E de yleqe à *Rames*, là où ſeint George fuſt martirizé, .iiij. liwes; e d'ileqe à *Betynoble* maweis chymyn .iij. liwes. E .ij. liwes à *Emaüs*, là où Iheſu parla ou Cleo-phas, e le conuſt par fraccion de pain. E de yleque à

Montioie, .ij. liwes : e là fuſt enſevely Samuel le prophete.

Jéruſalem. 2. E d'yleque à la cité de *Ieruſalem* ſunt .ij. liwes de f. 68 *d.*
bel chymyn, e le entré en la cité eſt parmy la porte où
ſeint Eſtevene fuſt lapidé, e puis vous vendréz à *ſeint*
Le S. Sépulcre. Sepulcre e la fréz vous vos oreyſouns. Le compas dedentz
le cuer ne eſt mie loyns de le *Sepulcre,* e là eſt un
peroun, lequel Dieu dit qe fuſt la meene du monde.
Mount Calvarie, où lheſu fuſt crucefié, eſt al deſtre part
de le cuer, e uncore eſt le ſang apparyſant ſur la roche
qu'eſt apelé *Golgatha*; e de près yl y a une tounbe de
piére où giſent les .vij. roys, qe furent iadis de la cité,
e Godefroy de Boylloun; deleis le haut auter, là eſt le
piler à qui lheſu fuſt lyé, quant fuſt flaelé. De près eſt
la *Priſone* e la cheyne dont Dieu fuſt encheyné en
meïſme la priſone, e là furent vewes le iour de Paſk
treis Maries, e de lees deſcendréz .xl. degrees, e là trova
ſeinte Eleyne la Seinte Croyz. E de près deſcendaunt
.xl. degreez, là eſt la *Chapele gryffoune*; e là eſt une
ymage de Noſtre Dame, qe parla à la Egipciene e la
empriſt la loy. E de coſte la Sepulcre, ne mie molt loyns,
eſt le *Hoſpital Seint Iohan,* e là deprès ſi eſt la eſgliſe,
Seint Caryout, e de lees ſi eſt *la Latyne*; là les treis
Maries decyrérent lur chevels, quant Dieu duſt eſtre
crucifié. E de yleque le tret de un arc, ſi eſt *Templum*
Le Temple Domini. Domini, & là dedeinz ſunt pluſours merveilles, e dedenz ſunt .xx. hus e fortz portes; là eſt la piére ſur qui
Dieu fuſt mys le iour de la Chandelour, devant le vyel
Symeon. Là viſt Iacob l'eſchéle, par ount deſcendirent
angeles de ciel à terre, e per cele eſchéle vint un angle
à Zacarie, qe ly anuncia qu'il avereit un fitz, qi anun- f. 69 *a.*
ciereit la advenement Dieu; e là dedenz un arch ſi eſt
la Verge Aaron, e les .vij. Chaundelabres de or, e les
Tables Moyſès; e là près Dieu pardona la femme que

fuſt pris en avoterie, come le Ewangelie teſmoigne. E la *près* eſt la porte où ſeint Pére e ſeint Iohan trovérent le countrèt qe lur demanda bien, e ſeint Pére ly diſt: « Ie nay or ne argent, mès ce qe i'ay, ie vous dorray; levéz, ſi aléz ſeyn. » E cele porte eſt apelé *Ieruſalem*, e la porte del north eſt apelé *Parays*; là eſt la founteyne qe eſt apelé *Parays*, dont ſeint Egliſe liſt qe eawe vyne en iſſiſt. La porte de weſt eſt apelé *Speciouſe*. La porte de le eſt ſi eſt apellé *Porte Orryene*; e par cele porte entra Dieu chevalchant le aſne, e uncore ſur la dure roche les piés de la aſne ſunt appariſſauntz. *Portes de Jéru-ſalem.*

3. E de la part del north eſt *Probatica piſcina*, e là ſoleit un angle mover le ewe; e celi qe primes y entroit ſoleit recoveryr ſaunté de cheſcune enfermeté; e bien de yleque eſt le *Temple Salomon*, e plus amount eſt le *Bayn* où Noſtre Dame ſoleit bayner ſoun fitz, e là molt près eſt le lyt où Iheſu ſoleit cocher. E de lees ſi eſt la *Tour David*, e devant la *Tour*, ſi eſt une chapele; e leynz eſt Seint Iohan bouche orriene, e autres reliques pluſours; de là eſt une egylſe où ſeint Iame fuſt decolé, e par là poéz paſſer vers le *Mount Syon*. Là devya Noſtre Dame, e les apoſtles la enſevelyrent graunt piéce de yleque en le *Val de Ioſaphat*. En le *Mount Syon* fiſt Dieu ſa cene, e lava les pyés de ces apoſtles; e là vint Iheſu à eux e lur dit: « Pax vobis! » E là moſtra ces playes à ſeint Thomas, e noun pas loins de yleque eſt le lew où Iheſu fuſt deſolee e coroné d'eſſpynes, e là fuſt le paleis e la *Pretorie Cayphas*. E là près eſt la egliſe où le ſeint Eſpirit deſcendi le iour de Pentecoſte deſuz les apoſtles; e là près eſt la *Cave Galyqant* où ſeint Pére refuſa conuſtre Iheſu. E de lees eſt la *Natorye Syloe*, e là Iheſu eſlumina um qe fuſt nee veogle, e là fuſt enſevely Yſaye le prophete. E de coſte eſt *Acheldemac*. *Piſcine probatique.* *Temple de Salomon.* *Mont Sion.*

4. Entre le mount *Olyvete* e la cyté eſt le *Val de* *Val de Joſaphat.*

Iosaphat, dont avant eft dit; e de près le val yly a un lyw, qe um apele *Seint Anne*. Là fuft Noftre Dame primes norye; e là près eft *Ieffemany*, là fuft Ihefu pris e ces dois funt uncore aparifauntz fur la dure roche, où yl mift fa meyn, e un petit de yleque eft une *Eglife de Seint Salveour*. Là ala Dieu tot foul pour orer à fon pére devant fa Paffioun, e là fua Dieu fang. E defuz le *Mount de Olyvete*, dont eynz eft dit, eft un lyw où Dieu veauntz ces difciples mounta en ciel. E là eft un peroun, fur qui Dieu mift foun un pié, qe uncore eft apparifaunt e tous iours ferra. E là près eft enfevely une feynte femme, par quy nul peccheour puet paffer ne aprofcher à fa tounbe. Là près eft le lu où Dieu fift la *Pater noftre*. E là près eft un lu où Dieu fe moftra le iour de Pafche à ces difciples.

5. E de ileque à le amountance de une lywe englefhe eft *Bethphagé*. De yleqe maunda Dieu Phelip & Iohan à Iherufalem pur le afne le iour de Palmes, à quel iour le greindre honour qe Dieu avoit en terre les enfauntz hebreus li fyrent. E de yleqe avéz à *Bethanye*, où Dieu refufcita Lazer, .ij. liwes, & près fuft evefque de *Marcille*. E yleque en la *Mefoun Symono* Dieu pardona la Magdaleyne ces pecchiés. E de ileque à la *Quaránteyne*, où Dieu iuna .xl. iours e nuytz, funt .vij. liwes.

6. E là près fi eft *Ierico*; e de yleque à la flum *Iordan* funt .ij. liwes à le lu où feint Iohan baptiza Dieu, e une colombe defcendi fur Diu en forme de feinte Efpyryt; e pur ceft chemyn ne poéz vous paffer avant, mès fi vous aléz de *Iherufalem* vers la cité de *Bedlehem*, vous irréz par *Seinte Elye* .j. liwe de la cyté de *Iherufalem*, e là de lees fi eft le *Champ Flory*, un trés bel lu; e là recevera, à ce qe um dit, chefcuny folum ce qu'il avera fi defervi. E là de près gift feint Rachel.

E de yleque à .j. liwe eſt *Bedlehem*, e là vindrent les *Bethléem.*
trois rois fere lur preſent: Iaſpar, Melchyor e Baltazar;
e cheſcun de eux porta or, mirre e encenz. De lees le
cuer eſt un *Put* où la eſteyle chey, qe amena les treis
rois; de l'autre part ſunt les *Innocens* que furent ocis; e
a .j. liwe de yleoqe apparuſt le aungel as berchers,
anunciant la nativeté Dieu.

7. E de *Iheruſalem* à *Seint Habraham* ſunt .vij. liwes, S. *Abraham.*
e là fuſt Adam fourmé. E là deprès eſt *Spelunca dupplici*, e
là ſount enclos de mur, en char e en os, le treis patriarkes, Habraham, Yſaac e Iacob; e là eſt la *Sepulture Ewe*
e les treis femmes des patriarkes en un lywe. E de coſte
la vile eſt une *Cave* où Adam longement habita, e
autres merveilles ſunt yleque.

8. E de *Iheruſalem* eſt .j. liwe à la lywe où cruſt le
arbre dount la Seinte Croiz fut fet; e de ileque à .ij.
liwes eſt *Seint Iohan de Boys*, e là naſqui ſeint Iohan le
Baptiſt; e là ſunt autres pelrynages pluſours. E de *Iheru-*
ſalem à *Naples* ſunt .xij. liwes: là eſt le *Puytz Iacob*, où *Naplouſe.*
Dieu parla ou la Samaritane; e de ileque à *Baſque*, là
où ſeint Iehan le Baptiſt fuſt decolee. ſunt .ij. liwes; e
de yleque à *Mount Hermon* ſunt .ix. liwes. E de ſouth
eſt la cyté *Names*, e à la porte de la vile, Iheſu reſuſcita
le fitz de une vedue.

9. E de yleque à *Mount Tabour* ſunt .ij. liwes, e *Mont Thabor.*
là eſt une egliſe où Dieu ſe moſtra à Piére e à Iehan,
qe il fuſt Dieu e homme; e tot fuſt veſtu de blanc, e
ceux qe là furent cheyérent palmés à terre. E de yleque
à *Bebie* ſunt .v. liwes, e de là ſi eſt la *Mer de Galylée*, *Lac de Tibériade.*
e là entour en diverſe lyws, Dieu fiſt meinte myracle; e
là près Dieu puſt ou .ij. peſshouns e .v. payns .v. .m.
de homes, e Piére e André là près leſſérent lur batyl e
ſiwérent Dieu, e autres myracles feſoient là pluſours.

10. E là de coſte eſt la *Chaſtiel Magdalon*; là fuſt la *Magdala.*

30

Magdalyne née ; e de ileque poéz aler à *Naʒareʒ*, là où
Noſtre Dame naſqui, e al lu où le annunciatioun fuſt
ſet à Noſtre Dame, qe ele concevereit le Salveour de
ciel e de terre. Là eſt une *Fonteyne de ſeint Gabriel*; là
ſoleit Noſtre Dame e ſoun fitz Iheſu quere eawe ; e là
près eſt le ſaut là où le Gyws commandérent Iheſu
ſayler pur ce que il lur apriſt la parole Dieu, e ileque
diſt Dieu qe nully ſerra tenu pur prophete in ſoun pays
demeyne. E de *Naʒareʒ* à *Zaphory* eſt .j. liwe, e ileque naſqui ſeint Anne, la mére Marie, la mére Dieu. E de yleqe
eſt .j. liwe à la *Cane Galylée*, là où Noſtre Seignour fiſt
vyn de eawe en la meſoun Architelin, e ce fuſt un des
primére myracles que Dieu apertement fiſt. E de yleque
à la *Egliſe de Seint Soffroun* ſunt .ij. liwes e là furent
ſeint Iohan & ſeint Iame nee ; e de yleque ſunt .iij. liwes
à la *Egliſe Seint Nycholas*, e là giſt meynt ſeint cors, e
pardoun à demeſure graunt eſt graunté à tous que là
vendront.

11. De *Acres* à *Koket* eſt .j. liwe ; là devynt Dieu
aignel, e priſt fourme de aignel. E de yleque à *Sur*
ſunt .ix. liwes. Là precha Ieſus la parole Dieu, e une
femme ly dit : « Benet ſeit le ventre, qe vous porta e les
mameles qe vous alettérent ! » E Iheſu la reſpondy :
« Benet ſoient que oyent la parole Dieu e que la garde
bien ! » E de ileque à *Puteus aquarum* eſt .j. liwe. E de
Sur à *Serphent* ſunt .iiij. liwes ; là fuſt ſeint Elye maundé
à une povre femme pur delyvrer ly e ſa meiſné de
poverté ; e de yleque à *Seete* ſunt .iij. liwes ; là eſt une
Eſgliſe de Seint Salveour ; e là ſunt relykes pluſours. Là
delivera la femme Cananée Dieu par ſa pieté, e autres
merveilles ſunt la pluſours. E de yleque à *Baruch* per
terre ou par eawe, ſunt .ix. liwes. Là fuſt en temps aun-
cien un ymage de Noſtre Seignour, e un Giwz le fery
de une launce e le coſté, e meyntenaunt en iſſi ſang e

eawe; e pur cefte myracle plufours Gywzs fe convertyrent
à Dieu, e de cet fang eft en plufours terres : à Rome,
Fraunc, Engletere & en autres liws devers, de qy Dieu
fet meynte myracle.

12. Plufours autre pelrynages funt en cele terre que *Sardenay.*
ie ne pus ne ne fay treftouz nomer. De *Sardayne,* de le
Mont Synay e autres pelrynages qe funt en celes coun-
trés, ne ay ie parlé rien, quar les paffages funt eftroytes
e les veyes longes.

II

13. Ces funt les pardouns de *Acres:* à la bourde *S. Jean d'A.re.*
la vile .iiij. aunz [.j.] k[arantaine]; à *Seint Nicholas* .iiij.
aunz, .iiij. k[arantaines]; as *Alemavns* .iiij. auns, chefcun iour, .c. iours; à *Seint Leonara* .j. an .c. iours; à
Seint Romant .xl. iours; à *Seint Eftevene* .iiij. aunz, .xl.
iours; à *Seint Samuel* .j. an .xl. iours; à *Seint Lazer de
Bethayne* .viij. aunz, .iiij. k[arantaines]; à [*Seint*] *Sepulcre*
.vij. aunz, .iiij. k[arantaines]; à *Noftre Dame de Chevalers*
.v. aunz; à *Noftre Dame de Sur* .iij. aunz; à *Seinte Croyz*
.iij. aunz, .xl. iours; à *Seint Marc de Venyfe* .v. aunz;
à *Seint Lorenz* .xl. iours; à *Iofaphat* .iiij. aunz, xl. iours;
à *La Latyne* .j. an; à *Seint Pére de Pyfe* .v. aunz; à *Seint
Anne* .v. aunz; à *Seint Efpyrit* .vij. aunz; à *Bedlehem*
.vij. aunz; à *Seint André* .v. aunz; al *Temple* .viij. aunz,
.vj. ˣˣ iours; as *Fréres prefchours* .iij. aunz, .xl. iours; à
Seint Michel .iiij. aunz, .iiij. k[arantaines]; as *Fréres de-
fakés* .c. .xl. iours; à le *Hofpital Seint Iohan* .viij. aunz, e
tant de foyz come vous aléz entour le paleis de malades
.xl. iours, e le digmangt à proceffioun .vj. k[arantaines];
à *Seint Gyle* .v. k[arantaines]; à la *Magdaleyne* .xj. aunz;
à la *Katerine* .iiij. aunz, .iiij. k[arantaines]; à la *Trinité*

.j. an; à *Seinte Bryde* .viij. aunz; à *Seint Martin de Bretons* .iiij. aunz, .xl. iours; à *Lazer de Chevalers* .xv. k[arantaine]; à *Seint Thomas* .xv. aunz, e cheſcun mardi .vij. aunz; à *Seint Bartholomeu* .iiij. aunz, .iiij. k[arantaines]; à *Seint Antoyne* .iij. aunz, .xl. iours; as *Fréres menours* .ccc. iours; à *Repentires* .j. an, .xl. iours; à *Seint Denys* .iiij. anz, .iiij. k[arantaines]; à *Seint George* .vij. aunz.

14. A taunt finent le pelrynages de celes parties e les pardouns de *Acres* que Dieu eit merci de los vyfs e les mortz! Amen!

XIII

LA DEVISE

DES

CHEMINS DE BABILOINE

[1289-1291]

MANUSCRITS:

A. Paris, Bibl. Nat., lat. 7470, vél., XIV f., in-fol., f. 163a-172a.
B.   »   Bibl. Ste-Genev., E. l. 28, vél., XIV f., in-4, f. 143 b-147 d.
C. Berne, 280, pap., XV f., in-fol., f. 74b-78b.

EDITION (fragment) :

Sinner, *Catalogus codicum mss. bibliothecæ Bernensis* (1770, 8o), t. II,
   p. 319-329.

LA DEVISE

DES

CHEMINS DE BABILOINE

*   *   *

A f. 163 a.
B f. 143 b.
C f. 74 b.

I commence .j. traictié qui fut pieça fait oultre la mer, ordené par le meftre & par le couvent de l'Ofpital & par aultres preudes hommes qui ont demouré [outre mer] & fcévent [a] le pooir du foudan & des Sarrazins, & eft fait pour favoir quans hommes à armes le foudan puet avoir en tot le pooir des Sarrazins & en quiex lieux & dedens quans iors il les puet affambler enfamble [b].

B f. 143 c.
C f. 75 a.

Par ceftui [c] efcrit peut eftre feü & coneü le poer des mefcreans Sarrazins qui regnent hui le [d] iour au [e] royaume de *Babiloine* proprement [f].

---

a. *C* fervent. — b. *Tout ce paragraphe, depuis le commencement, eft en latin dans A :* Incipit tractatus dudum habitus ultra mare per magiftrum & conventum hofpitalis & alioc probos viros qui diu fteterunt ultra mare & fciunt poteftatem foldani & Sarracenorum, ad fciendum quot homines armorum poteft facere dictus foldanus cum toto poffe Sarracenorum, & in quibus locis & infra quot dies poteft eos fimul congregare. — c. *B, C* ceft. — d. *B, C* en ceft. — e. *B* el; *C* ou. — f. proprement *m. d. B, C.*

I

Premiérement le foudan iftra de fon hoftel o[a] .m. homes à cheval, grans & meens.

Item après[b] a .xxiiij. amiraux, chevetaines de l'oft; & chafcun peut faire .c. chevaliers.

Item[c] encores y a .lxxx. amiraux, de quoi les uns ont A f. 163 b. poer de .ix. homes à cheval, les autres[d] de .l. & aucuns de .xl.; des quieus la fomme de cez[e] monte .iiij^m. homes à cheval.

Item[f] encores y a .xxx. amiraux, des quieus chafcun de cez[g] a poer de .x. homes à cheval.

Item[h] encores il y a .lxx. elmeccadem[i], e[j] chafcun elmeccadem[k] a poer de .xl. homes à cheval, & s'apelent la Bahrye[l], qui font tout adès[m] entour la tente du foudan.

Item[n] encors[o] y a autres elmeccadems, qui font .lxxx.; chafcun de cez a poer de .xl. homes à cheval. Et devéz[p] favoir que touz[q] amiraux peuent[r] ben faire iffir de lour meifnée fur[s] plus entour .m. homes à cheval & plus. C f. 75 b.

Some de *Babiloine*: .xiiij^m. e .vij^c. B f. 143 d.

Et touz cez homes d'armes qui font ci noméz, font[t] partiz fur les .xxiiij. chevetaines[u] qui font avant noméz.

Et ce eft tout le poer dou royaume de *Babiloine*.

Le poer dou *Som*[v] :

Premiérement à *Guadres* .vij^c. homes à cheval.

Item[x] au *Saphet* .ix^c. homes à cheval.

---

a. *B, C* avec. — b. *C* Derechief. — c. *C* Derechief. — d. autres *m. d. B, C.* — e. *C* deffus. — f. *C* Derechief. — g. de cez *m. d. B, C.* — h. *C* Derechief. — i. *C* elmercadem. — j. *B, C* defquels. — k. *B* elmecradens; *C* & le mercadem. — l. *A* la Bahrpe; *B* Bahire. — m. *B, C* tous iours. — n. Item *m. d. C.* — o. encors *m. d. B.* — p. *B, C* eft affavoir. — q. *B* tous les defus dis; *C* tous les devant dit. r. *C* peulent. — s. *B* feur le; *C* fans. — t. *B* partis; *C* partie. — u. *B, C* chevetains devant. — v. *Ce membre de phrafe eſ. répété dans A; B de Soyn; C du Saulin. —* x. *Dars toute la fin de ce paragraphe, C remplace* Item *par* Derechief.

A f. 164 a.   Item à *Domas* [a] .iiij^m. homes à chival.
    Item à la *Chamele* [b] .iij^c. homes à chival.
    Item à *Hama* .m. homes à cheval.
    Item à *Halappe* .ij^m. homes à cheval.
    Item à *Triple* .m. homes à cheval.
    Some l'oft dou *Som* [c] .ix^m. .ix^c.
    Some des .ij. fomes de tout le poer du foudan en
Babiloine & aus *Som* [d] :
    .xxiiij^m. .vj^c. homes à cheval; des quieus bien les
.xv. mile font ci povres que à peinnes peut chafcun
fouftenir fon cheval.

II

B f. 144 a.   Defoz y a efcrit [e] la devife des chemins qui vont en   *De Gaza au*
Babiloine & au *Caire*, c'eft afavoir fi com il font departiz   *Caire.*
par terre & par le [f] flum de quel que part que home
vuille comencer de lonc en lonc la marine, c'eft affavoir : d'*Alixandre* en iufques à *Guadres*, de quelque
lieuc que home voudra monter as defus diz lieus par les
A f. 164 b.   chemins qui font cogneüz & uféz [g], & le nom des villes,
des paffages dou flum, des iornées & des liues qu'il y a
de leuc en leuc, & des herberges qui font à paffer le
defert de *Guadres* en *Babiloine*, & le nom des herberges
& là où [h] l'oft eft ufé de herberger, & les lieus où [i] il
tignent chevaux pour les corriers qui s'apelent berith [j] :
    Premiérement de *Guadres* au *Daron* [k] liues .ij. & demie.
    Item [l] du *Daron* [m] iufques au *Rephah* liues [n] .ij.

---

a. *B, C* Dama.. — b. *B, C* Cha-
nelle. — c. *B* Soyn; *C* Soin. —
d. *B* Soyn ; *C* Soin. — e. *B, C* Ci
deffous eft efcrite. — f. *C* fleuves.
— g. *B* hantéz ; *C* acouftumés. —
h. *A* eu. — i. *B* qui. — j. *B, C*
berich. — k. *B, C* Baron. — l. *C*
remplace partout Item par Derechief. — m. *B, C* Baron. — n. *B*
& *C* portent: .ij. lieues ; *de même*
plus loin .v. lieues, *& ainfi de fuite*
en intervertiffant les chiffres & les
mots de A.

Item du *Rephaph* iufques au *Zaheca* liues .v.
Item dou *Zaheca* iufques au *Karrobler* liues .v.   C f. 76 *a.*
Item dou *Karrobler* iufques au *Harifs* .iiij. liues.   B f. 144 *b.*
Item de [a] *Harifs* iufques à la *Oarrade* [b] liues .x.
Item de la *Oarrade* iufques à la *Soade* liues .v.
Item del *Soade* iufques *El Montayleb* [c] liues .iv.
Item de *El Montaleb* [d] iufques *Elmahane* liues .v.
Item d'*El Mahane* iufques à la *Katye* liues .iij.   A f. 165 *a.*
Item d'*El Katye* [e] iufques *El Gorabi* [f] liues .v.

Item d'*El Gorabi* iufques au *Cofair* liues .iiij. Ceft
eft [g] une garde auquel [h] lieu tiennent fanon [i] de nuit
pour les berith [j] qu'il n'en perdent le chemin, & là non [k]
a aigue que une cifterne pour les garcheus [l] dou lieuc, &
oft n'i puet herbergier là ; & le lac de *Tenis* [m] eft iui-
gnant [n], de quoi, quant le floum eft en fon creffant, il [o]
abreuve une province qui s'apele [p] *Laffarquye* [q]. Après [r]
ce que la terre a [s] pris fon faoul, brifent [t] les efclufes &
les aigues qui s'efcolent vont en celui [u] lac. De quoi [v] le
dit lac creft & deftorbe le chemin de .ij. legues, & qui
vodroit paffer de [x] nuit, de legier il peut [y] forveer & B f. 144 *c.*
periller, fi n'eft par l'avoyement dou fanon.

Item d'*El Cofair* iufques à la *Salechie* [z] liues .ix. Entre [aa]
ces [bb] n'y a point d'aigue, & quant le flum eft à fon amer- A f. 165 *b.*

a. *B, C* du. — b. *B* Laorrade; *C* Laorade. — c. *B* El Montaibeb; *C* à Montaillec. — d. *B* d'El Montaibeb; *C* de Montailec. — e. *C* Caythe. — f. *B* à El Gorabi; *C* Helgoraby. — g. eft *m. d. B, C.* — h. *C* où il. — i. *C* faucons. — j. *B* berich; *C* berit. — k. *C* n'a nulle yaue. — l. *B, C* gardiens. — m. *C* d'Occenis. — n. *A* ioignent. — o. *A* & abevrent. — p. *C* eft appelée. — q. *B* Sarquie; *C* Serquie. — r. *B, C* Et après. — s. *B, C* en a. — t. *B, C* lors brifent. — u. *B, C* ce. — v. *B, C* Et par ce le lac croift. — x. *B* par. — — y. *A* pout ; *C* il pourroyt. — z. *B, C* Sachie. — aa. *Avant ce mot C ajoute*: Derechief de la Salchie iufques. — bb. *B, C* ces deux lieus n'a point.

mant *a*, il n'y a lors *b* que .vij. ligues. Et là fine le defert & eſt l'entrée de *Babiloine*.

Item de *c* la *Salechie* iuſques El *d* *Deccan* liues .v.

Item d'*El c* *Deccan* iuſques à la *f Cattara* liues .iiij.

Item d'*El Cattara* iuſques à la *Sehidye g* liues .iiij.

Item de la *Sehidye h* iuſques à *i Belbeys* liues .iij.

Item de la *Belbeys* iuſques à *Bir el Bayna j* liues .iiij.

Item de *Bir el Bayna k* iuſques *El Heſſe* liues .ij.

Item d'*El Heſſe* iuſques au *Caire l* liues .iij.

Some de *Guadres* iuſques au *Caire* liues .lxxxix. & demye.

III

L'entrée dou flum de *Damyate m* : ſy a au millieuc *De Damiette au Caire.*
B f. 144 *d.* dou flum la *Tour de la Coſberye n* qui eſt bien une mile de *Damyate*, qui *o* garde le paſſage de touz les vaiſſiaux qui vont & viennent.

A f. 166 *a.* A comencer le chemin de *p Damyate*, à aler par terre *q* iuſques au *Caire :*

C f. 76 *b.* Premiérement de *Damyate r* iuſques au guey dou braz dou flum là où le conte d'Artoys paſſa, a liues .iiij. Le quel braz dou flum vait au marrays d'une vile qui s'apele *s Semon erroman t* & le dit *u* marrays eſt ioignant au lac de *Tenis*, & ſi y a .j. pont de lignyaum *v* par deſſus le dit braz. Et *x* nul ne puet iſſir de *Damyate* à *y* paſſer le pont, ſi il n'y a la bolle dou baillif au braz *z* ;

a. *B* droit eſtat; *C* eſtat. — b. lors *m. d. A.* — c. *B, C* de Salchie. — d. *B, C* au Daran. — e. *B, C* du Daran. — f. la *m. d. C.* — g. *C* Celhydie. — h. *C* Celhydie. — i. *B, C* à la. — j. *B, 'C* Buel Bahina. — k. *B, C* Buel Bahina. — l. *B & C ajoutent*: le droit chemin uſé. — m. *B a partout la* forme: Damiete. — n. *C* Coſberie. — o. *B, C* &. — p. *B, C* qui va de. — q. à aler par terre *m. d. B, C.* — r. *C* Damaſſe. — s. *B, C* eſt appellée. — t. erroman *m. d. B, C* — u. *C* devant dit — v. *B, C* fuſt. — x. *B, C* Ne. — y. *B, C* pour. — z. *Ce qui ſuit eſt ainſi changé dans B, C*: & briſent ce lequel pont se il senteront que grant effors d'ost de crestiens vient à yaus, il le brisent.

Item dou dit gué iusques à la *Herberge des Sarrazins,* là où il furent desconfiz, a une grosse [a] liue.

Item de la *Herberge* iusques à la *Mensore* [b], là où le conte d'Artoys fu desconfiz, liues .ij.

Item de la *Mensore* iusques à *Iamar* [c] liues .iij.   B f. 145 a.

Item de *Iamar* iusques à *Menyet Zefca* [d] & *Menyet Gauïre* [e] liues .ix.

Item de *Menyet Guaire* & *Menyet Zefca* iusques à   A f. 166 b. *Benhel* [f] *el Hacel* liues .v.

Item de *Benhel el Hacel* iusques à *Menyet el Chanezir* liue .j.

Item de *Menyet el Chanezir* iusques à *Sendoe* [g] liues .ij.

Item de *Sendoe* iusques à *Hallyob* [h] liues .ij.

Item de *Halliob* iusques au *Caire* liues .ij.

Some de *Damiate* iusques au *Caire* : liues .xxxj.

Et cestui [i] chemin desus nomé si vait près du flum, & les villes desus nomées sont bones villes, & en la contrée qui s'apele [j] *Lassarquie* sy [k] a mout de casaus [l], & sont entre cestui chemin & la *Salchie*; & se poer [m] d'ost arrive à *Damyate*, & il veuillent monter par terre [n] au *Caire*, il ne lour covendra ia [o] passer le flum que par le braz desus nomé au gué [p], lequel [q] passérent [r] la gent dou roy de   B f. 145 b. France; & [s] lour galées & lour vaissaux lour porront porter lour vitaille & lour garnison, quant le flum est   A f. 167 a. en son creissant.

---

pont quant il sévent que grant ost de crestiens vient sur eulz. — a. *Les mots* a une grosse ... Item [de la Mensore] *m. d. C.* — b. *B* Maçozre. — c. *C* Gamal. — d. *B, C* Zefra. — e. *B* Gaivre; *C* Ganire. — f. *B, C* Beriel. — g. *B, C* Sendre. — h. *C* Halbyob. — i. *B* cest; *C* ce. — j. *B, C* est appelée. — k. *B, C* sont mout. — l. *B, C* chastiaus. — m. *B, C* puissance. — n. terre au *m. d. C.* — o. ia *m. d. A, B.* — p. au gué *m. d. C.* — q. *B, C* par la où. — r. *C* passent. — s. & *m. d. C.*

IV

L'entrée de la foulfe *a* du *Reffid* *b* iufques à la *tour* a. une groffe liue & demye.

Item du *Reffid* iufques à *El Hatvhe* *c* qui eft contre la *Foe*, la bone ville, qui a paffage par vaiffiaux *d* d'une ville à l'autre, a liues .iij. Les quieus lieus font de legier *e* à gafter & prendre quanque *f* il y a à poi de galées, & fe ciaux *g* qui defcendent à la *Foe* ont .ij*c*. homes à cheval & aubaleftriers *h*, il fe peuent *i* eftendre entre terre en la *Gefire* *j* de la *Garbye* qui s'apele *k* *El Mehala*, & ardre & gafter *l* mout de cafiaus *m* & retorner en lour vaiffiaux fans nul periller *n*; & fe l'en doute que *o* en cele faifon dou creiffant dou flum, que les Sarrazins les *p* puiffent grever par brifer les efclufes & laiffer corre les aigues, celui *q* qui ceftui a fait emprent de conduire les par tieus chemins o l'aye de Dieu que il ferront lour bofoignes fans nul peril d'aigues; & fi il ont effors de galées, il puent *r* monter iufques en *Babiloine* & au *Caire*.

C f. 77 *a.*

B f. 145 *c.*

A f. 167 *b.*

De Rofette à Fuâ
& Meh - allet - el-
Emir.

V

Encores de l'autre part dou flum devers *Alixandre*, fy a .j. cafal *s* qui s'apele *t* la *Schidye* où il y a .j. braz dou flum qui vaît à .j. cafal *u* qui a nom *Et[c]hou* *v*, & fait un

Château d'Edkou.

<hr>

a. *B* foe. — b. *B* de Refis; *C* de Refol. — c. *C* Tachle. — d. *B* batiaus. — e. *C* de rechief. — f. *C* tout quant ques. — g. *B* il. — h. *C* arbaleftres. — i. *C* peulent. — j. *C* Sefire. — k. *B, C* eft apelée. — l. *C* ardoit & guaftoit. — m. *B, C* maifons. — n. *B, C* peril & fans nul doubte. — o. *C* quant le fon; *B, C* que le flun croift que les. — p. les *m. d. B, C.* — q. *La phrafe eft remplacée dans B & C:* *B* il qui les amaine, *C* ceulx qui les ont amenées; *B, C* pour ceft domage faire les puet emprendre à mer par tieus chemins que à l'aide de Dieu il. — r. *C* peulent. — s. *B, C* eft un chaftel. — t. *B, C* eft appelé. — u. *B, C* chaftel. — v. *B, C* eft nommé; *B* Erhton; *C* Ethcon.

petit lac, par lequel braz fe portent [a] les marchandies dou *Sehid* & dou *Caire* & de *Babiloine*, & les defchargent [b] au dit cafal [c] *Ethcou* [d] ; & de là portent [e] en *Alixandre* [f] par terre pour la doute qu'il ont à defcendre à la fouffe [g] dou *Reffid*, & paffer par mer, pour les [h] galées [i] des creftiens.

Et dou *Reffid* iufques au dit cafal [j] *Ethcou* fy a une liue, pour quoi les galées oveuc poi de gent à cheval & aubaleftriers a pié puent defcendre au *Reffide* & aler par terre brifer celui dit cafel [k] & prendre toutes les marchandifes qui fe [l] troveront fanz nul [m] peril, car là n'y a nule gent d'armes, & fi le cri vait [n] iufques en *Alixandre*, il y a bien .viij. liues groffes, & au milieuc dou chemin a .j. braz d'aigue falée qui [o] vient de [p] la mer & defcent en .j. lac qui eft là, & [q] a de large une mile [r] & a nom *Leftul* [s] . Et celui que ne faveroit paffer le dit braz, il [t] porroit perir. Et [u] nule gent n'en peuent [v] venir au cri que [x] le baillif d'*Alixandre* ovec .xl. homes à cheval & entour .c. *Baudoyns* à cheval qui font habitans en *Alixandre*, & [y] dou *Caire* n'en [z] porront avoir focours dedens [aa] .vj. iours ou plus.

B f. 145 d.
A f. 168 a.

VI

*De Rofette au Caire
par le Nil.*

Et fe grant hoft veut arriver au *Reffid*, lour galées & lour vaiffiaux puent [bb] monter parmi le flum & la gent

---

a. *B* par lequel; *C* par quoy; *B, C* font portées. — b. *C* charge. — c. *B, C* chaftel. — d. *B* Erhton; *C* Efthcon. — e. *C* porte on. — f. en Alixandre *m. d. B, C.* — g. *B* Foé du Refib. — h. à defcendre . . . pour les *m. d. C.* — i. *C* des galées. — j. *B, C* chaftel. — k. *B, C* ceft chaftel. — l. *B, C* que il. — m. nul *m.*

d. *B, C.* — n. *B, C* aloit. — o. *C* &. — p. *A* à. — q. *B, C* qui. — r. *B, C* liue. — s. *B, C* eft nommé; *C* l'eftril. — t. il *m. d. B, C.* — u. *B, C* Ne. — v. *C* peulent. — x. *B* aveques; *C* fors. — y. *B, C* ne. — z. *B* il ne pueent; *C* il ne peulent — aa. *B, C* devant à. — bb. *C* peulent.

à cheval & à pié *a* aler par terre coſteant touz iours le flum iuſques en *Babiloine*. Et ſi y a villes & caſiaus *b* par celui *c* chemin & n'eſt *d* chemin mout uſé pour ce qu'il eſt trop lonc pour les eſtorces *e* dou flum & eſt enuyous

C f. 77 b. pour ce qu'il y a mout de branches dou flum à paſſer. Mais ſe l'oſt a *f* bien qui les guye *g*, il les avoyera en

B f. 146 a. pluſors lieus de briſer les eſcluſes, & les aigues s'eſco-

A f. 168 b. leront, ſi que il paſſeront plus legiérement.

VII

Et ſe l'oſt vient en autre ſaiſon *h* que au creſſant dou flum, il puent *i* paſſer celui chemin ſans grevance de nul ruiſſauz, & ne lour covendra briſer les eſcluſes ni eſcoler les aigues. Et les *j* noms des villes & les *k* herberges qui ſont en ceſtui *l* chemin : *De Roſette au Caire par terre.*

Premiérement dou *Reſſid* iuſques à la *Sehidye* liues .ij.

Item de la *Sehidye* iuſques *m* *El Harphe* liue .j.

Item d'*El Harphe* iuſques à *Dairſſob* *n* liues .ij.

Item d'*El Dairſſob* *o* iuſques à *Mehallet Habde el Rohman* *p* liues .iij.

Item d'*El Mehallet Habde el Rohman* iuſques à *Mehallet Sa* liues .v *q*.

Item d'*El Mehallet Sa* iuſques à la *Vaherie* *r* qui eſt au *s* chief dou braz qui vait en *Alixandre* liues .v.

Item de la *Veharie* iuſques à *Zaouiet* *t* elſſaic liues .viij.

B f. 146 b. Item d'*El Zaouyet eiſſaic* iuſques *Al Tarrane* liues .ix.

---

a. *B, C* à pié & à cheval. — b. *B, C* chaſtiaus. — c. *B* ce ; *C* ceſt. — d. *A* ne. — e. *B, C* torſes. — f. *C* eſt. — g. *B, C* governe & maine. — h. ſaiſon *m. d. C.* — i. *C* peult. — j. *B, C* Cy après ſont les. — k. *B* des. — l. *C* ce. — m. *C* uſques à. — n. *B, C* Dariſob. — o. *B, C* Dariſob. — p. *B* el Rithnan; *C* el Rochman. — q. *Ce membre de phraſe m. d. B.* — r. *C* Baherie. — s. *C* le. — t. *B* Zaoniet; *C* Zaouet.

Item d'*El Terrane* iufques en *Babiloine* liues .ix.   A 169 *a.*
Some: liues .xliiij.

VIII

De Rofette à Degua. Encors y a autre chemin à [a] l'autre partie dou flum de *Reffid* qui eft de la *Garbye* en l'ifel[e] [b] dou *Mehalla* [c], & doit commencer à prendre terre à la *Foe*, qui eft defus efcrite, & doit defcendre tout l'oft [d] là.

Premiérement d'*El Foe* venir [e] iufques à *Senhore el Medine* [f] liues .iij.

Item del *Senhore el Mideme* iufques à *Caum* [g] *Enneyar* liues .iiij.

Item del *Caum* [h] *Enneyar* iufques *Affonbraubeffon* [i] liues .iij.

Item d'*El Sombraubeffion* iufques *Ahrerie* liues .iiij.

Item de la *Aahrerie* iufques à *Berine* [j] qui eft mout bel cafal [k] & font tous creftiens, liue .j.

Item de *Berine* iufques à *Melig* liues .vj. Et a mout de cafiaus [l], & là entour fi [m] font .ij. cafiaus [n] grans & nobles: l'un a nom [o] *Tambede* & [p] l'autre a nom *Mehallet el Mehrom.*

Item de *Melig* iufques as *Sobre el Vahle* a liues .v.   B f. 146 *c.*
Somme: liues .xxvj.   A f. 169 *b.*

IX

De Degua au Caire. Et par devant *Sobre el Vahle* eft l'une des grans branches dou flum [q] qui vait à *Damyate*, & dou braz de

a. *B, C* d'autre. — b. *B, C* l'ille. — c. *B* Bahel. — d. *B, C* tout l'oft defcendre. — e. *B* renir; *C* benin. — f. *B, C* el Mecdine. — g. *B* Quaum; *C* Coum. — h. *B* Quaum; *C* Coum. — i. *B* a Soyn Braude-fyon; *C* a Som Brambeffion. — j. *B* Bernie; *C* Bervie. — k. *B, C* noble chaftel. — l. *B, C* chaftiaus. — m. fi *m. d. B, C.* — n. *B, C* chaftiaus. — o. *B, C* eft nommé. — p. & *m. d. B.* — q. *C* Damas.

Reffid à partir del *Foe* iufques à *Sobre el Vahle*, là où le braz dou flum de *Damyate* [a] le paffe. Ores covent que les galées & [b] les vaiffiaux montent [c] iufques là où le flum fe forche [d], & là defcendre iufques devant *Soubre el Vahl* [e], là où l'oft eft, & là charge la [e] gent & les chameaus [f], & prendre [g] terre de l'autre part à .j. cafal [h] qui s'apele [i] *Degoe* [j]. Et en celui lieuc paffent toute la gent qui viennent d'*Alixandre* & vont en *Babiloine* en [k] une barche par une corde qui eft de l'une rive à l'autre, & auffi de *Babiloine* iufques en *Alixandre* [l]. Et là peut venir l'oft de *Babiloine* & contrefter à l'arriver. Et fe il avient que par lour orgoill il paffent le flum pour venir à la *Garbye* por combatre ovec l'oft de creftiens avant que les galées n'en iuignent au paffage, la bataille ferra plus profitable pour les creftiens que pour les Sarrazins, car fe il font defcomfit, nul de aux n'en porra efchaper pour ce que il ferront dedens l'ifle, & les galées avironneront [m] le flum.

Et d'*El Degoe* qui eft de l'autre part vers *Babiloine* iufques à *Iohour* [n] *el Semné* liue .j.

Item d'*El Iohour el Semné* iufques à *Karamfil* [o] liue .j.

Item de *Karamfil* iufques à *Sendebis* [p] liue .j.

Item de *Sendebis* [q] iufques à *Kallioub* liue .j.

Item de *Kallioub* iufques au *Caire* liues .ij.

Some de *Degoe* iufques au *Caire* liues .vj.

Some des fomes [r] del *Foe* iufques au *Caire* liues .xxxij.

---

a. *C* Damaffe. — b. *B* & tous. — c. *B, C* fe montent. — d. *C* forge. — e. *C* de la. — f. *A* chuivaux. — g. *C* prennent. — h. *B, C* chaftel. — i. *B, C* eft appelé. — j. *C* de Gotz. — k. *B, C* par. — l. *B ajoute*: & vont en Babiloine par une barge. — m. *A* circumdederunt. — n. *C* Sanhin a Iohur. — o. *B* Karanfil; *C* Kamfil. — p. *B* Afcendebis; *C* Albandebis. — q. *B, C* Carmfil. — r. *B, C* fomme des lieues.

X

D'Alixandrie au Caire. Et ſe il avient que les Sarrazins nen veullent venir combatre à *a* la dite iſle de la *Garbye*, & il eſt en faiſon B f. 147 *a* dou creiſſant dou flum, la primére beſoigne & *b* plus profitable que *c* l'oſt puiſſe faire eſt que *d* celui qui les doit *e* guyer *f* les doit aveer de briſer les chauſſées em A f. 170 *b* pluſors lieux, ſi que ſe Sarrazins vuillent *g* laiſſer courre les aigues, pour grever l'oſt des creſtiens, toutes les aigues s'eſcoleront & iront en .j. lac qui ſe *h* clame *Behaireth Neſtrou* *i* ; & pour ce nen laira l'oſt de creſtiens à chevaucher par toute la dite iſle & prendre *j* & gaaignyer quanque *k* il y a.

D'*Alixandre* iuſques en *Babiloine* ſy a .ij. chemins : L'un eſt communaulment mult uſé de marchans & d'autres gent qui vont d'*Alixandre* en *l* *Babiloine*.

Premiérement d'*Alixandre* iuſques à *Camloquin* liues .iij.

Item de *Camloquin* iuſques à *Tharhet Therange* *m* liues .iij.

Item de *Tharhet Therange* à *n* *Demenhour* *o* liues .iiij.

Item de *Demenhour* iuſques à la *Cane* *p* liues .ij. C f. 78 *b*

Item de la *Cane* iuſques à la *Freſtac* liues .iij *q* ; & là B f. 147 *b* covient paſſer l'une *r* des branches dou flum qui vait au *Reſſid* & deſcendre en la *Garbye* en une ville qui A f. 171 *a* s'apele *s* *Freſtac*.

Item de le *Freſtac* iuſques à la *Aahrerie* liues .ij. Et là ſe ioignent les .ij. chemins, celui d'*Alixandre* & del *Foe* au propre chemin qui vait en *Babiloine*, lequel eſt deſus eſcrit.

Some d'*Alixandre* iuſques à la *Aahrerie* liues .xxvij.

---

a. *B, C* en. — b. *B, C* eſt la plus. — c. *C* &. — d. eſt que m. d. *A*; *C* ce que. — e. *A* dée. — f. *B, C* conduire. — g. *B, C* voloyent. — h. *B* eſt appeley; *C* eſt nommé. — i. *B* Neſcitur; *C* Beſtitur. — j. *A* prerer. — k. *B* tout quanques y a; *C* tout tant qu'il y a. — l. *B, C* iuſques. — m. *B* Therauge. — n. *B, C* iuſques à. — o. *C* Definehour. — p. *C* Cave. — q. liues .iij. m. d. *A*. — r. *A* l'un. — s. *B, C* eſt nommée.

Item l'autre chemin qui part d'*Alixandre* iuʃques [a] à *Babiloine*, coʃteant au deʃert ʃanz peril d'aigues ne paʃʃage de flum; qui voudra monter au *Caire* & en *Babiloine*, & là [b] l'oʃt de *Babiloine* peut legiérement paʃʃer le flum, ʃi veut avoir la bataille pour ce qu'il ont grant multitude de vaiʃʃaus.

Tout [c] premiérement à partir d'*Alixandre* iuʃques à *Blouc* liues .iij.

Item de *Blouc* iuʃques à *Tharange*, laquel [d] eʃt bone
B f. 147 c. ville & de grant fair, liues .ij.

Item de *Tharange* iuʃques *al Zahfarani* [e] liues .viij.
A f. 171 b.   Item d'*El Zahpfarani* iuʃques à *Hauvramʃis* [f] liues .vij.

Item d'*El Hauvramʃis* iuʃques à la *Terrana* liues .viij.

Item d'*El Terrene* iuʃques au *Caire* liues .ix.

Some d'*Alixandre* iuʃques au flum devant *Babiloine* liues .xxxvij.

XI

Item le large de la *Garbye* de l'une branche qui vait au *Reʃʃid* iuʃques à l'autre branche qui vait à *Damiate* [k], d'un caʃal [h] qui eʃt par deʃus le branche dou flum qui vait au dit *Reʃid*, lequel [i] a [j] nom *Mehallet Ebo Hali* iuʃques à *Senhour el Medine* liue .j.

De Roʃette à Semennoud.

Item de *Senhour el Medine* iuʃques à *Sandele* liues .ij.

Item de *Sandele* iuʃques à *Mehallet el Caʃob* liues .ij.

Item de *Mehallet el Caʃob* iuʃques à *Sacha* liues .ij.
A f. 172 a.   Item de *Sacha* iuʃques à *Daram* [k] *el Bacar* liues .vj.
B f. 147 d.   Item de *Daram* [l] *el Bacar* iuʃques à la *Mehalle* liues .iij.

Item de la *Mehalle* iuʃques à *Semennot* [m] liue .j.

a. *B, C* & va en. — b. *A* là o. — c. Tout *m. d. B, C.* — d. *B, C* qui. — e. *B* Zahfram; *C* Zafrin. — f. *B* Hamirainfis; *C* Hamirancis. — g. *C* Damaʃʃe. — h. *B,* *C* chaʃtel. — i. *B* qui. — j. *B, C* eʃt appellés. — k. *B, C* Darqui el Bathar. — l. *B, C* Darqui. — m. *B* Samennot; *C* Semonnet.

Some dou large de l'une branche iufque⟨a⟩ à l'autre liues .xvij.

Et⟨a⟩ ceſte⟨b⟩ ſuſdite *Garbye*, laquel eſt entre les .ij. branches ſus⟨c⟩ nomées, eſt une iſle, & ſy a⟨d⟩ dedens .v^c. villes, que petites que grandes⟨e⟩.

a. *B, C* Ceſte Garbie deſſus diɛte, qui. — b. *A* ceſt. — c. *B, C* devant diɛtes. — d. *B* qui a; *C* & font. — e. *B, C* grans.

XIV

LES CASAUS DE SUR

[avant 1291]

MANUSCRITS:

A & B. Vienne.
C & D. Venise.

ÉDITION:

Tafel & Thomas, *Fontes rerum Auſtriacarum*, t. III, p. 398-400.

CASAUS DE SUR

*   *   *

'EST le capiftre des .x. cafaus franches de mon feignor de *Sur alamonaffe* [a] e la devife:

> *Hainabou Habdelech,*
> la *Cafemie,*
> *Sedin* [b],
> *Mehlep,*
> le *Mabouc* [c],
> la *Hamadie,*
> *Rafhelaïn,*
> la *Tor de l'Ofpital,*
> *Batiol[e],*
> la *Garoudie* [d].

E toz les .x. cafaus de devant dites fon de mon fengnor de *Sur*, à totes lur raifons & lur devifes, & totes lur terres, & ce qui entre en les devant diz cafaus, & ce qui fe part de iaus. E ce eft lo coumandement, que le mefage de mon feignor de *Sur*, fire Iacob, porta as amiraus de *Safed* de par le Soudan, por le fait dou cafau de *Batiole* : que il dovent enquere dou fait de la gaftine & de la tere [e], que le Soudan dona, à tot [f] le cafau

---

a. *Peut-être* al mahroûffa, *la bien gardie?* — b. *Mff.* Ledin. — c. *Mff.* Babouc. — d. *Mff.* Garridie. — e. *Mff.* l'autre. — f. à tot. *m. d. les mff.*

de *Batiole*, à mon feignor de *Sur*, fe la tere eftoit del devant dit cafau, & ce la tere dou devant dit cafau eft prife & proprie & mis à la gaftine.

Et l'enquefte doit eftre par droit & par raifon, par les anciens gens de la tere & par l'aveginanfe & que vos deiés enquere lial enqueftre fe la tere eft de *Baftiole*, fi come el dice, ou de la gaftine.

Et ce la tere eft de la raifon de *Batiole*, ou de la gaf-tine, ou partie ou tot, & il ne put eftre que l'on [a] n'euit devifes couneues & teres & coulounes de garenties & entrefeines; & que il ne le fafent afavere la ferteniriét de l'enquefte, & ce à cele fagon, que le Soudan dona les .x. cafaus à mon feignor de *Sur*, & il prift de .v. & le remant des cafaus demera en partifon, e fe le devant dit cafaus *Batiole* eftoit un de .x. cafaus, & par aventure, que le moafefe le themoine le non de x cafaus, & ne put eftre que le devant dit cafau n'avet adonque tere counehue, & com en put eftre que *Batiole* n'en a fors une foule charrue [b], & la gaftine avra xxxvj; & fe aucun de mouqtas ai fait outrage fans raifon; que vos mandés la fertinité dou fait, & nos avons mandé noftre com-mandement que vos enqueréz la verité de fes teres par le convenant de la trive, fe la tere eft de lur cafau ou non.

a. *Mff.* lus. — b. *Mff.* chauure.

INDEX

*

A

Aahrerie, Daharieh, 248, 250.
AARON (La verge d'), 94, 165, 183, 193, 230.
ABACUC, 229; voy. Chapelle *S. Abacuc.*
ABARCA CAAM, voy. BARCA.
Abbayes: *de Bétanie,* 48, 160; — des frères *Déchauffes (Acre),* 235; — des *Géorgiens,* 45, 47; — *Gloria in excelfis Deo,* 66; — des *Jacobins (Jéruf.),* 35, 52, 95, 147, 151; — des frères *Mineurs (Acre),* 236; — du *Mont Olivet,* 51, 162, 169; — des frères *Prêcheurs (Acre),* 235; — des filles *Repenties (Acre),* 236; — *S. Jean,* 70; — de *S. Jean de Tyr,* 90, 104², 180, 190, 229; — de *S. Paul (Jéruf.),* 27; — de *S. Zacharie,* 60, 81; — de *Ste Anne (Jéruf.),* 49, 96, 104², 161, 167, 232; — de *Ste Marguerite du Carme,* 89, 90, 104², 180, 189; — de *Ste Marie de Jofaphat,* 24, 32, 50, 144, 145, 161; — de *Ste Marie du Mont Sion,* 23, 24, 31, 32, 44, 144, 156; — de *Ste Marie la Grande (Jéruf.),* 34, 147; — de *Ste Marie latine (Jéruf.),* 6, 35, 94, 116, 147, 165, 183, 193, 230; — des

Nonnains de Sur (Jéruf.), 104²; — du *Temple (Acre),* 235; — du *Temple (Jéruf.),* 39, 41.
ABEL (Maifon d') & de CAÏN, 99, 186, 196.
Abel (Mt), 73, 83.
Abilant, 8.
Abli, 18.
ABRAHAM, 65, 66, 73, 83, 95, 99, 115, 122, 164, 165, 170, 171, 183, 186, 193, 194, 196, 233. — Le jardin d'A., 169, 196.
Acaron, Achon, voy. *Acre.*
Aceldama, voy. *Caudemar.*
Acre, 11, 15, 41, 60, 68, 72, 81, 89, 100, 102, 103, 104, 104², 134, 135, 136, 137, 153, 179, 187, 188, 189, 190, 198, 199, 209, 210, 211, 221, 222, 223, 224, 225, 229, 234, 235, 236.— le *Burg,* 135, 136; la *Chaine,* 136; le *Charnier,* 136; le *Château du roi,* 136; le cimetière *S. Guillaume,* 199; — *S. Michel,* 199, 235; — *S. Nicolas,* 136, 199, 235; les *Déchauffés,* 235; les Eglifes: *Notre Dame de Bethléem,* 235; — *N. D. de Jofaphat,* 235; — *N. D. de Sur,* 235; — *N. D. des Chevaliers,* 235; — *S. André,* 235; — *S. Antoine,* 236; — *S. Barthélemi,*

C

D

E

235; — *Notre Dame de Sur* (*Acre*), 235; — *Notre Dame des chevaliers* (*Acre*), 235; — *Notre Dame du Carmel*, 90, 104[2], 180, 190; — du *Paternoster*, 4, 51, 52, 97, 104[7], 117, 162, 169, 185, 196, 232; — du *Repos* (*Jéruf.*), 49, 161; — *S. André* (*Acre*), 235; — *S. Antoine* (*Acre*), 236; — *S. Barthélemi* (*Acre*), 236; — *S. Christophe* (*Jéruf.*), 167; — *S. Denis* (*Acre*), 236; — *S. Esprit* (*Acre*), 235; — *S. Etienne* (*Acre*), 235; — *S. Etienne* (*Jéruf.*), 41, 153; — *S. Georges* (*Acre*), 236; — *S. Georges* (entre *Acre* & le *Saphet*), 102, 104[2], 188; — *S. Georges* (*Lidde*), 192; — *S. Gilles* (*Acre*), 235; — *S. Gilles* (*Jéruf.*), 38, 150; — *S. Jacques de Galice* (*Jéruf.*), 26, 33, 104[5], 145; — *S. Jacques des Jacobites* (*Jéruf.*), 35, 52, 95, 147, 162; — *S. Jacques & S. Jean* (près de *Safran*), 100, 104, 187, 198; — *S. Jacques le Mineur* (*Jéruf.*), 39, 41, 151, 183, 194; — *S. Jean l'évangéliste*, 48, 160; — *S. Laurent* (*Acre*), 235; — *S. Lazare de Bétanie* (*Acre*), 235; — *S. Lazare des chevaliers* (*Acre*), 135, 136, 236; — *S. Léonard* (*Acre*), 235; — *S. Marc de Venise* (*Acre*), 235; — *S. Martin* (*Jéruf.*), 43, 156; — *S. Martin des Bretons* (*Acre*), 236; — *S. Nicolas* (près de *Safran*), 234; — *S. Paul* (*Bethléem*), 92; — *S. Paul* (*Jéruf.*), 27; — *S. Pierre* (*Jaffa*), 92, 104[4], 181, 191; — *S. Pierre* (*Jéruf.*), 43, 156; — *S. Pierre de Pise* (*Acre*), 235; — *S. Pierre en Gallicante*, 44, 104[6], 156, 168, 231; — *S. Roman* (*Acre*), 235; — *S. Samuel* (*Acre*), 235; — *S. Samuel* (*Mt Monjoie*), 93, 181, 196; — *S. Sauveur* (*M. des Oliviers*), 51, 104[7], 162, 232; — *S. Sauveur,* (*Sidon*), 234; — *S. Sépulcre* (*Acre*), 136, 235; — *S. Sépulcre* (*Jéruf.*), 24, 25, 27, 28, 33, 34, 35, 36, 37, 38, 42, 43, 48, 93, 54, 104[6], 104[8], 116, 132, 133, 143, 146, 147, 148, 149, 150, 153, 54, 155, 160, 163, 164, 165, 167, 182, 183, 193, 230; — *Ste Anne* (*Acre*), 235; — *Ste Bride* (*Acre*), 236; — *Ste Catherine* (*Acre*), 235; — *Ste Chariton* (*Jéruf.*), 94, 104[5], 182, 193, 230; — *Ste Croix* (*Acre*), 235; — *Ste Marie du Mont Sion*, 167, 168, 184, 194; — *Ste Marie Latine* (*Acre*), 235; — *Ste Marie latine* (*Jéruf.*), 6, 35, 94, 116, 147, 165, 183, 193, 230; — *Ste Marie Madeleine* (*Acre*), 235; — *Ste Marie Madeleine* (*Jéruf.*), 49, 96, 161, 167, 184, 194; — *Ste Trinité* (*Acre*), 235; — du *Temple* (*Jéruf.*), 4, 33, 38, 39, 41, 46, 47, 48, 49, 61, 85, 94, 95, 104[8], 116, 132, 133, 145, 150, 151, 152, 153, 158, 159, 160, 161, 165, 166, 167, 183, 184, 193, 194, 230; — du *Temple de Salomon* (*Jéruf.*), 25, 95, 104[8], 112, 113, 132, 151, 152, 166, 183, 194, 231. — Voy. Chapelles.

Eguas, 18.

Egypte, 63, 64, 65, 72, 74, 85, 91, 104[2], 108, 109, 112, 129, 133, 137, 138, 172, 174, 191, 209, 222.

EGYPTIENNE (Ste MARIE L'), 94, 104[4], 182, 193, 230.

ELAINE, voy. HÉLÈNE.

F

H

I

J

M

N

Naom, voy. *Naim.*
Naples (dans le royaume de *Séleu-cie*), 18.
— (en *Syrie*), 13.
— voy. *Naploufe.*
Naploufe, 14, 72, 73, 74, 75, 76, 83, 84, 85, 100, 104[7], 114, 171, 186, 197, 233. Voy. *Samarie.*
Natatoria Siloé, voy. *Siloé.*
Nativité N. S., 170.
Nazareth, 11, 12, 15, 60, 61, 72, 75, 81, 100, 103, 104, 104[1], 127, 172, 187, 188, 198, 234.
— *Eflang de N.*, voy. *Tabarie* (Mer de). — Fontaine de *S. Gabriel à N.*, 100, 104, 198, 234.
Négrepont, Eubée, 209, 222.
Neilon, 17.
Neocefaire, 17.
Nephelie, 18.
Neftoriens (Eglifes & abbayes des), à *Jérufalem*, 52, 162.
Nevi, 13.
Niban, voy. *Liban.*
NICHODÈME, 93, 104[4], 182, 193.
NICOLE de Vicence, frère prêcheur, 211, 225.
NICOLO Polo, 203, 204, 205, 206, 207, 208, 209, 210, 212, 213, 219, 222, 223, 225, 226.
Nicople, Nicopolis, 12.
Nil, fleuve, 64.
Ninive, 126.
Noé (Arche de), 55, 56, 78, 126.
Noire (La) *montagne*, à *Antioche*, 134.
Noirs (Eglifes & abbayes de moines) ou grecs, 34, 94, 101, 102, 104[1], 104[3], 147, 180, 183, 188, 189.

Non-catholiques (Cultes), à *Jérufalem*, 52, 162.
Nonnains de Sur, abbaye (*Jéruf.*), 104[5].
NOTRE-DAME, 24, 32, 60, 72, 81, 96, 99, 100, 102, 103, 104, 104[2], 104[4], 108, 109, 112, 116, 117, 132, 133, 166, 167, 168, 170, 171, 172, 174, 175, 184, 185, 186, 187, 188, 194, 195, 196, 198, 229, 230, 231, 232. — Bains N.-D., 104[2], 194. — Image de N.-D., 94, 104[4], 182, 193. — Nativité N.-D., 108. — Sépulture de N.-D., 50, 97, 104[7], 117, 121, 132, 144, 161, 167, 168, 184, 185, 194, 195. — Reliques N.-D., 6.
Notre-Dame, églife (*Bethléem*), 170.
Notre-Dame à la Roche, voy. *Notre-Dame de Sardenay.*
Notre-Dame de Bethléem, églife (*Acre*), 235.
Notre-Dame de Jofaphat, à *Acre*, 235.
Notre-Dame de Sardenay, églife, 103, 120, 126, 131, 173, 188, 235.
Notre-Dame de Sur, églife (*Acre*), 235.
Notre-Dame des chevaliers, églife (*Acre*), 235.
Notre-Dame du Carmel, églife, 90, 104[2], 180, 190.
Notre-Dame du Marais, chapelle, 91, 104[2], 181, 190, 229.
Notre-Dame la Grande, voy. *Ste Marie la Grande.*

O

Oarrade, Warrâdeh, 242.
Oires (Portes) ou *dorées*, à *Jéru-*

falem, 25, 26, 27, 33, 38, 39, 40, 41, 44, 50, 95, 97, 104[5],

*

T

U

Additions & Corrections.

P. xxix. Aux neuf mff. des *Voyages des Polo* que nous avons défignés par les neuf premières lettres de l'alphabet (p. 213), il faut en ajouter un nouveau, le mf. de la bibliothèque de l'Arfenal, 5219 (anc. *H. fr.* 675). Ce mf., écrit fur vélin à la fin du xve fiècle, fe rattache à la famille des deux mff. *G & H.*

P. xxx. Le baron de Nordenfkiöld vient de donner une édition en fac-fimilé (1882, in-4) du mf. de Stockholm, qui doit être attribué non au xiiie fiècle, mais au xive.

Page 6, vers 193. *juit*, lifez *jiut*.

   7, vers 237. *Francèis*, lifez *Franceis*.

  91, ligne 20. *Peine perdue*, lifez *Pain perdu*.

117, v. 10865. *Tamain*, lifez *tamain*.

126, colonne 2, ligne 21. Mettez un point entre *Albana & Farfar*.

131, avant-dernière ligne, *vée[e]*, lifez *vee[s]*, forme anglo-normande de *viès*.

134, colonne 2, ligne 20. Après *Cartaphilis*, ajoutez *Chriftophili* (?).

193, ligne 3. *Arimachie*, corrigez *Arimathie*.

213. Voyez plus haut les additions aux pages xxix & xxx.

245, ligne 21. *Schidye*, corrigez *Sehidye*.

247, lignes 24 & 25, *elffaic*, corrigez *elffait*.

251, lignes 11 & 12. *Zahfarani*, lifez *Zahfaram*.

Dans l'*Index* mettez *Bafque* après *Barque* & *Jacques* après *Jacob*.

Original en couleur

NF Z 43-120-8

SOCIÉTÉ

POUR LA

PUBLICATION DE TEXTES

RELATIFS

A L'HISTOIRE & A LA GÉOGRAPHIE

DE

L'ORIENT LATIN

* * *

STATUTS

1881

Libraires de la Société :

PARIS   **LEIPZIG**

ERNEST LEROUX   **OTTO HARASSOWITZ**

———

Service des fouscriptions

& de la diftribution des publications :

M. ERNEST LEROUX,

28, rue Bonaparte.

L'Académie des Inscriptions & Belles-Lettres a entrepris, & poursuit avec persévérance la publication du Recueil des hiftoriens des croifades, œuvre monumentale, deftinée déformais à fervir de fondement à toute étude hiftorique férieufe fur l'Orient Latin (royaumes de Jérufalem, de Chypre & d'Arménie, principautés d'Antioche & d'Achaïe, empire latin de Conftantinople).

Mais, en dehors de ces textes étendus, &, pour ainfi dire, claffiques, il exifte, dans les dépôts publics de l'Europe, une grande quantité de documents hiftoriques & géographiques d'ordre fecondaire : ces documents, ou encore inédits, ou devenus d'une rareté telle, que certaines pièces de Terre-Sainte arrivent aujourd'hui à atteindre, dans les ventes publiques, de véritables prix de fantaifie, ne fauraient, avant de longues années, trouver place dans le Recueil académique : le plus grand nombre d'ailleurs, & en particulier les pèlerinages en Terre-Sainte, ont été, dès le principe, écartés du plan de cette collection.

Il a donc femblé qu'il pourrait y avoir une certaine utilité à raffembler & à publier, fur un type & d'après des règles uniformes, ces matériaux divers, dont la fimple bibliographie eft encore, en partie, à faire, & qui, pourtant, une fois réunis, feront d'un fi grand fecours, foit pour l'hiftoire du Moyen-Age, foit même pour l'archéologie biblique.

C'eft dans cet efprit, & pour fatisfaire à la fois, & aux défirs des bibliophiles, & aux befoins des travailleurs, que s'eft formée, en 1875, à l'imitation des clubs anglais, la Société de l'Orient Latin.

SOCIÉTÉ

POUR LA

PUBLICATION DE TEXTES

RELATIFS A L'HISTOIRE ET A LA GÉOGRAPHIE

DE

L'ORIENT LATIN

* * *

I

RÈGLEMENT GÉNÉRAL.

ARTICLE 1. La Société se compose de cinquante *membres titulaires* & de quarante *associés* français ou étrangers.

Art. 2. Les établissements publics de la France & de l'étranger peuvent être inscrits comme *membres titulaires* de la Société, jusqu'à concurrence du nombre de six, & comme *associés* jusqu'à concurrence du nombre de quatre; ils sont représentés au sein de la Société, soit par leurs chefs respectifs, soit par des mandataires, préalablement agréés par le président de la Société.

Art. 3. Au reçu de chacune des distributions spécifiées à l'art. 16, tout *membre titulaire* s'engage à verser une somme de *cinquante* francs, tout *associé* une somme de *trente-cinq* francs.

Art. 4. Les *membres titulaires* & les *affociés* non réfidant à Paris doivent y être repréfentés par un corref-
pondant chargé de recevoir, en leur nom, les publications de la Société & de verfer leur cotifation annuelle.

Art. 5. Les *membres titulaires* fe réuniffent, une fois
par an, en féance générale, à Paris, dans le mois qui
fuit les fêtes de Pâques; les affociés ont le droit d'af-
fifter à cette féance.

Art. 6. Les *membres titulaires*, non réfidant à Paris,
peuvent fe faire repréfenter dans les affemblées géné-
rales, en vertu d'un mandat écrit, adreffé en temps utile
au fecrétaire-tréforier. Ce mandat doit porter le nom
d'un des *membres titulaires* réfidant ou préfents à Paris,
auquel il confère une nouvelle voix délibérative; cependant un feul & même *membre titulaire* ne peut réunir
en fa perfonne plus de cinq de ces voix fubftituées.

Art. 7. Dans cette féance annuelle, la Société procède
aux élections en remplacement des *membres titulaires*
& des *affociés*, décédés ou démiffionnaires, à la vérifica-
tion des comptes de l'exercice précédent, à la défi-
gnation des publications de l'exercice fuivant.

Art. 8. La Société, en dehors de fes féances, eft
repréfentée, d'une façon permanente, par un Comité
de direction. Ce Comité, choifi parmi les membres
titulaires, fait fonction de bureau; il eft nommé pour
trois ans & réélgible.

Art. 9. Le Comité de direction fe compofe de:

    1 préfident,
    1 vice-préfident,
    1 fecrétaire-tréforier,
    1 fecrétaire-adjoint,
    4 commiffaires refponfables.

Art. 10. Le Comité de direction peut, en cas de besoin, s'assurer le concours de un ou plusieurs commissaires responsables adjoints, qui ont voix consultative, & peuvent être pris hors du sein de la Société.

Art. 11. Le Comité de direction se réunit, au moins une fois, dans le premier semestre de chaque année, au domicile de l'un de ses membres; il peut, en cas d'urgence, convoquer une séance générale extraordinaire de la Société.

Art. 12. La Société s'adjoint, sous le nom de *souscripteurs*, les personnes & les établissements publics, français & étrangers, qui désirent recevoir régulièrement les volumes de textes qu'elle publie; le nombre de ces *souscripteurs* ne peut dépasser cent.

Art. 13. Au reçu de chacune des distributions spécifiées à l'art. 16, les *souscripteurs* paient une somme de *quinze* francs, augmentée des frais de port & de recouvrement afférant à ces distributions.

II

PUBLICATIONS.

Art. 14. Les publications de la Société se composent de volumes de textes & de phototypographies de pièces imprimées uniques ou rarissimes.

Art. 15. Chaque volume de textes est tiré à cinq cents exemplaires numérotés, savoir :

Grand papier, gr. in-8.	50	exemplaires.
Papier à la cuve, in-8.	50	»
Papier ordinaire, »	400	»

Les réimpreſſions phototypographiques ſont tirées à 90 exemplaires, ſavoir :

Sur peau de vélin, 50 exemplaires.
Sur papier vélin, 40   •

Art. 16. Les publications de la Société ſe diviſent en diſtributions, dont chacune comprend :

1° Pour les *membres titulaires :*

2 volumes de textes, format gr. in-8°.
1 faſcicule de réimpreſſions phototypographiques tiré ſur peau de vélin. Chacun de ces volumes ou réimpreſſions porte au verſo du titre le nom du membre titulaire auquel il eſt deſtiné.

2° Pour les *aſſociés :*

2 volumes de textes ſur papier vélin, format in-8°.
1 faſcicule des réimpreſſions phototypographiques ſur papier vélin.

3° Pour les *ſouſcripteurs :*

2 volumes de textes ſur papier ordinaire, format in-8°.

Art. 17. La Société met en vente, ſur chaque diſtribution :

Papier vélin : 10 exemplaires de chaque volume de textes, au prix de 24 fr. l'exemplaire.
Papier ordinaire : 300 exemplaires au prix de 12 fr. l'exemplaire.

Ces prix peuvent être augmentés par le Comité de direction, en raiſon de l'importance exceptionnelle de certains volumes.

Les réimpreſſions phototypographiques, excluſivement réſervées aux *membres titulaires* & aux *aſſociés*, ne ſont pas miſes dans le commerce.

Art. 18. La Société fait choix d'un ou pluſieurs libraires-éditeurs, auxquels elle concède, au mieux de ſes intérêts, le droit de vendre ceux des exemplaires de ſes publications qui ſont réſervés au commerce.

Art. 19. Les publications de la Société ſont faites ſous la ſurveillance du Comité de direction, & la garantie du

fecrétaire-tréforier & de l'un des commiffaires refpon-
fables.

Art. 20. Au cas où l'un des volumes a, pour
éditeur ou pour commiffaire refponfable, le fecrétaire-
tréforier, le contre-feing de ce dernier eft remplacé par
celui du vice-préfident.

III

PLAN DES PUBLICATIONS.

A) Série géographique.

Collection chronologique des pèlerinages en Terre-Sainte & des defcriptions de la Terre-Sainte & des contrées voifines.

1 *Textes latins.* — Imprimés & inédits de 300 à 1400. — Inédits ou
   rariffimes de 1400 à 1600.

2 *Textes français.*
3 » *italiens.*
4 » *efpagnols.*   Imprimés & inédits jufqu'en 1500. — Iné-
5 » *allemands.*   dits ou rariffimes de 1500 à 1600.
6 » *anglais.*

7 *Textes fcandinaves.*
8 » *flaves.*
9 » *grecs.*   Imprimés & inédits jufqu'en 1600. — (Ac-
10 » *hébraïques.*   compagnés d'une verfion.)
11 » *arabes.*

B) Série historique.

1 Poéfies & poèmes relatifs aux croifades, 1100-1500.
2 Chartes
3 Lettres hiftoriques   inédites, 1095-1500.
4 Petites chroniques
5 Projets de croifades inédits, 1250-1600.

*Les textes de chacune de ces féries font publiés, par
volumes d'environ 300 pages, dans le format & fur le
modèle des* Chronicles and memorials of the Great
Britain.

La diſtribution des volumes a lieu de telle ſorte que, — à la fin de chaque période décennale de la publication, — les trois cinquièmes (1 2 volumes) aient été pris dans la ſérie géographique, & les deux autres cinquièmes (8 volumes) dans la ſérie hiſtorique.

Les phototypographies *reproduiſent :*

1º Les pèlerinages en Terre-Sainte, feuilles volantes, journaux de croiſade, &c., &c., imprimés au XVe, & dans les 2 5 premières années du XVIe ſiècle.

2º Les pièces analogues qui, quoique de date poſtérieure, n'exiſtent qu'à l'état d'exemplaires uniques ou rariſſimes.

Une courte notice bibliographique, de même format, accompagne chaque phototypographie.

La Société, qui a déjà patronné la Numismatique de l'Orient latin, *par M. G. Schlumberger, ſe propoſe également de favoriſer la publication de :*

a) La cartographie de l'Orient latin au Moyen-Age;
b) La sigillographie & l'épigraphie de l'Orient latin.
c) La bibliographie de l'Orient latin.

COMITÉ DE DIRECTION

DE LA SOCIÉTÉ

pour la période 1881-1883.

—

PRÉSIDENT:

M. le marquis DE VOGÜÉ.

Vice-Préfident :	MM. SCHEFER.
Secrétaire-Tréforier :	le c^{te} RIANT.
Secrétaire-adjoint :	le c^{te} de MARSY.

Commiffaires :

MM.

A. de BARTHÉLEMY.	le c^{te} de MAS LATRIE.
EGGER.	E. de ROZIÈRE.

MEMBRES TITULAIRES:

MM.

1 ANCEL, député de la Mayenne, 146 avenue des Champs-Elyfées, Paris.
2 ANTROBUS (R. P. Frederick), Oratory, Londres.
3 BARTHÉLEMY (Anatole de), 9 rue d'Anjou-St-Honoré, Paris.
4 BARRÈRE (E. de), ancien conful-général de France à Jérufalem, 42 rue Vignon, Paris.

5 Bouche (L'abbé), Chaffignoles, par la Châtre, Indre.

6 Clercq (Louis de), 5 rue Mafferan, Paris

7 Combettes du Luc (Le comte de), Rabaftens-fur-Tarn, Tarn.

8 Delpit (Martial), 74 faubourg St-Honoré, Paris, & à Caftang par Bouniagues, Dordogne.

9 Dreux-Brézé (S. G. Mgr de), évêque de Moulins, Moulins.

10 Dura (Giufeppe), 40 ftrada S. Carlo, Naples.

11 Egger (Emile), membre de l'Inftitut, profeffeur à la Faculté des Lettres, 68 rue de Madame, Paris.

12 Fournier (Félix), 115 rue de l'Univerfité, Paris.

13 Goujon (Paul), 52 rue Paradis-Poiffonnière, Paris.

14 Hennessy (Raymond), 79 rue Marbeuf, Paris..

15 Khitrowo (S. Exc. M. Bafile de), confeiller d'Etat, 93 quai de la Moïka, St-Péterfbourg.

16 Lair (Le comte Charles), 18 rue Las Cafes, Paris.

17 Lair (Jules), directeur des Entrepôts & Magafins généraux, 204 boulevard de la Villette, Paris.

18 Langénieux (S. Exc. Mgr), archevêque de Reims, Reims.

19 Léotard, docteur-ès-lettres, 3 cours Morand, Lyon.

20 Mac Grigor (A. B.), 19 Woodfide Terrace, Glafcow, Ecoffe.

21 Marsy (Le comte de), Compiègne.

22 Mas Latrie (Le comte de), chef de fection aux Archives de France, 229 boulevard St-Germain, Paris.

23 Meyer (Paul), profeffeur au Collége de France, 63 rue Raynouard, Paris-Paffy.

24 Michelant, confervateur fous-directeur à la Bibliothèque Nationale, 11 avenue Trudaine, Paris.

25 Mignon (A.), 18 rue de Malefherbes, Paris.

26 Pécoul (Augufte), 53 rue de Ponthieu, Paris.

27 . . . .

28 Rebours (L'abbé le), curé de la Madeleine, 8 rue de la Ville-l'Evêque, Paris.

29 Rey (Emmanuel), 22 rue des Ecuries d'Artois, Paris.

30 Riant (Le comte), membre de l'Inftitut, 51 boulevard de Courcelles, Paris.

31 Riant (Ferdinand), membre du Confeil municipal, 26 rue de Berlin, Paris.

32 ROZIÈRE (Eugène de), membre de l'Inftitut, infpecteur général des
   Archives, 8 rue Lincoln, Paris.

33 SAIGE (Jules), ingénieur des Ponts & Chauffées, 65 rue d'Amfter-
   dam, Paris.

34 DURRIEU (Paul), 66 rue de la Chauffée d'Antin, Paris.

35 SCHEFER, membre de l'Inftitut, adminiftrateur de l'École nationale
   des langues orientales vivantes, 2 rue de Lille, Paris.

36 SCHEFER (Jules), agent & conful-général de France en Bulgarie
   Sophia.

37 SCHLUMBERGER (Guftave), 140 faubourg St-Honoré, Paris.

38 DELAVILLE LE ROULX (Jofeph), 10 rue de Lifbonne, Paris.

39 TORELLA (Le prince de), Naples.

40 VOGÜÉ (Le marquis de), membre de l'Inftitut, 2 rue Fabert, Paris.

41 OLRY, ingénieur des Mines, 2 rue de Bruxelles, Lille.

42 MASSON (Frédéric), 89 rue de la Boétie, Paris.

43 POPELIN (Claudius), 7 rue de Téhéran, Paris.

44 KERMAINGANT (P.-L. de), ingénieur des Mines, 102 avenue des
   Champs-Elyfées, Paris.

ÉTABLISSEMENTS PUBLICS

45 BIBLIOTHÈQUE ROYALE DE BRUXELLES.
46 BIBLIOTHÈQUE ROYALE DE COPENHAGUE.
47 BIBLIOTHÈQUE ROYALE DE NAPLES.
48 BIBLIOTHÈQUE NATIONALE DE PARIS.
49 SOCIÉTÉ NATIONALE DE GÉOGRAPHIE DE PARIS.
50 BIBLIOTHÈQUE BODLÉIENNE D'OXFORD.

ASSOCIÉS

MM.

51 DRÊME (Le premier préfident), Agen.

52 BORDIER (Henri), 182 rue de Rivoli, Paris.

53 LABORDE (Le marquis de), 4 rue Murillo, Paris.

54 DUCLOS (L'abbé), curé de St-Eugène, 52 faubourg Poiffonnière, Paris.

55 BROËT-PLATER (Le comte de), Rovno, par Dombrovitza, Volhynie, Ruffie.

56 ARSÉNIEW (Serge d'), membre de la Commiffion des requêtes, 13 Manègeny Péréoulok, Saint-Péterfbourg.

57 HAGENMEYER (Henri), Groffeicholzheim, par Mofbach, grand-duché de Bade.

58 BISHOP (Edmund), 4 Lancafter Terrace Regent's Park, Londres.

59 MÉLY (Fernand de), au Mefnil-Germain, par Fervacques, Calvados.

60 RAYNAUD (Gafton), 28 rue de Conftantinople, Paris.

61 DELABORDE (François), Palais de l'Inftitut, Paris.

62 RAYNAUD (Furcy), Septfontaines, par Luxembourg, grand-duché de Luxembourg.

PUBLICATIONS DE LA SOCIÉTÉ

SÉRIE GÉOGRAPHIQUE

Itinera hierofolymitana & defcriptiones Terræ Sanctæ latine confcripta.

1 & 2. Tomi I, 1 & 2, ed.: Titus Tobler & A. Molinier.

3. Itinéraires français. I.

Éd.: MM. Henri Michelant & Gaston Raynaud.

SOUS PRESSE:

4. Itinera & defcriptiones latine confcripta.

Tomus II, ed.: A. Molinier & C. Kohler.

EN PRÉPARATION:

Itinera & defcriptiones latine confcripta.

Tomi III & IV, ed.: Georgius Thomas.

Itinerarj italiani.

Tomo I, ed.: Cav. L. Belgrano.

Itinera græca.

Tomus I, ed.: V. Guérin.